神农炎帝从山西走向世界

周运中 ◎ 著

图书在版编目(CIP)数据

神农炎帝从山西走向世界/周运中著.—厦门:厦门大学出版社,2016.4
ISBN 978-7-5615-6005-1

Ⅰ.①神… Ⅱ.①周… Ⅲ.①炎帝-人物研究 Ⅳ.①K827＝1

中国版本图书馆 CIP 数据核字(2016)第 061588 号

出 版 人	蒋东明
责任编辑	薛鹏志
装帧设计	张雨秋
责任印制	朱　楷

出版发行	厦门大学出版社
社　　址	厦门市软件园二期望海路39号
邮政编码	361008
总 编 办	0592-2182177　0592-2181253(传真)
营销中心	0592-2184458　0592-2181365
网　　址	http://www.xmupress.com
邮　　箱	xmupress@126.com
印　　刷	厦门集大印刷厂

开本	720mm×1000mm　1/16
印张	14.75
插页	6
字数	230 千字
印数	1～3 000 册
版次	2016 年 4 月第 1 版
印次	2016 年 4 月第 1 次印刷
定价	48.00 元

本书如有印装质量问题请直接寄承印厂调换

厦门大学出版社
微信二维码

厦门大学出版社
微博二维码

发鸠山（王天刚摄）

羊头山炎帝广场（郭锦明摄）

羊头山神农泉（郭锦明摄）

明代炎帝陵碑（刘效勉摄）

神农城高庙夕照（谢红俭摄）

炎陵雪景（李剑锦摄）

神农坛（郭锦明摄）

炎帝中庙无梁殿（郭锦明摄）

炎帝中庙太子殿（郭锦明摄）

故关炎帝行宫正殿（郭锦明摄）

五谷庙（郭锦明摄）

团西炎帝大庙炎帝寝宫（郭锦明摄）

炎帝寝宫（郭锦明摄）

羊头山北朝石窟（郭锦明摄）

羊头山北朝石窟（郭锦明摄）

目　　录

绪　　论 ………………………………………………………… 1

第一章　炎帝误说驳议 ……………………………………… 9
第一节　疑古论的批判 ………………………………………… 9
第二节　帝的由来与五帝时代 ………………………………… 25
第三节　中华民族可以简称为炎黄子孙 ……………………… 37
第四节　南方晚出的炎帝遗迹考辨 …………………………… 40
第五节　黄帝在陕西 …………………………………………… 44
第六节　晚出、消失、错位的陕西姜水 ……………………… 51

第二章　伏羲、女娲、华夏 ………………………………… 53
第一节　伏羲氏创造裴李岗文化 ……………………………… 54
第二节　伏羲、戁顼、天鼋、玄鼋、轩辕、玄武 …………… 61
第三节　河伯冰夷、冯夷、俑、彭戏、彭鱼 ………………… 64
第四节　女娲、华胥、华夏、华山 …………………………… 67
第五节　炎帝生于华阳常羊说的由来 ………………………… 72

第三章　神农是山西人 ……………………………………… 75
第一节　炎帝出自神农氏 ……………………………………… 75
第二节　神农后裔焦国在山西浮山 …………………………… 82
第三节　神农树谷淇阳在山西陵川 …………………………… 84
第四节　古代山西农业发达 …………………………………… 87

第五节　草药地理证明炎帝是山西人 ………………………… 92

第四章　炎帝在晋东南 …………………………………………… 95
　　第一节　姜水与山西屯留绛水 ………………………………… 95
　　第二节　羊头山的重要战略地位 ……………………………… 97
　　第三节　羊头山神农城仰韶文化遗址 ……………………… 103
　　第四节　烛龙、祝融是山西煤火自燃 ……………………… 107
　　第五节　太岳原指山西阳城王屋山 ………………………… 111
　　第六节　姜姓不是源自羌族 ………………………………… 116
　　第七节　炎帝后裔岳、申、吕姓氏地理与山西 …………… 119

第五章　炎帝、蚩尤、黄帝的战争 …………………………… 125
　　第一节　精卫填海的真相是炎帝东征海滨 ………………… 125
　　第二节　从中亚来到山西的共工 …………………………… 130
　　第三节　蚩尤在山西南部冶金起兵 ………………………… 139
　　第四节　涿鹿之战在修武县涿鹿城 ………………………… 145

第六章　炎帝后裔外迁与五岳演变 …………………………… 158
　　第一节　祝融八姓避水南迁嵩山 …………………………… 158
　　第二节　许由、皋陶、神羊獬豸与南岳霍山 ……………… 167
　　第三节　炎帝后裔南迁与湖南衡山 ………………………… 176
　　第四节　北岳恒山与逆畤、曲逆、噩丘 …………………… 178
　　第五节　姜姓东迁山东与东岳泰山 ………………………… 181

第七章　炎帝对中华文化的影响 ……………………………… 185
　　第一节　炎帝对中国政治文化的影响 ……………………… 185
　　第二节　炎帝对中国山岳文化的影响 ……………………… 188
　　第三节　炎帝对中国饮食文化的影响 ……………………… 192
　　第四节　炎帝对中国宗教文化的影响 ……………………… 195
　　第五节　炎帝对农家学术文化的影响 ……………………… 198

第八章　炎帝对海外华人的影响 ……………………………… 202
第一节　炎帝与广州别名羊城的由来 …………………… 202
第二节　神农炎帝信仰南传海峡两岸 …………………… 206
第三节　台南最早的神农庙源自厦门 …………………… 210
第四节　炎帝与港澳台公益事业发展 …………………… 219
第五节　炎帝对南洋华人文化的影响 …………………… 222

绪　　论

炎帝与黄帝是中华民族最重要的两位始祖，中华民族又称为炎黄子孙。每一个炎黄子孙都应该无比尊敬炎帝与黄帝，每一个中国学者都应该严肃对待炎帝和黄帝的研究。炎黄子孙应该知晓炎黄始祖的历史，中国的历史学者应该把炎黄二帝的历史讲清楚。世人说炎黄子孙，把炎帝列在黄帝之前，因为古书明确说到炎帝神农氏在黄帝之前。炎帝与黄帝是同源的兄弟部族，但是炎帝先强大，后衰落，被蚩尤打败；接着黄帝打败蚩尤，才征服中原。

炎帝虽在黄帝之前，但是今日中国人都知道黄帝陵在陕西，黄帝是陕西人，这一点在学术上无可置疑。可是现在炎帝故里竟有四处，分别在山西、陕西、湖北、湖南四省！炎帝的遗迹分布如此之广，关于炎帝的生平说法竟有如此分歧，实在令人匪夷所思。上古人的活动范围比今人的活动范围小，一个部族有固定的疆域。炎帝神农氏不是游牧民族，即使是游牧民族也不可能在这四个省的范围内迁徙，所以炎帝只能在其中一个省的范围内活动。有人说炎帝是游牧民族，毫无依据，夏曾佑在其所著《中国古代史》中曾说："而神农氏教民稼穑，农夫非可迁徙往来无常处者。"山西、陕西、湖北、湖南都是农业地区，不是游牧地区，炎帝怎么可能是游牧民族呢？炎帝的时代，中国的农业已经非常发达，炎帝部落不可能四处迁徙。

其实炎帝就是山西人，不是陕西人、湖北人、湖南人，炎帝也未曾去过陕西、湖北、湖南。湖北、湖南的炎帝陵是很晚才出现的附会遗迹，南方在上古不是华夏地域，不可能是炎帝活动之地。陕西是黄帝的地域，山西才是炎帝的地域。刘毓庆先生指出："炎帝兴起于宝鸡一带……先秦文献中没有任何资料能为这一理论提供支持。"①其实不但炎帝出自陕西说找不到任何上古文献支持,湖北、湖南二说更是不可能找到上古文献支持。历史上关于炎帝是山西人的记载很多,时代最早,最为可信。而且这些最早期最可信的记载能够形成体系,所以炎帝无疑是山西人。

炎黄二帝的历史对每一个炎黄子孙来说都是神圣的事情,如果我们连炎帝是山西人这样的历史事实都不能承认,仍然对炎帝的历史含糊其辞,不仅未尽到炎黄子孙的责任,也未尽到学者的责任。学者要对学术研究负责,对民族荣誉负责,而不能为个人或地方利益而不顾国家大局。古史学家赵世超先生说:"目前一部分不懂古代学术流变的人,为古帝的发祥区域困扰不已,而一些深知个中奥秘的专家,也故意不将奥妙揭破,违心地要为自己的省份争到尽可能多的名人。任这种与诸侯经济遥遥呼应的诸侯文化发展下去,将会带来什么样的恶果,难道不值得深思吗?"②此论切中要害,值得我们深思。

考古学家邹衡先生是湖南人,但是他说湖南炎帝陵:"此至今不过千余年而已,年代不够,当时不懂考古,此说纯系传说,当然难以置信。其根据是不可靠的。但并不说明炎帝后人不生活于此地。这是有可能的。即使是有可能,也是出于传说。"他认为炎帝是陕西人,炎帝后人到湖南,所以湖南才出现炎帝陵。③ 大学者胸怀祖国,不会被狭隘的个人与地方私利所蒙蔽,值得我们学习。

如果我们中华民族对炎帝的历史仍然模棱两可,外国人就更加无所适从了。外国人看到我们炎黄子孙都如此草率地对待炎黄始祖的历史,就会更加轻蔑地对待我们的历史。如果我们自己不尊重自己的祖先,又如何叫外国人尊重我们的祖先,又如何叫外国人尊重我们中华民族呢?

近代中国曾经落后挨打,于是有一些人盲目迷信西方,甚至怀疑和贬损

---

① 刘毓庆:《上党神农氏传说与华夏文明起源》,北京:人民出版社,2008年,第2页。
② 赵世超:《炎帝与炎帝传说的南迁》,《陕西师范大学学报(哲学社会科学版)》1998年第4期。
③ 邹衡:《炎帝的原生地究竟在哪里》,霍彦儒主编《炎帝与汉民族论集》,西安:三秦出版社,2003年,第1页。

中华民族的伟大历史,刻意抹杀史书记载,炮制所谓的疑古论。这些所谓的疑古学者,不仅宣称三皇五帝不存在,甚至宣称夏商周都不存在。这样的荒谬学说竟在某些时间、某些地点欺骗了某些无知的人,但是这种谬论很快烟消云散,不可能在所有时间、所有地点欺骗所有有识之士。近代鼓吹疑古谬论的胡适、顾颉刚很快就放弃疑古谬论,可是疑古谬论的流毒仍未全面清除,现在竟还有人误信疑古谬论。我们要和这种历史虚无主义的疑古谬论斗争,就必须加强古史研究,必须落实炎帝的历史,必须达成一致意见。

中华民族远古始祖中,唯有炎帝的地域最为分歧,黄帝、颛顼、喾、尧、舜的地域虽然有所争议,但是都还在中原范围之内。炎帝与黄帝,并驾齐驱,地位崇高。我们不能把炎帝的地域问题一拖再拖,不能再允许炎帝地域的错误一再以讹传讹。我们必须要尽快达成炎帝历史问题的共识,尽快解决这个问题。我们这一代人解决了炎帝历史问题,不仅是对中华民族列祖列宗有所交待,也是对子孙后世有所交待。

出于对中华民族万年悠久历史的尊敬,出于对炎黄始祖的尊敬,出于对中华民族列祖列宗的尊敬,出于对中华民族子孙后代的负责,出于对学术的严肃态度,我写出这本小书,论证炎帝是山西人,生在山西,长在山西,葬在山西。关于炎帝是山西人,我在此前出版的《中国文明起源新考》一书中已有论证,读者可以详细参考。[①] 此次再写这本小书,首先是因为现在很多人对炎帝的历史仍未有明确的认识。其次是因为《中国文明起源新考》在台湾出版,大陆读者或许一时难以方便阅读。所以我把《中国文明起源新考》中涉及炎帝的内容提取出来,再详细论证,扩展为这本小书。希望通过这部小书,让全中国人、全世界人都能达成一个共识,那就是炎帝是山西人。

此前已有很多学者论证炎帝是山西人,取得了丰硕的成果,赢得了世人的认可。[②] 为何还需要我这本小书呢?一个重要原因是论证炎帝是山西的

---

① 周运中:《中国文明起源新考》,新北:花木兰文化出版社,2015年。
② 刘毓庆:《上党神农氏传说与华夏文明起源》,北京:人民出版社,2008年;高平市炎帝文化研究会编:《炎帝古庙》,北京:文物出版社,2011年;程原生、米东明主编:《探索发现炎帝陵》,太原:三晋出版社,2012年;成茂林、梁晋高编著:《山西高平炎帝故里》,太原:山西人民出版社,2014年。

著作还不多,很多人还不明白炎帝是山西人。已有的论证中,有的地方还有推进的余地,我这本书的特色表现在:

1. 态度鲜明

前人有时模棱两可,调和诸说,既说炎帝是山西人,又说炎帝死在湖北或湖南。有人说炎帝出自陕西,迁到山西。本书态度鲜明,炎帝生在山西,长在山西,葬在山西,就是山西人。至于对疑古谬论的坚决否定态度,上文已有提及,下文还要详细说明,这一点也是态度鲜明,坚决不做妥协。因为我们要旗帜鲜明地驳斥疑古谬论,所以本书第一章第一节就是对疑古论的长篇批判。唯有深入持久地批判疑古谬论,才能正本清源,还历史真相,给祖先清白,让大家信服。

2. 论证完备

前人论证炎帝时,有时不能兼顾,对黄帝等相关人物的论证则显薄弱,本人在《中国文明起源新考》一书中已经构建了一个严密的古史框架,对伏羲、黄帝等人物都有完整论证。唯有形成严密的古史框架,才能理清自己的思路,才能说服他人。

3. 论据充分

前人的论证多从常见史料出发,忽视一些虽然很重要但是难以考证的典籍,比如远古百科全书《山海经》记载烛龙,其实就是祝融的原型,对炎帝的历史也至关重要。本书考证烛龙即山西的煤火自燃,这是火神祝融的本源,山西多煤,所以炎帝无疑是山西人。再如前人未曾注意到农家的代表人物许行,推崇神农,许是炎帝后代,证明炎帝即神农氏。前人未曾注意到许慎《说文解字》说姜是神农之姓,许姓出自姜姓,许慎不可能妄议先祖,他认为炎帝即神农氏,此说不可能是汉代人伪造。再如前人未曾注意到广州别名五羊,传说楚国时有五羊带来五谷,其实源自楚人崇拜祖先炎帝神农氏,炎帝姓姜,崇羊,神农发明五谷,所以这个传说也能证明很早就有炎帝神农氏。

4. 学科结合

本人在《中国文明起源新考》中采取文献学、考古学、语言文字学、人类学、自然科学五大学科结合的五重证据法,所用学科越多,构建的古史框架越严密,得出的结论越坚实,越能说服人。本书论证精卫填海的传说真相是炎帝部族东迁,用到古音学,发鸠、薄姑、博固、发干音近,最早在薄姑建国的就是姜姓。炎帝部族东征海滨,与古书记载炎帝东征宿沙氏完全吻合,也与考古学上后岗二期文化从山西东南部向河北平原扩展完全吻合。又如本书论证最初的太岳是王屋山,也用到古音学,岳、屋,叠韵旁纽,读音很近。岳、濩音近,濩泽即岳泽。王屋山是岳山,还有《禹贡》《诗经》《逸周书》为证,还与王屋山为道教第一仙山的地位吻合。

5. 史学方法

本书论证炎帝是山西人,不用汉代才编造出的纬书,不用现代人收集的民间传说。晚出的记载与民间传说虽然也为论证增光填色,但是毕竟不是最有说服力的证据。史学讲求史料的等级,研究上古史,必须采用上古历史记载,徐旭生在其名著《中国古史的传说时代》已经强调研究古史要严格分清史料的等级。[①] 我们不能把汉代人编造出的纬书材料泥沙俱下,更不能随便引用更晚出现的西晋皇甫谧《帝王世纪》、唐代司马贞《三皇本纪》、南宋罗泌《路史》、清代马骕《绎史》等书。至于民间传说,本书则一概不用。因为民间传说也可能来自正史,后世文人会把正史的记载告诉老百姓,但这些不能与信史相提并论。各地既然附会出不少炎帝遗迹,经过数百年到上千年,就会出现很多所谓的炎帝传说。既然湖北、湖南等地都早已出现了所谓的炎帝传说,我们再把山西的炎帝传说作为证据,就不具备太大说服力。明清地方志的各种记载,本书也尽量不用,这些晚出的记载很多出自民间传说。明清人能看到的古书几乎与我们能看到的古书完全一致,所以不必迷信明清地方志。

6. 实事求是

我们论证古史,必须态度严肃,深入考证。唯有如此,才不会夸大缩小。唯有深入考证,才会发现古史人物都有自己的地域,不会重复,不会遗漏。有些人宣称所有的历史人物都来自某一个小的地域,比如说三皇五帝全是陕西人,全是山西人,全是山东人,全是河南人,全是河北人,全是四川人。这种狭隘的看法自然不能成立,这种错误的观点源自粗浅的研究。中华民

---

① 徐旭生:《中国古史的传说时代》,桂林:广西师范大学出版社,2003年。

族是一个整体,中原是一个整体,三皇五帝是中原各地人,不可能来自一个狭小的地域。我认为伏羲是河南人,炎帝是山西人,黄帝是陕西人,颛顼是河南人,喾、尧、舜是山东人,禹是河南人。这些人物相差数千年,不是一个时代,不同时代的中原中心有变化。这些人物的活动范围也有重叠,黄帝、炎帝都曾在河南活动;颛顼建都河南濮阳,或许去过邻近的山东;喾、尧、舜虽然是山东人,但是他们的部族在大洪水中分散,分迁到河南、山西等地。

我们说这些古史人物的家乡,按照现在的政区叙述,不过是一种简明的方法。现代政区形成很晚,远古时期未有这种划分。所以我们对这些人物的省别叫法不必太过在意,总而言之,都是中原人,都是中国人。唯有保持这样公正的态度,才能达成关于古史的共识,才能说服他人。如果每个人都说所有的古史人物都来自自己的家乡,则永远不能说服他人,不能达成共识。

本书第一章驳斥疑古谬论,驳斥各种炎帝歧说,考辨南方晚出附会的炎帝遗迹由来,论证黄帝而非炎帝在陕西。唯有论证黄帝在陕西,才能反驳炎帝在陕西之说。

第二章论证炎帝、黄帝出自伏羲氏,伏羲氏在河南。从伏羲发展为炎黄,经过华山,所以有华夏之名。因为华山是华夏民族的地域中心,所以才有炎帝生于华阳的传说。我们如果不能理清炎黄出自伏羲的历史过程,就不能解释炎帝出自华阳说的由来。

第三章全面论证神农氏与炎帝、黄帝的关系,论证神农氏在山西。炎帝是神农氏,神农氏是氏族名,炎帝是帝号,二者不矛盾。神农氏是一个时代,炎帝也是一个时代,炎帝

山东嘉祥县武梁祠东汉神农画像

最初比黄帝强大。神农氏对应庙底沟文化时代,早于炎黄时代。周武王封神农后裔于焦国,本书指出焦国是北焦,在今山西浮山县。神农在淇山之阳种植五谷,本书指出淇山即《水经注》的淇阳川,在今壶关县东南的太行山中,太行山是华北农业起源的中心地。

第四章论证炎帝生长的姜水即今山西屯留县的绛河,是漳河上游支流,所以漳河又名绛水。高平、长治、长子之间的羊头山有重要战略地位,是炎帝活动区域中心。火神祝融源自烛龙,源自山西煤火自燃,姜姓与羌族无关,姜姓不是源自羌族,炎帝不是西北人,更不可能是羌族。炎帝崇拜山岳,最初的岳即今阳城县南的王屋山,阳城县的濩泽即岳泽,这个岳即《禹贡》所说的岳,也即《诗经》、《逸周书》所说的岳。

第五章论证炎帝东征,蚩尤在晋南与豫西北战胜炎帝,黄帝在豫西北修武县的涿鹿城战胜蚩尤。涿鹿就在太行山南麓,不可能在河北西北部的今涿鹿县。这对我们考证炎帝的地域与历史至关重要,炎帝被蚩尤打败,一度南逃到豫西北,仍然邻近山西。

第六章考证炎帝后裔分迁四方,形成后世的五岳。历史上的五岳也有变化,古南岳在今安徽,古北岳是在今河北曲阳县与山西灵丘县交界处。本书首次指出,炎帝后裔祝融八姓在尧舜大洪水时期南迁嵩山,形成中岳。古南岳源自炎帝后裔皋陶族人南迁形成的六国,在今六安。古南岳又名霍山,源自山西霍山。炎帝后裔继续南迁,到江西、湖南,所以很早就出现了炎帝葬在长沙的传说,这也是南岳南迁到湖南衡山的原因,也是炎帝陵出现在江西与湖南之间的原因。古北岳最迟在春秋已经形成,名为逆,又名噩,即岳字的通假。《山海经·北山经》还有一个北岳山,在今内蒙古,这是历史上最北的北岳。炎帝后裔在远古时期就东迁山东,形成很多姜姓古国,所以泰山成为东岳。

第七章论述神农炎帝对中国文化各方面的影响,包括对政治文化、山岳文化、饮食文化、宗教文化、学术文化等方面。岳镇海渎的祭祀虽然也是自然神灵崇拜,但是在古代中国具有特殊的政治意义,所以列在政治文化之后,而不在宗教文化之中。

第八章论述神农炎帝文化从中国东南沿海走向海外的港台与南洋等地的历史,楚人把神农崇羊重农的文化带到广州,所以广州出现了楚庭五羊衔来五谷的传说,这是羊城、穗城的由来。炎黄子孙翻山越岭,到达福建,福建人又把神农炎帝信仰传播到台湾与马来西亚、新加坡等地。华侨渡海,九死一生,海外繁衍,发展壮大,使神农炎帝的信仰真正地从中国走向了世界各地。

第一章

炎帝误说驳议

本章首先批驳关于炎帝的各种错误认识,主要是极端怀疑炎黄等古史人物都不存在的历史虚无主义疑古论,还有认为中华民族不能称为炎黄子孙的看法,以及认为炎帝生长于陕西、湖北、湖南等地的说法。

第一节 疑古论的批判

夏朝诞生之前,是三皇五帝时代,这是中华文明的起始时代。但是《史记》没有说三皇,开篇是《五帝本纪》,篇尾太史公曰:

> 学者多称五帝,尚矣。然《尚书》独载尧以来。而百家言黄帝,其文不雅驯,荐绅先生难言之。孔子所传宰予问《五帝德》及《帝系姓》,儒者或不传。余尝西至空桐,北过涿鹿,东渐于海,南浮江淮矣,至长老,皆各往往称黄帝、尧、舜之处,风教固殊焉,总之不离古文者近是。予观《春秋》、《国语》,其发明《五帝德》、《帝系姓》章矣,顾弟弗深考,其所表见皆不虚。《书》缺有间矣,其轶乃时时见于他说。非好学深思,心知其意,固难为浅见寡闻道也。余并论次,择其言尤雅者,故著为本纪书首。

司马迁说《尚书》开篇是《尧典》,这是古书残缺。尧之前到黄帝的历史,诸子百家都有提及,可惜有时很不正经,有损领袖的光辉形象。儒家有《五帝德》、《帝系姓》,见于《大戴礼记》,可惜有些儒家不传授这些篇目。《春秋》、《国语》征引了这些篇目,可见其可信。《五帝本纪》只选择典雅的史料,不正经的史料一概摈弃。司马迁一定看到了很多三皇的史料,可惜都被他舍弃,给后人研究古史留下了难题。他虽然舍弃了很多所谓的不雅传说,但是又说出了自己删削典籍的真相,让后人对这些传说更加好奇。后人对此有两种态度:一是继承春秋儒家及司马迁的路子,继续完善春秋战国形成的五帝大一统说法,甚至补上《三皇本纪》,使得这种大一统的结构不断上溯,使得古史的系统不断完善,努力使后人相信这些都是真实的历史;二是怀疑《五帝本纪》及各种典雅的史料,形成了疑古学派。

疑古之风在汉代就有,唐宋稍盛,清代发展为辨伪学,开始只是对某些著作的辨伪,阎若璩《古文尚书疏证》、惠栋《古文尚书考》宣布《古文尚书》其实是伪作。后来发展为对所有书籍的辨伪,万斯同有《群书献疑》,姚际恒有《古今伪书考》,张心澂有《伪书通考》,特别是最后两部网罗很深,几乎把所有古书怀疑一遍。其实这是清代考据学发展的必然结果,因为考据学者持有科学态度,他们的语言文字学水平又大为提高,所以才有辨伪学的蓬勃发展。辨伪学有很多作用,但是发展到古史辨派就是走上了极端。

顾颉刚自我总结古史辨派兴起的背景有四:(1)史学上寻源心理的发达。(2)西洋治学方法和新史观的输入。(3)清代中叶以来疑古学的兴起。(4)考古学的抬头。① 乾嘉年间的崔述写出了《考信录》,他提出儒家六经及《论语》、《孟子》讲述的上古史可信,而《国语》、《大戴礼记》及诸子百家所说的往往不可信,战国之后的记述越发不可信,但是晚出的古史却越来越系统。晚清的常州学派及廖平、康有为等今文学派学者,攻击古文经典,认为古文经典是汉代刘歆伪造。钱穆、杨宽批评今文学家只是宣传而非学术,顾颉刚认为其言诚有是处,但是他认为今文学家的长处本来在于破坏伪经和伪史,破坏和建设是一事的两面,至于今文学家所言是否比伪经和伪史可信,可以暂且不问。② 顾颉刚的态度是只谈破坏,不问建设,但是破坏者未必能有建设。

1902年,日本学者那珂通世在《史学杂志》发表了《考信录解题》,介绍了崔述的《考信录》。受其影响,白鸟库吉于1909发表的《中国古传说的研究》否认尧、舜、禹是存在的人物。白鸟库吉又多次刊文宣传尧舜禹抹杀论,

---

① 顾颉刚:《当代中国史学》,沈阳:辽宁教育出版社,1998年,第116页。
② 顾颉刚:《当代中国史学》,沈阳:辽宁教育出版社,1998年,第36页。

1921年,内藤湖南发表《尚书稽疑》,提出春秋时期儒墨两家争论,墨家推崇大禹,儒家因此造出比大禹更早的尧舜等人物,日本学者的疑古论对中国古史辨派的产生起了促进作用。① 日本疑古派的观点经过刘师培介绍到中国,引起顾颉刚、胡适、钱玄同、洪业等人的兴趣。1920年,胡适托日本朋友青木正儿购买那珂通世标点的《崔东壁遗书》,次年将此书交给顾颉刚。白鸟库吉等人的疑古论遭到日本学者林泰辅的批评,林泰辅是最早利用甲骨文的日本学者,他和罗振玉、王国维关系密切,可见中日两国释古派的关系也很密切。② 廖名春指出,顾颉刚抄袭了日本人的学说。③ 陈学然对此不仅做了详细论证,还指出顾氏一直设法掩饰自己的抄袭行为。④

据顾颉刚《古史辨》第一册自序,1912年,章太炎在苏州开国学讲习会,讲国学,痛批孔教会和今文学家,顾颉刚在听课后也受到其影响。但是不到一个月,章太炎就被捕入狱,顾颉刚又转向今文经学,服膺康有为之说,这奠定了顾颉刚一生为今文学家的基础。顾颉刚的学生杨向奎曾说顾颉刚是站在今文学派的立场来攻击古文,⑤可谓中的。顾颉刚的另一个学生童书业说康有为、顾颉刚不是单纯的考据家,古史辨派的考据学没有价值,其实也是暗指康、顾二人不是纯粹的学者。⑥ 顾氏一生强调学术的经世致用,所以他积极参与抗日宣传,还曾经参与给蒋介石献九鼎的风波,给九鼎撰写铭文。九鼎传说是大禹所制,顾氏既然早就怀疑夏朝和大禹的存在,又给蒋介石献九鼎,因此被陈寅恪、傅斯年等著名学者讥讽。⑦ 所以疑古派、释古派其实就

---

① 盛邦和:《从"尧舜禹抹杀论"到"神代史抹杀论"——上世纪初叶日本疑古史学叙论》,《二十一世纪》第36期,2005年。
② 田旭东:《白鸟库吉与林泰辅——日本的疑古派及反对派代表》,江林昌、朱汉民、杨朝明、宫长为、赵平安、黄怀信主编《中国古代文明研究与学术史:李学勤教授伉俪七十寿庆纪念文集》,保定:河北大学出版社,2006年,第526~535页。
③ 廖名春:《试论古史辨运动兴起的思想来源》,陈其泰、张京华编《古史辨学说评价讨论集》,北京:京华出版社,2001年,第263页。
④ 陈学然:《中日学术交流与古史辨运动:从章太炎的批判说起》,《中华文史论丛》2012年第3期。
⑤ 杨向奎:《"古史辨派"的学术思想批判》,《文史哲》1952年第6期。
⑥ 童书业:《"古史辨派"的阶级本质》,《文史哲》1952年第6期。
⑦ 朱维铮:《顾颉刚铭"九鼎"》,《东方早报·上海书评》2009年2月22日;朱维铮:《顾颉刚从政》,《东方早报·上海书评》2009年4月20日。

是今文派、古文派的延续,今文派治学首重政治,不是纯粹的学者。陈学然说:"在顾氏身上,我们看不到章太炎、陈寅恪,甚至傅斯年身上那种讲究治学与国家命运相联系的学人气质与不屈的治学精神,他更多的似乎只是关心个人名位而已。"

　　1916年,顾颉刚考入北京大学。次年胡适从美国归国,任北京大学教授,讲授中国哲学史。胡适回国时根本未曾获得美国学历,谎称自己是博士毕业,其实仅是肄业,蔡元培为胡适伪造了学历。胡适1927年把在中国出版的著作带到美国,利用在中国已经骗到的名声与地位,才补得博士学位。① 胡适混入北大,轻浮浅薄,一时失足,鼓吹疑古。胡适晚年承认自己不通西学,他晚年对何炳棣说:"我康奈尔头两年是念农科的,后两年才改文科,在哥大研究院念哲学也不过只有两年,我根本就不懂多少西洋史和社会科学。"② 胡适对中国古史持虚无主义态度,他在《研究国故的方法》中说:"在东周以前的历史,是没有一字可以信的。"胡适的这种态度影响了顾颉刚,胡适还不断诱导顾颉刚点校姚际恒的《古今伪书考》。当时社会思潮是求变求新,很多人要彻底消除中国传统,顾颉刚在这种时代变革的大背景下,又在胡适的直接指导下,于1923年《与钱玄同先生论古史书》一文提出了"层累地造成的中国古史"的观点,他认为三代的历史出于东周人的伪造。1926年,顾颉刚把讨论古史的文章编为《古史辨》第一册,胡适盛赞:"这是中国史学界的一部革命的书,又是一部讨论史学方法的书。"顾颉刚因为胡适等人的提携而一举成名,成为古史辨派的开山掌门。此后的20多年间,古史辨派成为中国史学界最兴盛的学派之一。

　　在这个大革命的时代,也有很多学者冷静地批评古史辨派的虚妄。中国传统学术的最后大师章太炎就反对片面疑古,陈学然指出,章太炎在1910年就批判白鸟库吉的谬论,1924年开始激烈批判顾颉刚等人的古史辨谬论。朱维铮指出,章太炎在清末就认为古史既可疑又不可疑,应如乾嘉考证学者那样,恢复经典真相,不应疑所不当疑。而钱玄同、胡适等人在传统学术上不及章太炎之万一,所以不敢回应章大师的批评。日本学者抹杀中国古史

---

① 易竹贤:《胡适传》,武汉:湖北人民出版社,2005年。
② 何炳棣:《读史阅世六十年》,桂林:广西师范大学出版社,2009年,第321页。

与日本的侵华政策有关,这是章太炎最反感之事。①

钱玄同本来是章太炎的学生,但是从古文派转向今文派之后,即肆意批评古书。他在顾颉刚的信中说《尚书》:"现在的二十八篇中,有历史底价值的恐怕没有几篇……《尚书》即无伪篇,也只是粉饰作为的官样文章,采作史料,必须慎之又慎。"又说:"《仪礼》是战国时代胡乱钞成的伪书……《周礼》是刘歆伪造的,两戴记中,十分之九都是汉儒伪造的……我以为原始的易卦,是生殖器崇拜时代底东西……至于《左传》,本是战国时代一个文学家编的一部国别史,即是《国语》,其书与《春秋》绝无关系。到了刘歆,将它改编,加上什么五十凡这类鬼话,算作《春秋》底本,而将用不着的部分仍留作《国语》(康有为说)。这部书底信实的价值,和《三国演义》差不多。"②钱玄同的这些话以及他的废除汉字主张,现在看来有严重的时代局限。

张荫麟批评古史辨派使用默证方法,因为先秦史料奇缺,不能因为某个时代的史料缺乏就说这个时代没有某种事物。这本来是击中了古史辨派的要害,可是彭国良说因为默证无法正确使用而批评张荫麟之说,认为张荫麟对顾颉刚的批评不能成立,他还说顾颉刚本来就不是追求历史事实,而是关心历代人对古史的认识史。③ 笔者认为,默证能否正确使用是一个问题,顾颉刚等人使用没使用默证是另一个问题。既然古史辨派辨的不是古,而是历代人心目中的古,那就不该叫古史辨,而应叫古史研究史辨。王树民评价古史辨派时说,通过层累的传说,来探寻历史事实,本来应该是古史辨派的工作重点,但是被古史辨派忽略了,于是产生了无限度的传说分化演变的误说,将古史辨派的工作引入歧途。④ 王树民的评价很中肯,古史辨派原来号称要寻找历史真相,但是却在传说的梳理之中不能自拔。

当时革命派的中心是北京,学衡派的中心是南京高等师范学堂(后改为中央大学,即今南京大学等大学前身)。针对顾颉刚推测大禹是一条虫,南

---

① 朱维铮:《〈中日学术交流与古史辨运动:从章太炎的批判说起〉读后》,复旦大学历史系编《怀真集:朱维铮先生纪念文集》,上海:复旦大学出版社,2013年,第129页。
② 钱玄同:《答顾颉刚先生书》,《古史辨》第一册,上海:上海古籍出版社,1982年。
③ 彭国良:《一个流行了八十余年的伪命题——对张荫麟"默证"说的重新审视》,《文史哲》2007年第1期。
④ 王树民:《〈古史辨〉评议》,《曙庵文史续录》,北京:中华书局,2004年,第23页。

京刘掞黎、柳诒徵、缪凤林等名学者予以抨击。柳诒徵说:"今人读古史动辄怀疑,以为此为某某作伪,此为某某增窜,嚣然以求真号于众。不知古人以信为鹄,初未尝造作语言以欺后世。若谓始善考史,昔之人皆逞意妄作,则由未读古书,不详考其来历耳。"①顾颉刚在1923年给钱玄同的信中说大禹是神,证据是《诗·商颂·长发》说:"洪水芒芒,禹敷下土方。"他说《说文》释禹为虫,禹是九鼎上一种蜥蜴之类的动物,被误以为是开天辟地的人,②这就是大禹是一条虫之说的由来。难道古人笨到连爬虫和人都分不清吗?是顾颉刚自己没有分清蛇和蜥蜴,虫字的原形是蛇,不是蜥蜴。刘掞黎引《诗经》驳顾,《鲁颂·閟宫》:"是生后稷……奄有下土。"《大雅·下武》:"成王之孚,下土之式。"不能说后稷、周成王都是神吧!③古书经常说帝王接受天命,不能因为人与天有关就说是神。

　　顾颉刚回答刘掞黎的第一篇文章《答刘胡两先生书》,仅列四条观念:第一是打破民族一元观念,第二是打破地域一统观念,第三是打破古史人化观念,第四是古代为黄金世界的观念。顾颉刚第二篇文章《讨论古史答刘胡二先生》详细回应,他说禹的地位独立,各地都有禹的神话,所以禹必然是天神。④ 这个结论当然不合逻辑,如果欧亚大陆各地都有成吉思汗的传说,难道成吉思汗就一定是神?夏、商的地域都被顾颉刚严重缩小,所以傅斯年在1927年给顾颉刚的信中就批评顾颉刚把商朝疆域说得太小。⑤ 大禹传说在多地流传本属正常,夏朝地域不小,传说也能向外传播,不能因为传说的扩大就说大禹不存在。可惜顾颉刚的逻辑就是根据后世的夸张,断定古人不存在。难道我们能够因为宇宙现在的膨胀,就说宇宙爆炸的那个原点不存在吗?顾颉刚又说共工氏之子后土也能平九土,所以大禹就是后土,所以大

---

① 柳诒徵:《正史之史料》,《史地学报》第2卷第3期,1923年。
② 顾颉刚:《与钱玄同先生论古史书》,《古史辨》第一册,上海:上海古籍出版社,1982年。
③ 刘掞黎:《读顾颉刚君〈与钱玄同先生论古史书〉的疑问》,《古史辨》第一册,上海:上海古籍出版社,1982年。
④ 顾颉刚:《答刘胡两先生书》、《讨论古史答刘胡二先生》,《古史辨》第一册,上海:上海古籍出版社,1982年。
⑤ 傅斯年:《评〈秦汉统一的由来和战国人对于世界的想象〉》,《古史辨》第二册,上海:上海古籍出版社,1982年,第11页。

禹、后稷不过是社稷神。这个逻辑又不能成立,刘掞黎反驳说,难道刘邦和朱元璋的事迹相似,我们就能说刘邦就是朱元璋吗?①

顾颉刚又说禹和夏毫无关系,他的理由没有一条成立。他说《诗经》、《尚书》说到禹,全不说夏。此说不通,如果古人都清楚大禹的时代,何必一定要说夏禹?顾颉刚说《立政》篇把有夏、桀和成汤、纣对比,但是不说夏禹,所以禹和夏无关。顾颉刚的逻辑极为荒谬,此条根本不能推出禹和夏无关。顾颉刚就凭这几条证据,极为武断地说:"禹和夏没有关系,是我敢判定的。"

顾颉刚说,禹是南方民族的神话人物,因为南方人要兴修水利,所以造出禹的神话。顾颉刚以为越人奉禹为真,可是为何越人奉禹,他就相信呢?越人奉禹本来是越人汉化之后的附会,顾颉刚把这种传说当成了历史,却把历史当成了传说。禹会涂山也被他当成辨伪证据,可是我们看春秋战国时人常在国境之外会盟,难道涂山一定要在大禹老家?涂山会盟的祭坛最近已被发现,见本书第四章第三节。难道上古的华北人就不修水利?沈长云指出顾颉刚此话有误,战国之前的华北就有水利。②

1937年,顾颉刚突然又说禹是西部戎狄的神,可是他举的证据又都是汉代人说禹出自西羌,但是羌、戎本来不同,所以实在是牵强附会。他之所以改口说禹是戎人,就是看到《左传》昭公二十二年(前520年)和哀公四年(前491年)说到晋国有九州之戎,于是顾颉刚大喜过望,认为九州的传说来自戎狄。③ 其实这个九州不过是瓜州的异译,即襄公十四年(前559年)的瓜州戎,而瓜州戎的首领叫驹支,实即月支的异译,瓜州、九州也即月支的异译,关于此点,笔者将另有专文。九州戎是白种印欧语系的月氏人,绝不是黄种汉藏语系的羌人,顾颉刚不辨民族。即使他辨明了民族,此说也不能成立,因为禹出西羌本是晚出传说。

《禹贡》没提尧、舜,顾颉刚就说不正常,说禹是尧、舜的臣子,不应不提

---

① 刘掞黎:《讨论古史再质顾先生》,《古史辨》第一册,上海:上海古籍出版社,1982年。
② 沈长云:《禹治洪水问题辨析》,中国社会科学院古代文明研究中心、安徽省文化厅、蚌埠市人民政府编《禹会村遗址研究——禹会村遗址与淮河流域文明研讨会论文集》,北京:科学出版社,2014年,第206页。
③ 顾颉刚:《九州之戎与戎禹》,《禹贡》第7卷第6、7合期,1937年。收入《古史辨》第七册下编,上海:上海古籍出版社,1982年,第117~139页。

尧、舜。治水的实际工作是禹做的,当然可以不提尧、舜。顾颉刚的疑问根本不能成立,他居然又说洪水和尧、舜毫无关系。可见顾颉刚的无数假说,就是建立在一个又一个不能成立的疑问上。

顾颉刚的《古史辨》有一大法宝,就是经常把胡适抬出来助阵,胡适在1924年《古史讨论的读后感》说顾颉刚:"他初次应用这方法,在百忙之中批评古史的全部,也许不免有些细微的错误。但他这个根本观念是颠扑不破的,他这个根本方法是愈用愈见功效的。"胡适不管顾颉刚的论证有多少错误,就强调顾颉刚一个观念:时代越后,传说的古史期越长,传说中的中心人物越被放大,就算不能知道某一件事的真实状况,也可以知道某一件事在传说中的最早状况。可是顾颉刚的这个观念本来就不能成立,先秦史料奇缺,我们看到的传世史料不过是沧海一粟,要根据一点零星的材料就讨论传说的最早状况本来就很危险。于是顾颉刚不得不把辨伪的对象扩大到汉代或更晚,但是辨明汉代人造了多少伪,对我们了解古史真相是毫无用处的。所以顾颉刚又说这工作可能本来就不能查出古史真相,仅仅是知道古人是如何看待古史。

刘掞黎说夏朝到春秋都和交趾没有往来,胡适抓住这句话,就说单凭这一句话足以证明《尧典》是秦汉的伪书。姑且不论中国和越南的交往是否晚于春秋,根据一句话判断一本书的真伪,就是错误的观念。古书多不出自一人,现在已经是学界常识,余嘉锡说:"后人习读汉以后书,又因《隋志》于古书皆题某人撰,妄求其人以实之,遂谓古人著书,亦如后世作文,必皆本人手著。于其中杂入后人之词,辄指为伪作(真伪之分,当别求证据,不得仅执此为断)。而秦、汉以上无完书矣。不知古人著述之体,正不如是也。"①春秋战国的书,尚且多是门人汇编,何况是更早四千年的五帝时代呢?《尧典》杂入后人之语,传抄几千年,多有错讹,不过是寻常之事。叶国庆说:"余以为《尧典》类一百衲衣,色样错杂,难指为某一时之作品。四宅之说,寅宾出日,寅饯内日之语,类祀之礼,含有古代社会之色彩,不能谓其为汉时制度之反

---

① 余嘉锡:《古书通例》,北京:中华书局,2007年。

映。"①叶说合理,我们不能简单地说古书是真是假,绝大多数古书是有真有假。

古史辨派眼中的古人好像非常原始,《礼记·明堂位》列举了虞、夏、商、周四代礼制的诸多异处,顾颉刚说:"这样那样,一件一件搬了出来,好像那时真有一个历史博物院,保存着四代的器物,所以会说得如数家珍。但倘使果真这样了,孔子又何必兴文献无征之叹呢?"②其实顾颉刚在同一篇文章的开头就引了《史记·周本纪》说:"封诸侯,班赐宗彝,作分殷之器物。"说明历代文物并非在改朝换代之中完全毁灭,后世完全可以看到前朝文物。北京的故宫博物院开放,顾颉刚也常去观看。既然清宫之中能有历代文物,周人为何不能有虞、夏、商历代文物?对于贵族来说,历代宝物确是家藏,自然是如数家珍。孔子说文物无征,主要指文字史料,而非文物。古史辨派之所以因此怀疑古人,其实是因为他们潜意识里一直认为古人极其落后。根本原因是他们受了西化思潮的影响,产生了简单的直线进化史观。

古书中最宝贵的史料,往往被顾颉刚斥为汉代人的伪造,比如《左传》昭公十七年(前525年)郯子所述少皞氏部落结构、昭公二十九年(前513年)蔡墨所述远古五官之制,是最宝贵的远古史料,顾颉刚却说这几段话是刘歆插入《左传》,而顾颉刚的论证又不能成立,他反驳昭公二十九年一段,说《世本》、《左传》、《山海经》等书的句芒、祝融都是人名,则不是官名,所以《左传》这一段是伪造。③ 一个人有多个名号是常识,但是顾颉刚不允许任何一个人有别名。五帝有姓名,也有族名,还有官名,顾颉刚就说五帝不应有几个名号,所以一定是伪造。他说是古人嫌古帝太多,于是把几个人拼合为一个人。④ 顾颉刚随意诬陷古人,其实正是他自己胡编乱造。既然他又指责古人为了拉长历史会伪造更多的古帝,又说古人减少古帝的名目,可见顾颉刚的话自相矛盾。试想,刘歆再博学,能伪造如此长篇大论吗?《左传》昭公十七

---

① 叶国庆:《〈尧典〉著作时代问题之讨论》,《禹贡》第2卷第9期,收入叶国庆《笔耕集》,厦门:厦门大学出版社,1997年,第4页。
② 顾颉刚:《战国秦汉间人的造伪与辨伪》,《古史辨》第七册,上海:上海古籍出版社,1982年,第29页。
③ 顾颉刚:《中国上古史研究讲义》,北京:中华书局,2009年,第219页。
④ 顾颉刚:《中国上古史研究讲义》,北京:中华书局,2009年,第95页。

年所述少皞氏的鸟官,有同书昭公二十年(前 522 年)晏子说齐国古有爽鸠氏可以参证,本书下文还要说到大量的证据,不可能是刘歆编造。

据说顾颉刚曾对叶笑雪说,前辈的学术根底没法比,总要另辟一路才能站稳脚跟。张旭东评论说层累古史观确是聪明人的灵机一动,而不是力作。① 此评切中要害,古史辨派学者缺乏语言、文字、民族、地理学等诸多学科的功底,因为他们出自今文学家,过度强调理论思辨,而考证功夫源自古文学家,这也是古史辨派致命缺陷。今人为古史辨派辩护,说古史辨派诬陷古书造伪,即使被现在的出土文献推翻也无关大局,本来是细节问题。② 此说殊为荒谬,所有历史研究都建立在史料基础上,如果史料出了问题,研究全部作废,这不是细节问题,而是全局问题。古史辨派把古书推翻,就是全局问题。为古史辨派辩护的人,多是研究史学理论而非先秦史,所以他们的辩护很难有说服力。古史辨派为他们叫好的那些理论本来也不是古史辨派的创造,不需要通过古史辨派那样激进的方式才能为人接受。

比如顾颉刚说要打破的四个观念,刘掞黎完全赞同打破民族一元观念,当时多数学者也赞同。刘掞黎不全赞同打破地域一统观念,他说西方人也可能忘记很多地域广大的帝国,不能根据后人记载缺失就说原来不存在这样的统一,这也是正确的。顾颉刚用地域扩大说来打破地域向来一统观念,逻辑上根本不能成立,夏朝的一统地域没有周朝大,周朝的一统地域没有秦朝大,秦朝的一统地域又没有汉朝大,但是不能说秦朝没有一统,不能说周朝没有一统,也不能说夏朝没有一统。夏朝获得了周边广大地域的尊崇,就是一统了,不在于有多大的疆域。顾颉刚在论证中就是这样经常偷换概念,或者是他自己就混淆不清。《古史辨》第二册的首篇《秦汉统一的由来和战国人对于世界的想象》,顾颉刚就是用疆域的小来否定夏、商、周的统一。其实统一与否要看结构,不能看大小,我们不能因为瑞士小就说瑞士不是国家吧!

顾颉刚喜欢看戏,也用看戏的眼光去衡量古史,这本来未必成立,居然

---

① 张旭东:《牟润孙找工作:新旧学风的对抗》,《东方早报·上海书评》2015 年 1 月 4 日。
② 张富祥:《"走出疑古"的困惑——从"夏商周断代工程"的失误谈起》,《文史哲》2006 年第 2 期。

被有些人津津乐道,说成是顾颉刚的一大发明。史学从来不是文学,史书从来不能胡编乱造,即便有人伪造历史,也不能说世界上绝大多数史书和小说一样吧!古史辨派随意指责古人造伪,似乎古代造伪极其容易,其实在春秋之前,学术被贵族垄断,造伪极其不易。春秋之后,百家争鸣,一家随意造伪要面临其他学者的指责,随意造伪不易获得社会承认,所以当然不可能出现随意造伪之事。但是古史辨派忽视了社会客观现实,夸大了人的主观意志。

疑古派以论带史,厚诬古人,难道春秋战国时人完全不了解远古史吗?春秋战国时还保留了很多上古史料,至于传说则更多,所以司马迁《史记》能够记载夏商两代的世系,商王世系已经得到甲骨文证明。《左传》记载郯国的国君能够讲述他的祖先少皞氏的部落结构,《国语》说阳国保留有夏商以来的嗣典。前秦王嘉《拾遗记》引战国时桑丘子之书,讲述桑丘子祖先少皞氏所用的鸠表居然和现在考古发现完全吻合。[①]《越绝书·记宝剑》风胡子说:"轩辕、神农、赫胥之时,以石为兵……至黄帝之时,以玉为兵……禹穴之时,以铜为兵……当此之时,作铁兵,威服三军。"风胡子把人类历史分为石器时代、玉器时代、铜器时代与铁器时代,除了玉器时代有误,总体不错。说明古人对数千年的历史有完美划分,看似现代才首创的历史分期早已为古人道出。

古史辨派后来分为两派。一派以顾颉刚、童书业为代表,他们认为汉代人造伪的原因出于现实需要,比如他们认为少康中兴是为了影射光武中兴而造出,这种解释把先秦和汉代的相似事情牵强附会,虽然比顾颉刚早年的神仙人化的简单思路稍为复杂,但是也不能成立。按照这种思路,光武中兴也有可能是清代人为了影射同治中兴而造出,那么历史就不存在,只有现实。难道只有你把脚踏进那条河流,那条河流才存在吗?说到底,古史辨派是唯心主义。

另一派则把古史全部归结为神话,以杨宽、丁山为代表,二人之说晚出,童书业说杨宽的民族神话史观混合了傅斯年的民族史说和顾颉刚的古史神话学,说明杨说也导源于顾说,其实就是大禹为虫的思路。[②] 杨宽在《古史

---

① 周运中:《中国文明起源新考》,新北:花木兰文化出版社,2015 年,第 255~256 页。
② 童书业:《古史辨》第七册《自序二》,上海:上海古籍出版社,1982 年。

辨》第七册发表长文《中国上古史导论》,把数十个古史人物都归结为东西方两个族群的11个神的分化,所以童书业在此册自序中说:"杨先生的最厉害的武器,是神话演变分化说。"丁山认为禹是蛇神,帝江是江神,共工是虹神,姜嫄是地母神,神农、蓐收、后稷是农神,飞廉、句芒是风神,吴回是火神,①总之一切古史人物都是神。如果按照这种思路,世界上所有的人原来都是神,人没有必有存在,因为史书中全是神,没有一个人。这种思路也很简单,只需用神解释古史人物,显然也不能成立。这一派说到底,也是唯心主义。

古史神话派的丁山、杨宽在具体论证时,还有一个过度牵合的通病。比如杨宽认为陶唐即高辛、高阳,鲧即共工,羿即契,丹朱即驩兜,因为杨宽认为所有古史人物都来自东方的五行之神及西方的岳神、社神、稷神、火神,所以必须把很多古史人物强行牵合。② 不过杨宽对顾颉刚提出了批评,他认为古书不可能都出自刘歆伪造,顾颉刚遇到各种书籍中不符己见之处就说是汉人篡改,当然是一种极为武断的看法。

王国维《古史新证》总论说:"上古之事,传说与史实混而不分。史实之中,固不免有所缘饰,与传说无异。而传说之中,亦往往有史实之素地。二者不易区别,此世界各国之所同也……而疑古之过,乃并尧、舜、禹之人物而亦疑之。其于怀疑之态度及批评之精神不无可取,然惜于古史材料未尝为充分之处理也。"唐兰为此书作序说:"顾何以知其为信为疑、为实为虚、为真为妄,此非仅怀疑能决者……考证之学,当尚实证也。夫处今日而考古史,必深谙古代文字与古文法且兼通考古学、古器物学、古器物铭学等学科,非是不足以整理地下新发见之材料,而资为实证。"③

顾颉刚的大学好友傅斯年于1924—1926年去欧洲留学时写给顾颉刚的数封信中,开始对顾颉刚的《古史辨》大为赞赏,后来批评较多。他在信中指出古书不成于一时,不能一概而论,康有为、崔述之说不客观。④ 他深受德

---

① 丁山:《古代神话与民族》,北京:商务印书馆,2006年。
② 杨宽:《中国上古史导论》,《古史辨》第七册上编,上海:上海古籍出版社,1982年,第400页。
③ 王国维:《古史新证》,北京:清华大学出版社,1994年。
④ 王汎森、潘光哲、吴政上主编:《傅斯年遗札》,北京:社会科学文献出版社,2015年,第38~69页。

国实证史学的影响,回国主持中央研究院历史语言研究所时,提出史学就是史料学的口号,主张大力发展考古学,探寻可信的新史料,重建古史。傅斯年从不主张偏激疑古转而批判疑古派,还写过一篇小说《戏论》,专门嘲讽顾颉刚与古史辨派。《戏论》模仿《古史辨》顾颉刚给胡适、钱玄同的信,说民国三十三世纪有个疑古学者理必有,作《古史续辨》十册,写信给顾乐,论证孙文、黄兴不存在,钱玄同也是顾颉刚的笔名,文中说顾颉刚的言论激断,又明确说《古史辨》是诅信之作。① 此文未刊,很可能是傅斯年早年写成。

史语所主持的安阳殷墟科学考古改变了世人对古史的看法,甚至包括《古史辨》的始作俑者胡适! 1929 年,胡适在上海对顾颉刚说:"现在我的思想变了,我不疑古了,要信古了!"②1930 年胡适又在史语所演讲说:"如我在六七年前根据渑池发掘的报告,认商代为在铜器之前,今安阳发掘的成绩,足以纠正我的错误。"③胡适早已承认《古史辨》的错误,但是现在竟有人为了维护古史辨派,攻击殷墟发掘是反科学,说:"正是殷墟发掘与典籍的吻合,使得这一成果变成了对疑古思潮的嘲讽,客观上为维护传统提供了科学依据……所以,殷墟的发掘不只对疑古思潮是一个重大打击,也是对科学治学精神的一种反击……本来就缺乏现代科学思辨的国学方法又重新巩固了自己的地位,这也使得中国考古学在后来的半个多世纪里,将重构国史为己任,没有在完善提炼信息上和十分关键的理论方法上下功夫。"④令人难以置信的是这段话居然出自上海复旦大学一位考古学教授的口中,他误以为传统的国学缺乏科学思辨,误以为考古学必须推翻历史记载,颠倒了殷墟发掘与古史辨派的是非。

顾颉刚在北京办《禹贡》半月刊时曾经亲口对陶希圣说:"考据的工夫做

---

① 傅斯年著、欧阳哲生主编:《傅斯年全集》第三卷,长沙:湖南教育出版社,2003 年,第 159~161 页。
② 顾颉刚:《我是怎样编写〈古史辨〉的?》,《古史辨》第一册,上海:上海古籍出版社,1982 年,第 13 页。
③ 王汎森:《傅斯年对胡适文史观点的影响》,《傅斯年:中国近代历史与政治中的个体生命》,北京:三联书店,2012 年,第 272~273 页。
④ 陈淳:《文明与早期国家探源——中外理论、方法与研究之比较》,上海:上海书店出版社,2007 年,第 16 页。

下去,自己觉得空虚。我办禹贡,再办通俗,是实际工作与民众工作。"陶希圣觉得顾颉刚的疑古只是破,不能立,自觉空虚,所以转为史地之学,再转为通俗教育的民众工作。陶希圣认为顾颉刚没有领会实证主义,不像傅斯年能有所立,所以余生江郎才尽,没有新成绩见江东父老。①

谭其骧1931年告诉顾颉刚,邓之诚对他的评价是:"人甚诚恳,亦甚用功,惟疑古入了迷,成为成见,往往无中生有,为可惜耳。"②邓之诚1934年日记中说:"阅顾颉刚昨所赠《两汉州制考》,不能竟也。此君为学,大约不外是己非人、是今非古八字,兼足以概今时学风。"③

陈寅恪1935年在给陈垣《元西域人华化考》所作序中说:"以夸诞之人,而治经学,则不甘以片段之论述为满足,因其材料残阙寡少,及解释无定之故,转可利用一二细微疑似之单证,以附会其广泛难徵之结论……今日吾国治学之士,竞言古史,察其持论,间有类乎清季夸诞经学家之所为者。"牟润孙曾是顾颉刚的学生,因反对顾颉刚的论点而疏远顾,牟指出陈寅恪在此批评的古史研究者正是顾颉刚。④

陈垣1939年在给刘文典《庄子补正》所作序中说:"今日治先秦子史之学,与先生所为大异者,乃以明清放浪之才人,而谈商周邃古之朴学。其所著书,几何不为金圣叹胸中独具之古本,转欲以之留赠后人,焉得不为古人痛哭耶?"前引张旭东之文指出,陈垣在此批评的也是顾颉刚。

吕思勉《先秦史》说:"今之疑古者,每援后世书籍之体例,訾议古书,适见其卤莽灭裂耳。"⑤古史保存极为不易,不可以晚近记载体例衡量,不能因为传说及记载有误就说古史不存在,就说古人造伪。其实古人何尝不想把古史记全?我们能看到古史的一鳞半爪,已经要非常感谢那些记载者。但是古史辨派居然把这些记载者统统诬陷为造伪者,岂不是好坏不分?

---

① 范泓:《顾颉刚的"空虚"》,《历史的复盘》,桂林:广西师范大学出版社,2013年,第243~247页。
② 顾颉刚:《顾颉刚日记》卷二,北京:中华书局,2011年,第568页。
③ 邓之诚:《邓之诚文史札记》,南京:凤凰出版社,2012年,第43页。
④ 牟润孙:《论清代史学衰落的原因》,《注史斋丛稿》,北京:中华书局,2009年,第676页。牟润孙:《敬悼陈寅恪先生》,《海道遗稿(二编)》,北京:中华书局,2009年,第127页。
⑤ 吕思勉:《先秦史》,上海:上海古籍出版社,2005年,第6页。

第一章 炎帝误说驳议

唐兰原也曾怀疑古史,后来研究古文字,发现商代文字已很成熟,所以他认为历史不应从夏代开始。他在昆明西南联大与徐旭生讨论古史,看到徐旭生的《中国古史的传说时代》,徐当时主张信古,唐说:"我认为对古书处处怀疑,胡想乱说,是完全错误的。但也不能尽信,要有科学根据,要有分析,疑其可疑,信其可信。古代史资料只要不是寓言,不是汉以后人伪托的,就不应轻易否定。有些资料常和神话混杂,但就是近代历史也还经常杂有神话的,应该剥去其神秘的外衣而探讨它的实质。太昊、少昊、炎帝、黄帝等在春秋时代,还有他们的后裔,还可以考到他们的故都和其子孙的国土,这是假不了的。"①

有的古史辨派学者后来也改变看法,杨向奎提出《周礼》出自有儒家气息的齐国法家,成书于战国中期,其中也有现实反映,不完全是虚构。② 顾颉刚晚年也认为其原本出自齐国法家,但是仍然认为今本是汉末刘歆的伪造。③ 其实他的证据很多不能成立,比如他说《周礼》封地万里一定出自秦皇汉武的扩张,其实完全可以用先秦人的理想规划来解释,未必出自秦汉时期的扩张。顾颉刚晚年虽然没有正式宣布放弃早年的学说,但也不提往事,其实已经悄然走上了释古的道路,致力于《尚书》等古籍的整理工作。所以许冠三评价顾颉刚,说他始于疑,终于信。④

张亚初、刘雨的研究表明,《周礼》记载的356官,有76官能在西周金文找到根据,所以《周礼》一定参考了西周官制。《周礼》的春官宗伯接近西周的太史寮,有大史、大祝、大卜三大文书宗教官,《周礼》的地官司徒、夏官司马、冬官司工接近西周卿事寮的三有司:司土、司马、司工,《周礼》的天官冢宰接近西周中晚期金文中上升的宰官。《周礼》秋官司寇在金文中是属司工的下属,司寇独立可能是东周之后的官制。⑤ 沈长云、李晶提出《周礼》记载

---

① 唐兰:《中国有六千多年的文明史》,《大公报在港复刊三十周年纪念文集》,香港:香港大公报,1978年,第23~24页。
② 杨向奎:《〈周礼〉的内容分析及其成书时代》,《山东大学学报》1954年第4期。
③ 顾颉刚:《"周公制礼"的传说和〈周礼〉一书的出现》,《文史》第6辑,北京:中华书局,1979年。
④ 许冠三:《新史学九十年》,长沙:岳麓书社,2003年,第190页。
⑤ 张亚初、刘雨:《西周金文官制研究》,北京:中华书局,1986年,第140页。

更接近春秋官制，作者是春秋末期或战国初期人。①《周礼》不可能是西汉末年人的伪造，这部唯一的官制古书是了解上古史的重要文献。

尤其令人奇怪的是，胡适早已在70多年前就改为信古，可是现在居然还有学者为胡适早年的疑古辩护，说胡适是因为古史没有证据，才说东周以上古史全不可信。②既然胡适已经改为信古，这种辩护就毫无意义。胡适年少时无视古书之中大量证据，本来就是一种错误的治学态度。还有一些学者为古史辨派辩护，走上历史虚无主义的歪路，认为上古史本来就是不能考证清楚，所以无须考古、释古，仅需疑古就行。这种极端态度恐怕连顾颉刚本人也不会答应，以这种态度为顾颉刚辩护，还不如说是拿古史辨派来为他们自己的理论作注。

治学需要创新，创新的前提是怀疑，但是怀疑不能过分，否则就走上了偏激的死胡同。近代疑古思潮盛行的根源是全盘西化论，但是中国显然不可能全盘西化，所以由偏激的西化论产生的疑古论自然要被历史淘汰。破易立难，疑古、信古易而释古难。一个好的历史学家不应该把解构传统当成自己的最高目标，而应该努力用各种实证手段去复原历史真相。先把历史事实研究清楚，才能解答自己和他人提出的历史疑问。

日本白鸟库吉、内藤湖南等人竭力抹杀中国古史，是在近代日本脱亚入欧的思潮下产生。胡适及其门徒顾颉刚的疑古论，也是在中国的西化思潮下产生。何新近来提出胡适是美国共济会的中国分会员，为了颠覆中国而一手策划古史辨运动，有人评论何说荒谬。③ 笔者认为胡适未必是共济会员，因为胡适并非近代中国西化论的首创者，而且在殷墟发掘之后就抛弃了早年的疑古论。但是何说也不是空穴来风，所谓新文化运动的领袖们，为了急速模仿日本，脱亚入欧，提倡彻底推翻中国所有传统。他们的偏激行为，极其荒谬。刘梦溪认为，五四反传统思潮打击的是传统文化的核心价值，也

---

① 沈长云、李晶：《春秋官制与〈周礼〉比较研究——〈周礼〉成书年代再探讨》，《历史研究》2004年第6期。

② 李扬眉：《"疑古"学说"破坏"意义的再估量——"东周以上无史"论平议》，《文史哲》2006年第5期。

③ 何新：《希腊伪史考》，北京：同心出版社，2013年。高峰枫：《"学术义和团"的胜利》，《东方早报·上海书评》2013年5月12日。

即大传统,"文化大革命"则是破坏了家庭人伦的小传统。有些人所说的中国文化的缺点,只能说是特点。中国的传统不能抛弃,现在需要重建我们的传统。① 何先生的古史研究,成果颇多,也有很多卓见,我们不能因为其中有错就全面否定。

盛极一时的古史辨派现在已经很少有人信从,虽然还有个别学者为古史辨派辩护,②但是他们的辩护微弱无力。李零指出,古史辨派把上古史全盘否定,为中国考古学的发展扫清了地盘,但是恰恰是考古学证明了疑古派的错误。③ 在《古史辨》第一册中,李玄伯就提出:"要想解决古史,唯一的方法就是考古学。"④疑古派虽然怀疑古书,但是也主张用新兴的考古学探索历史真相,顾颉刚在《古史辨》第一册《答李玄伯先生》中就有此看法。笔者以为,即使没有古史辨派,考古学也要在中国蓬勃发展,所以这绝非古史辨派的功劳。不过是因为古史辨派的极端责难,客观上对中国考古学的发展有一些推动作用。

第二节　帝的由来与五帝时代

许慎《说文解字》卷一上:"帝,谛也,王天下之号。从二,朿声。□,古文帝。古文诸上字皆从一,篆文皆从二。二,古文上字。"又:"朿,木芒也,象形,读若刺。"《汉书·律历志下》说:"太昊帝《易》曰:炮牺氏之王天下也。言炮牺继天而王,为百王先,首德始于木,故为帝太昊。"高田忠周认为五德始于木,帝正是木芒,也即木之端。其实太皞木德是后世附会,详见下文,所以此说不能成立。外国学者鲍尔认为汉字的帝来自巴比伦的,读音为 dingir、digir,字形与读音都接近汉语。我认为此说未必成立,因为甲骨文帝字的中

---

① 刘梦溪:《文化认同与文化传统的重建》,《故宫学术讲坛》第1辑,北京:故宫出版社2011年,第175~187页。
② 文史哲编辑部编:《"疑古"与"走出疑古"》,北京:商务印书馆,2010年。
③ 李零:《考古发现与神话传说》,《李零自选集》,桂林:广西师范大学出版社1998年,第59页。
④ 李玄伯:《古史问题的唯一解决方法》,《古史辨》第一册,上海:上海古籍出版社,1982年,第268~270页。

间不是一横,而是一个指示符号,上面还有一横,笔画较多。

吴大澂认为帝的本义是花蒂,是花蒂的象形。后世学者多从花蒂之说,但是花蒂在子房的上面,而非在其下,帝字的三笔是在三角形的下面,和花的形态不合,所以此说不确,这是因为他们没有仔细观察花的结构。

但是如果过分迷信自然科学,就会走向另外一个极端,美国学者班大为提出帝字源自对公元前2150年的北天极天象的写真。① 可惜这个天象完全是他个人的构拟,他说的三条线其实不存在,而且下面的三笔连接北斗星,也不能成立。这种说法非常牵强,也不能解释与帝有关的其他汉字。

明义士、朱芳圃、徐中舒、严一萍、王辉都认为帝字取自用柴祭天,但是这种祭祀在甲骨文里写成"尞",即后世的燎。燎字是木字两旁有点,表示火,中间没有横线,因为树枝可以依靠枝杈支撑,不需再捆扎。松丸道雄认为是三脚的祭坛,其实不像。还有其他一些说法,或认为与女阴有关,或认为是扎起的稻草人,有学者认为是捆绑的神像。② 我认为帝的神像不应如此简陋,而且缺乏文献依据,所以也不太可能。

我认为,帝的本义是树根上根须缠绕的根蒂,帝字的原形是不字,再加上H形。不字的原形就是树根,最上面的一横是地面,下面的三角形是主根,因为主根越往下越细,所以画成三角形,最下面的三笔是根须。"不"、"本"音近,本即树根。本字是木字下方加一横,表示树根,这是画出树木的全形,点明树根在树木中的位置。不是去除地面以上的部分,专门画出树根的形象。

不字加上H形指示符,特指根须缠绕之处,即树根的结缔。如同在刀字上加一个H形指示符,则为方字,方即刀柄,方和柄双声叠韵,都是帮母阳部。朱芳圃认为方是柄的本字,郑玄注《仪礼》:"今文枋作柄。"③《说文》卷八上仿:"籀文仿从丙。"《左传》隐公八年(前715年):"郑伯使宛来归祊。"《公

---

① \[美\]班大为著,徐凤先译:《北极简史:附帝字的起源》,《中国上古史实解密——天文考古学研究》,上海:上海古籍出版社,2008年,第353~355页。

② 许进雄:《简明中国文字学》,北京:中华书局,2009年,第180~181页。潘玉坤主编:《古文字考释提要总览》第1册,上海:上海人民出版社,2008年,第13~14页。王辉:《殷人火祭说》,《四川大学学报丛刊》第10辑《古文字研究论文集》,1982年。

③ 朱芳圃:《殷周文字释丛》卷下,北京:中华书局,1962年,第159页。

羊传》《谷梁传》同年作归邾,此邾在今山东费县。《说文》卷六下:"邾,宋下邑。"而《左传》隐公十年六月:"庚午,郑师入郜。辛未,归于我。庚辰,郑师入防。"此防属宋,即邡,在今山东成武县,《太平寰宇记》卷十四单州单父县:"西防故城,在县北四十九里。"《汉书·地理志》山阳郡有西防县。① 又如崔即鹤的古字,崔是在隹的头上加上一个H形指示符,特指鹤顶。最雄伟的鹤是丹顶鹤,丹顶鹤最突出是的是头上的鹤顶红,所以用指示符特指鹤顶红,也是同理。

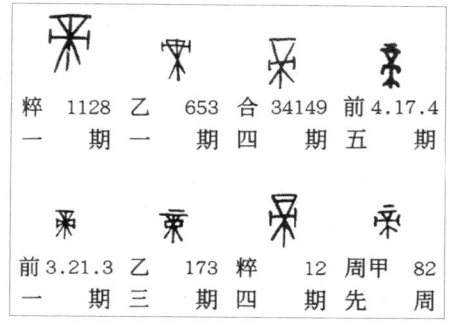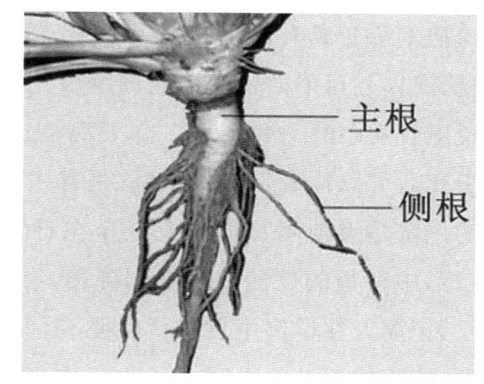

甲骨文的帝、植物根系示意图

古文字参考高明、涂白奎编著:《古文字类编》,上海:上海古籍出版社,2008年。

帝的原意是结缔、根蒂,所以五帝的帝,原意是指一个部落的根,也即祖居地的长房大宗。按照宗法制,长房大宗就是首领。所以帝就是嫡,上古的嫡字有时写成啻或帝。日本学者岛邦男发现甲骨文有时附帝号于父名,如第一期称父小乙为父乙帝,第二期称父武丁为帝丁,第三期称祖甲为帝甲,第四期称父康丁为帝丁,第五期称父文武丁为文武帝,西周仲师父鼎、窓鼎有帝考,买簋有啻考,都是对父的尊称,裘锡圭指出这是因为帝通嫡,《大戴礼记·诰志》说:"天子……卒葬曰帝。"《礼记·曲礼下》说天子:"措之庙,立之主,曰帝。"帝是嫡系先祖,商人的上帝既是至上神,也是宗祖神。商王自称是上帝嫡系后代,所以才有统治天下的权力,《尚书·召诰》:"皇天上帝改

---

① 彭邦炯:《关于丙、内、入等字及其相关国族地望的探讨》,《古文字研究》第24辑,北京:中华书局,2002年,第41页。此文认为西防在今金乡县西。

厥元子兹大国殷之命。"①帝和蒂、缔、柢等字同源,《尔雅·释言》:"柢,本也。"

无独有偶,西方有一种家谱称为 Family Tree,即把家谱画成树的样子,祖先在根部,上面的枝叶就是子孙的分支。这和上古中国人把祖先称为帝(树根)正好吻合,不过祖孙的方位与中国人的家谱正好相反,中国家谱是把祖先写在页面的上方,下面的枝杈是子孙。

顾颉刚说黄帝出现在战国,先秦的帝是天神上帝,不是指人,战国时人才把上帝变成人帝,胡适表示赞同。顾颉刚的论证有严重缺陷,他何以知晓夏、商人心目中的帝呢?顾颉刚没用甲骨文,于是常玉芝帮顾颉刚证明,他说甲骨文中的一些帝可以降下祸福,掌握气象,所以是上帝,但是他又说商王死后可以称帝,帝的意思就是神主。② 此说实在不通,难道能够掌管祸福的一定是天神吗?中国人至今在日常生活中还要求祖先庇护,消灾降福。《诗》中祭祖的歌曲多次提到降福,有时把祖先和上帝并列,比如《大雅·云汉》记周人在旱灾中哀叹:"后稷不克,上帝不临。"《周颂·思文》说:"思文后稷,克配彼天。"在中国人的生活中,祖先本来就是可以掌握祸福的,这是中国文化和西方文化最大的区别。中国盛行祖先崇拜和多神信仰,这是令明清来华的西方传教士最头疼的问题。《周礼·春官·天府》:"掌祖庙之守藏与其禁令。"可见祖先和天神混淆。再说帝为神主,帝为神主没有任何证据,不过是常玉芝的猜想。帝字的原形不是神主,为何帝变成了神主?不讨论帝的原形,无助于获得真相。既然商王可以称帝,可见帝本来就是祖先神,这本来是一个很简单的问题,却被复杂化、混乱化。

五帝是春秋战国时期人确认存在的人物,《国语·鲁语上》说:"夫圣王之制祀也,法施于民则祀之,以死勤事则祀之,以劳定国则祀之,能御大灾则祀之,能扞大患则祀之。非是族也,不在祀典。昔烈山氏之有天下也,其子曰柱,能殖百谷百蔬。夏之兴也,周弃继之,故祀以为稷。共工氏之伯九有

---

① 裘锡圭:《关于商代的宗族组织与贵族和平民两个阶级的初步研究》,《文史》第17辑,第1~26页。李零:《考古发现与神话传说》,《李零自选集》,桂林:广西师范大学出版社,1998年,第73页。

② 常玉芝:《由商代的"帝"看所谓"黄帝"》,《文史哲》2008年第6期。

也,其子曰后土,能平九土,故祀以为社。黄帝能成命百物,以明民共财,颛顼能修之。帝喾能序三辰以固民,尧能单均刑法以仪民,舜勤民事而野死,鲧鄣洪水而殛死,禹能以德修鲧之功,契为司徒而民辑,冥勤其官而水死,汤以宽治民而除其邪,稷勤百谷而山死,文王以文昭,武王去民之秽。故有虞氏禘黄帝而祖颛顼,郊尧而宗舜。夏后氏禘黄帝而祖颛顼,郊鲧而宗禹。商人禘舜而祖契,郊冥而宗汤。周人禘喾而郊稷,祖文王而宗武王。幕,能帅颛顼者也。有虞氏报焉。杼,能帅禹者也,夏后氏报焉。上甲微,能帅契者也,商人报焉。高圉、大王,能帅稷者也,周人报焉。凡禘、郊、祖、宗、报,此五者国之典祀也。"此处列举的黄帝、颛顼、帝喾、尧、舜就是后世所说的五帝,后世另外有一种对应五行的五帝,即太皞、炎帝、黄帝、少皞、颛顼,对应木、火、土、金、水,其实这种五行所配的五帝是战国晚出的系统,并非历史事实,因为五行的五帝是东方人所传,所以有太皞、少皞,详见拙著《中国文明起源新考》第一章第四节。

古史辨派认为五帝一家的说法是晚出的,原因是战国时期的民族大融合。1994年上海博物馆从香港收购的战国中期楚简《子羔》说:

子羔问于孔子曰:三王者之作也,皆人子也,而其父贱不足称也与?抑亦诚天子也与?孔子曰:"善,而问之也。久矣,其莫……\[禹之母……之\]女也,观于伊而得之,娠三年而画于背而生,生而能言,是禹也。契之母,有娀氏之女也,游于央台之上,有燕衔卵而措诸其前,取而吞之,娠三年而画于膺,生而呼曰:钦!是契也。后稷之母,有邰氏之女也,游于玄咎之内,冬见芙苡而荐之,乃见人武,履以祈祷曰:帝之武,尚使□是后稷之母也。三王者之作也如是。"

裘锡圭认为据此可知,战国中期人还认为夏、商、周之祖是天帝之子。同时期的楚简《容成氏》也没有大一统帝王世系,说明五帝一家说尚未形成。① 我认为战国中期可能也有五帝一家说,不过尚未成为主流,诸说并行。五帝时期的阶级早已分化,五帝不可能是平民之子,祖先神生的传说是后人编造,这和贵族出身并不矛盾。五帝之间可能也有通婚关系,但是因为五帝

---

① 裘锡圭:《中国出土古文献十讲》,上海:复旦大学出版社,2004年,第28～30页。

时期还处在民族融合的初期,所以五帝的族群区分还比较明显,详见拙著《中国文明起源新考》一书第五章。五帝的一统世系不是一时一人的编造,而是逐渐形成,最终在战国时期完成。《史记·五帝本纪》的大一统帝系来自《大戴礼记·帝系》,如下所示:

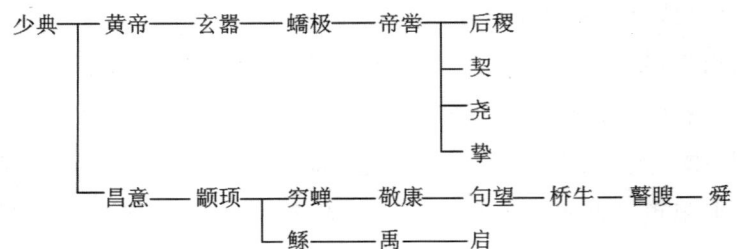

这个帝系当然有很多漏洞,禹成了尧的叔父、舜的曾叔祖父,正常人一望便知,古史辨派就是把这些明显的漏洞当成了大发现,进而全部否定古史。历代一直有人怀疑这个帝系,顾颉刚不过是因为清朝灭亡,才敢公开否定。这不能说明古史辨派水平高超,他们不过是替两千年来的怀疑者一吐胸中闷气。其实《帝系》所述这些古人之间的关系,有些可能出自战国人的改造,但不能说这些人不存在。我们仅需把其中伪造的关系订正即可,因此我们的主要工作应是订正这个帝系,而非全部否定。

《荀子·非相》:"五帝之外无传人,非无贤人也,久故也。五帝之中无传政,非无善政也,久故也。禹汤有传政而不若周之察也,非无善政也,久故也。传者久则论略,近则论详,略则举大,详则举小。愚者闻其略而不知其详,闻其详而不知其大也。是以文久而灭,节族久而绝。"此处说五帝年代久远,所以记载很少,这是实情。郭店楚简《唐虞之道》说:"唐虞之道,禅而不传。"不传,即不是传子。五帝本来是禅让制,所以不可能有五个朝代,但是后世人总是以为五帝也是父子相传,于是把五帝时代虚构为五个朝代。

近年来关于中国起源的系统著作不多,相关讨论分化在先秦史、考古学等领域,二者无法深入结合,古史传说中的国族与考古学的文化的对应无法取得共识,很多学者甚至没有对应的意识,或者不敢对应。可是又出现先秦史、考古学两个学科的学者分别积极与西方文明起源理论对应的现象,但是西方理论再好,也不能回答中国起源的本土问题。因为西方理论学者对中国古史了解非常有限,由于世界环境的差异巨大,西方理论是否能适用于中国很难回答。单靠考古学也不可能解决问题,有著名考古学家认为五帝时代仅是传说,不是信史,①这种拒绝传世文献的态度当然无助于研究的深化。由于考古学与文献无法深入结合,导致考古学理论发展到一定程度之后,难有重大突破,我认为最终的突破点就是考古学和历史文献的结合。

许宏认为考古学的强项是长时段对比研究,把握历史进程的宏观趋势,最难的是绝对年代和具体事件的研究,难以告诉后人某个古代人群的族姓。② 我认为五帝时代不会超过200年,但是这200年的变化非常激烈,所以必须结合文献才能复原各人群的族名,再借助文献记载的各族关系解释考古学各文化激烈变化的原因。

早在20世纪30年代,徐中舒就提出彩陶文化(仰韶文化)是虞夏,黑陶文化(龙山文化)是太昊、少昊,可惜当时的中国考古学刚刚起步,材料很少,因此不能提供一个文化谱系。20世纪50年代范文澜提出仰韶文化可能是黄帝时代文化。③ 20世纪80年代,唐兰提出大汶口文化是少昊文化,因为从墓葬可以看出阶级分化,出现文字与礼制,文献记载少昊在山东,地域吻合,《左传》少昊官制说明已是初期奴隶制国家;④俞伟超提出洞庭湖、鄱阳湖、伏牛山之间的屈家岭文化是三苗集团,夏商时期,来自中原的二里头文化、二里岗文化取代江汉地区的原有文化,对应古书中的舜、禹南征三苗;⑤严文明

---

① 邹衡:《中国文明的开始》,《夏商周考古学论文集:再续集》,北京:科学出版社,2011年,第12页。
② 许宏:《方法论视角下的夏商分界研究》,《三代考古》(三),北京:科学出版社,2009年。
③ 范文澜:《中国通史简编》第一编,北京:人民出版社,1953年。
④ 唐兰:《中国有六千多年的文明史》,《大公报在港复刊三十周年纪念文集》,香港:香港大公报,1978年,第23~58页。
⑤ 俞伟超:《先楚与三苗文化的考古学推测》,《文物》1980年第10期。改名《楚文化的渊源与三苗文化的考古学推测》,收入俞伟超:《先秦两汉考古学论集》,北京:文物出版社,1985年。

提出大汶口文化与龙山文化是东夷文化;①又有学者提出陶寺文化可能是陶唐氏。②

贺云翱老师认为新石器时代晚期,良渚文化因为海侵衰落,良渚文化人群北进中原,并与海岱地区的人群联合,但是东方海洋文化体系的集团与中原内陆文化体系的集团战争失败,直接后果是中原出现了中国第一个国家夏朝,夏朝吸纳了东方文化的很多因素。③ 我认为此说概括了夏朝兴起之前的中国文化发展脉络,此时东方沿海文化圈确实与中原文化圈发生了大规模的战争,我在《中国文明起源新考》一书中有详细考证。

栾丰实提出太昊是皖北、豫东、鲁西南的大汶口文化,可能是从鲁东南、苏北地区西迁,迁徙原因可能是战争或洪水,少昊是泰山南北的大汶口文化,中心地区是泰安到徐州一带。④ 张学海认为以山东阳谷县景阳冈古城为中心的古国是龙山文化时代最大的国家,就是舜的虞国。⑤ 高广仁认为炎黄与蚩尤、两昊在大汶口文化时期,尧舜时代在龙山文化时期。⑥

现在学界基本同意把东夷集团对应为山东地区的新石器时代的大汶口文化、龙山文化与夏代的岳石文化,江汉地区的屈家岭文化、石家河文化应该是苗蛮集团,中原地区的文化自然是华夏集团。因此徐旭生的三大集团说得到了现代考古学的印证,最近还得到了分子人类学的印证,⑦可见传世文献的研究也有很强的生命力,我们不能忽视对传世文献的研究。

---

① 严文明:《论青莲岗文化与大汶口文化的关系》,《文物辑刊》第1辑,1980年。严文明:《东夷文化的探索》,《文物》1989年第9期。收入严文明:《史前考古论集》,北京:科学出版社,1998年。

② 李民:《尧舜时代与陶寺遗址》,《史前研究》1985年第4期。王文清:《陶寺遗存可能是陶唐氏文化遗存》,《华夏文明》第一集,北京:北京大学出版社,1987年。

③ 贺云翱:《中国新石器时代海洋文化体系中不同文化圈之形成与交融》,《历史与文化》,北京:中国人事出版社,1996年,第211～214页。

④ 栾丰实:《太昊与少昊传说的考古学研究》,《中国史研究》2000年第2期。

⑤ 张学海:《考古学反映的山东古史演进》,济南:山东文艺出版社,2004年,第94～96页。

⑥ 高广仁:《海岱文化与齐鲁文明》,南京:江苏教育出版社,2005年,第108～113、160～163页。

⑦ 金力:《写在基因中的历史》,韩昇、李辉主编:《我们是谁》,上海:复旦大学出版社,2011年,第97～99页。

董琦的著作《虞夏时期的中原》首先分析中原各文化区形成的地理与历史因素,又划分了龙山文化时代与二里头文化时代的中原考古学文化区。龙山文化时代的中原有六大文化:河南中部有王湾三期文化,鲁豫皖交界地区有造律台文化,晋冀鲁豫地区有后冈二期文化,汾河下游有陶寺文化,陕晋豫交界地区有三里桥文化,关中地区有客省庄文化。二里头文化时代的中原只有三大文化区:在河南中部、西南部到晋南、关中东部的是二里头文化,即夏文化,河北平原有先商文化,豫东到胶东的是岳石文化,即东夷文化。王湾三期文化发展出二里头文化,扩张到其西部广大地区,这和夏朝崛起于崇山、鲧被称为崇伯等说吻合。董著对这些文化进行了横向与纵向比较,最后他又提出陶寺文化是唐尧,造律台文化是虞舜。①

董著对中国形成时期的中原考古学做出很多可贵探索,并积极尝试把考古学文化与文献记载对应,"崇—夏"对应"王湾三期文化—二里头文化"当然是正确的,但是我认为陶寺文化不能对应唐尧,造律台文化也不是虞舜专有。由于唐的地望在今山西翼城县、曲沃县交界处的天马村、曲村一带,后世又有尧都平阳的记载,加上陶寺这个地名更加引人想象,所以很多学者都认为陶寺文化就是唐尧一族,也有学者认为是早期夏人,②但是也有学者提出是共工氏。③ 我将在下文详细论证,陶寺文化不是唐尧原居地,而是唐尧的迁居地。

许顺湛认为三皇五帝可信,三皇是伏羲、燧人、神农,伏羲是人类诞生初期,燧人来自击燧(燧石)取火,神农则是农业时代。黄帝时代是仰韶文化,此时的部落联盟已经到酋邦阶段。颛顼原在豫西南,后迁鲁西,帝喾继承颛顼。尧舜时代对应考古学上的龙山文化,此时万国林立,尧舜政权是联邦国家的宗主国,古书中的四岳、十二牧、龙、夔、八恺、八元都是邦国首领,也在尧舜政权任职。他认为尧舜集团对应陶寺文化,是中国最早的国家。从黄

---

① 董琦:《虞夏时期的中原》,北京:科学出版社,2000年。
② 高炜:《陶寺考古发现对探讨中国古代文化起源的意义》,《中国原始文化论集》,北京:文物出版社,1989年,第56~68页。
③ 张琨:《共工与伯夷的考古学观察》,江林昌、朱汉民、杨朝明、宫长为、赵平安、黄怀信主编:《中国古代文明研究与学术史:李学勤教授伉俪七十寿庆纪念文集》,保定:河北大学出版社,2006年,第245~247页。

帝到尧舜的五帝时代长达2000年,夏不是最早国家。①此说最大的问题是五帝长达2000年,按照常理五帝能有200年就已经很长了,不可能长达2000年。三皇是否早到人类诞生,也很值得疑问。许著不分史料的等级,尚未达到徐旭生的研究水平。因为把历代史料堆砌一气,致使某位古史人物的活动范围特别大。

韩建业认为,炎黄时代相当于仰韶文化前期,在公元前5000—前3500年,炎帝对应半坡类型,炎帝崇拜鱼,所以陶器上有很多鱼纹,黄帝对应庙底沟类型,黄帝崇拜鸟,所以陶器上有很多鸟纹。后岗类型对应蚩尤或苗蛮集团,至庙底沟类型阶段则部分南迁江汉,涿鹿之战后,庙底沟类型出现在河北省。北辛文化—大汶口文化早期属于少昊族系。颛顼是大汶口文化中晚期,帝喾是大汶口文化末期,在公元前3500—前2600年,此时大汶口文化融入很多仰韶文化,二者地域正是豫东、鲁西,既属于华夏集团,又属于东夷集团,大汶口文化的颍水类型对应太昊族系。此时华夏集团处于低谷期,而东夷集团处于高峰期。龙山文化前期是公元前2600—前2200年,陶寺文化是唐尧,河南的王湾三期文化是先夏文化。龙山文化后期是公元前2200—前1900年,造律台类型是虞舜,陶寺晚期类型是先周文化。②

韩著把考古学的各文化与古书中的记载全面对应,体系更加严密,但是疑问却比许著更多。由于只是机械对应,而且以考古学为主体,忽视文献记载,更没有深入考证文献,所以出现了古书中从未记载过的种种说法,比如炎帝崇鱼,黄帝崇鸟。韩著说炎黄时代长达1500年,令人瞠目!古人不可能把1500年概况在一个人名下,也不可能是一个朝代或时代。时间最长的唐朝在名义上也只有289年,何况在远古时期还没有后世的帝国。由于韩著把蚩尤等同于苗蛮,因此又把苗蛮等同于河北平原的后岗文化,但是民族史学家及分子人类学家都认为苗族原本就分布于长江中游,不可能是从河北省南迁。韩著又把颛顼、帝喾全部归入大汶口文化,这也不能成立,因为没有文献表明颛顼属于东夷集团,徐旭生说颛顼兼有东夷文化特色的证据

---

① 许顺湛:《五帝时代研究》,郑州:中州古籍出版社,2005年。
② 韩建业:《五帝时代——以华夏为核心的古史体系的考古学观察》,北京:学苑出版社,2006年。

只有一条,即《山海经·大荒东经》说:"东海之外大壑,少昊之国,少昊孺帝颛顼于此。"这条孤证可能是很晚出现的说法,不足为信,《山海经》虽然是最重要的古书之一,但是由于年代太久,其中也有很多讹误。总之,韩著虽然给我们所知每个考古学文化都贴上了一个标签,但由于缺乏对文献的深入研究,导致这种简单的对应基本不能成立。

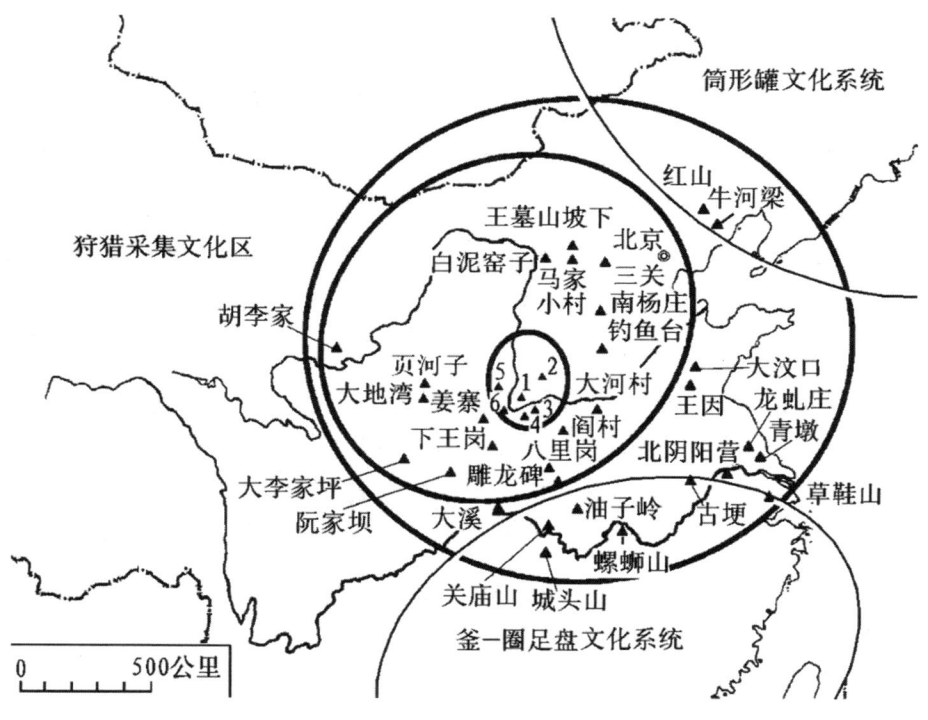

韩建业的庙底沟文化三个层次示意图

有学者甚至把有巢氏推进到200万—50万年前,把伏羲氏推进到50万—15万年前,把燧人氏推进到15万—1.5万年前。① 殊不知古人心目中的远古氏族很多,伏羲、神农并非最古,战国楚简《容成氏》说:"尊卢氏、赫胥氏、乔结氏、仓颉氏、轩辕氏、神农氏、混沌氏、□毕氏之有天下也,皆不授其子而授贤。"《庄子·胠箧》说:"子独不知至德之世乎?昔者容成氏、大庭氏、

---

① 李伯谦:《考古学视野的三皇五帝时代》,《文明探源与三代考古论集》,北京:科学出版社,2011年,第38页。

伯皇氏、中央氏、栗陆氏、骊畜氏、轩辕氏、赫胥氏、尊卢氏、祝融氏、伏羲氏、神农氏,当是时也,民结绳而用之。"古人传说的远古君主很多很多,并非仅有几个,后世的系统化世系不过是晚出的伪说,所以我们不能把伏羲、神农比附到新时期中期之前,只能定在新石器时代晚期。

我认为五帝时代不可能超出龙山文化的时间范围,即使按照《五帝本纪》的记载,尧舜都有百岁,五帝不过五百年,何况尧、舜百岁都是后人伪造,所以五帝时代不可能超过300年,能有200年就很长了。《韩非子·显学》:"殷、周七百余岁,虞、夏二千余岁,而不能定儒、墨之真。今乃欲审尧、舜之道于三千岁之前,意者其不可必乎?"韩非子说尧、舜在他3000年前,这是法家的夸大,其实是接近2000年,所以说虞、夏二千余岁。辛亥革命之前的革命党采用黄帝纪年,《江苏》等报刊定1903年为黄帝4394年,《黄帝魂》定1903年为黄帝4614年,《民报》定1905年为黄帝4603年。《民报》所定时间最早,因为采用《帝王世纪》和邵雍《皇极经世》之说,其实此说太早,黄帝的时代最早不会超过4300多年前。

我们没有必要把所有的古史人物与考古学文化对应,人类的记忆是有限的,历史的发展不是匀速的,从后世的历史可以清楚看到,有时是几十年歌舞升平,一个朝代长达上百年,有时又是几十年内就更换数个政权,几乎每天都有战争,一天就诞生数位英雄。后世热议的无数英雄人物其实集中在历史上的几个瞬间,比如楚汉之际、三国、隋唐之际等。远古时代同样如此,有时稳定上百年,有时几十年内就有很多战争,这种一张一弛是历史的辩证发展。五帝时代是一个大变革的时代,是一个战火连绵、英雄辈出的战国时代,只能是夏朝建立之前的一个短暂时期,而不是中国全部新石器时代的代称。

晋豫陕地区的半坡文化发展出西阴文化,扩张到东北、山东地区及长江流域,盛极一时,余西云誉为中国文明的滥觞,[①]韩建业改称为庙底沟时代,[②]其实二者的实质大体一致。我认为,这个中原文化盛极一时的年代就是文献记载的神农氏时代。按照《五帝本纪》记载,神农衰落就进入五帝时代。

---

① 余西云:《西阴文化:中国文明的滥觞》,北京:科学出版社,2006年,第226~229页。
② 韩建业:《庙底沟时代与早期中国》,《考古》2012年第3期。

公元前5500年前后,西阴文化(庙底沟文化)瓦解,此后进入五帝时代,也就是龙山文化时代晚期。龙山文化最早出现在鲁东南,中原地区进入龙山文化的时间稍晚,不会早过5000年,则五帝时代不会超过4500年。

第三节　中华民族可以简称为炎黄子孙

有人说中华民族、炎黄子孙是近代才有的名称,所以中华民族也是近代产生,这是很荒唐的观点。万物名实有异,中华民族这四个字是近代才有,不能说中华民族是近代才有。难道你改个名字,就可以换个人吗?研究了名的由来,不等于研究了实的由来,这是两个问题。有些人仅研究了近代中华民族这个概念的演变,对中华民族数千年的发展史未曾深入研究,竟能宣称中华民族是近代产生,实在是大言不惭。研究中华民族的历史,必须先从上古史出发,详细梳理每个时代的演变,而不可能仅停留在近代史,蜻蜓点水,浮光掠影。中华民族有数千年历史,中华文化是全世界唯一未曾中断的古老文化。中华民族一直在壮大,中华民族在不同时间、不同地点有不同名号实属正常。万物皆有别名,中华民族近代改名叫"中华民族"为何不可呢?中华民族现在还可以简称为华族、华人、中国人,这些名称都是在不同情况下产生,大家都能理解。

还有人说中华民族包含炎黄以外的子孙,所以不能称为炎黄子孙。这个观点未必合理。李乔先生指出,如果炎黄子孙不合理,那么中华儿女的说法也不合理,因为中华本来是指中原的华夏,也不包含边疆各族!我们现在的国号也有中华二字,难道也要改名?[①] 我以为这个反驳非常合理,如果能有更好的词汇替代中华,我们自然也可以不用中华,但是显然找不到。如果要把汉语每一个字词的用法限定在它的原义上,不能用任何引申义,则汉语完全无法使用。全世界的语言都是如此,哪个民族都不必如此教条。

炎黄子孙原来就是华夏民族的代称,如果要说炎黄子孙就是炎帝、黄帝的真正直系男性后代,显然是吹毛求疵。按照最新的分子人类学观点,全世

---

① 李乔:《"我以我血荐轩辕"——关于"炎黄子孙"这个词》,《北京观察》2010年第7期。

界绝大多数人都是同根共祖,中原华夏与东南百越民族的分化时间不过是一万多年,汉族与汉藏语系内的苗瑶语族、藏缅语族等民族的分化时间更晚,不过是数千年,这在人类历史的长河中也不算长。既然中华民族都是同根共祖,分化时间不长,但是又找不到确切的某个远古祖先姓名,就用文献最多、地位最高、子孙最多的炎黄来指代祖先,也未尝不可。

炎黄子孙是中华民族的主体,所以中华民族可以简称为炎黄子孙。中华民族当然包含很多非主体的成分,但是宇宙万物皆有主次,难道我们要舍本逐末,舍主言次?难道太阳系的名字不能成立?难道要把太阳系改名为九大行星系?九大行星是太阳的附属星体,太阳是太阳系的主体,所以必须叫太阳系,找不到更好的替代用词。中华民族好比是太阳系,炎黄子孙就是太阳。炎黄子孙无疑是中华民族的主体,自然可以指代全部中华民族。

有人说炎黄子孙指代中华民族是大汉族主义,是民族沙文主义,我以为这种观点非常荒谬。炎黄两大部落的后裔肯定不限于汉族,现在很多少数民族也有很多炎黄的后裔。历史上汉族与少数民族有深入交融,汉族之中也有源自少数民族的成分,也有非炎黄子孙。炎黄的后裔流入少数民族的数量很多,这是历史发展的常态。既然少数民族也有炎黄子孙,我们用炎黄子孙指代中华民族就不存在大汉族主义的问题。我们说炎黄子孙,不过是一种简称,或者说是一种修辞,不可能产生要压迫少数民族的想法,本来就不会想到汉族与少数民族的差别问题。有人把少数民族排除在炎黄子孙之外,才未必合理。

有人说炎黄子孙的用法与很多少数民族的祖先矛盾,所以无法为少数民族接受。我以为这种说法也未必合理,众所周知,少数民族的文献较少,他们的族源历史主要通过口传,很多民族的祖先是自然神灵,即使有人物也未必能够明确考证身份,未必能有确实的时间,而且未必比炎黄的时间更早,因为很多民族出现的时间较晚。汉族的族源传说与世界上很多民族不同,不强调祖先源自某种自然神灵,即使有伏羲、女娲神身的说法,也没有伏羲的父母源自某种自然神灵的说法,炎黄就更没有这种说法。既然汉族的族源传说更为实际,更为可信,自然更有说服力,历史上就更容易被广泛接受。

很多学者早已指出,历史上入主中原的边疆各族在融入中原华夏时,往往会自称是炎帝、黄帝后代,鲜卑人自称是黄帝之后,契丹人自称是炎帝之后,其实他们也很清楚自己未必就是黄帝、炎帝之后,但是自称是炎黄子孙,反映了他们积极融入华夏的心情。

鲜卑人自称是黄帝之后。《魏书》卷一《序纪》说:"昔黄帝有子二十五人,或内列诸华,或外分荒服。昌意少子,受封北土,国有大鲜卑山,因以为号。其后世为君长,统幽都之北,广漠之野。畜牧迁徙,射猎为业,淳朴为俗,简易为化,不为文字,刻木纪契而已。世事远近,人相传授,如史官之纪录焉。黄帝以土德王,北俗谓土为托,谓后为跋,故以为氏。其裔始均,入仕尧世,逐女魃于弱水之北,民赖其勤,帝舜嘉之,命为田祖。爰历三代,以及秦汉,獯鬻、猃狁、山戎、匈奴之属,累代残暴,作害中州,而始均之裔,不交南夏,是以载籍无闻焉。"鲜卑人不但自称是黄帝之后,还用黄帝土德来解释拓跋的由来。

契丹人自称是炎帝之后。《辽史》卷六十三《世表》说:"庖牺氏降,炎帝氏、黄帝氏子孙众多,王畿之封建有限,王政之布濩无穷,故君四方者,多二帝子孙,而自服土中者本同出也。考之宇文周之《书》,辽本炎帝之后,而耶律俨称辽为轩辕后。俨《志》晚而出,盖从《周书》。盖炎帝之裔曰葛乌菟者,世雄朔陲,后为冒顿可汗所袭,保鲜卑山以居,号鲜卑氏。既而慕容燕破之,析其部曰宇文,曰库莫奚,曰契丹。契丹之名,昉见于此。"契丹人自称是炎帝之后,但是此说不见于《魏书》,首见于《周书》。宇文周替代北魏,鲜卑人自称是黄帝之后,所以宇文氏自称是炎帝之后。契丹人对自己的祖先来源也有分歧,耶律俨等人认为是黄帝之后,但是也有人认为是炎帝之后。其实到底是黄帝还是炎帝之后,也不是很重要,所以《辽史》卷一《太祖本纪》根本不提此事,《世表》开头就笼统地说中国人多是炎黄二帝子孙。

对于鲜卑人、契丹人的这种自称,我们也不必称为攀附,这种说法不是某个君主或学者的意志,而是顺应当时民族大融合的历史潮流与集体需要。既然是历史发展的必然要求,何必要去横加指责呢?古代的外族君主都自愿宣称是炎黄子孙,现代人又为何要毫无必要地去替古人担忧呢?

炎黄子孙在近代中华民族的发展史上已经约定俗成,成为不可替代的民族历史文化符号,清代台湾爱国诗人丘逢甲有诗云:"人生亦有祖,谁非黄炎孙?归鸟思故林,落叶恋本根。"

炎黄子孙的说法,现在还为港澳台与海外华侨华人广泛使用,1937年黄自谱曲、戴传贤填词的一首《国旗歌》开头唱道:"山川壮丽,物产丰隆,炎黄世胄,东亚称雄。"这首歌现在还在海外传颂,所以炎黄子孙的称呼对于我们今天增强全世界华人凝聚力有重要帮助。

第四节　南方晚出的炎帝遗迹考辨

关于炎帝的家乡,历来有四种重要观点:山西、陕西、湖北、湖南。其中唯有山西说正确,其他三种歧说都不可能成立。其实唯有山西、陕西两说值得考证,因为上古唯有山西、陕西在中原的华夏地域。湖北、湖南在上古不是华夏居住地,战国时期才逐渐汉化,本来不值一驳。因为湖北、湖南在很晚才出现炎帝陵,所以不少人误以为炎帝家乡在湖北、湖南,或误以为炎帝去过湖北、湖南,所以仍需稍作辩驳。

上古华夏的首领不可能去湖北、湖南,炎黄统治的地域不可能到达湖北,更不可能远到湖南,何况湖南的所谓炎帝陵还在湖南东南偏僻的山区!所谓炎黄奄有天下的说法不过是一种夸张,是后世的附会。既然湖北在炎黄的统治地域之外,炎黄也就无从巡狩至此。

湖北随州的所谓炎帝陵源自随州曾经由炎帝后裔建立的厉国,又名赖国,《汉书·地理志》"南阳郡随县"下说:"厉乡,故厉国也。"《水经注》卷三十二《溠水》:"一水西径厉乡南,水南有重山,即烈山也。山下有一穴,父老相传,云是神农所生处也,故《礼》谓之烈山氏。水北有九井,子书所谓神农既诞,九井自穿,谓斯水也。又言汲一井则众水动。井今堙塞,遗迹仿佛存焉。亦云赖乡,故赖国也,有神农社。"其实厉、赖就是烈山氏的烈,上古音的厉、烈都是来母月部[liat],赖也是来母月部[lat],读音基本相同。所以烈山氏南迁,形成厉国。厉国是炎帝后裔南迁之地,南迁的后裔为了纪念祖先,总要建庙。天长日久,附会出一些遗迹,实属正常。随州的炎帝传说其实来自山西,山西羊头山就有神农井、神农泉。下文将论证祝融即烛龙,源自地下煤火自燃,所以炎帝出自地穴的传说都是源自山西,不可能源自湖北。至于后世记载的随州炎帝遗迹,更不足为据。

今湖南省炎陵县,原名酃县,南宋嘉定四年(1211年)才从茶陵县分出,

1994年才改名炎陵县。这个县很晚才有，炎帝陵也是很晚才造出。唐代《括地志》、《元和郡县图志》，宋代《太平寰宇记》、《元丰九域志》、《方舆胜览》都没说此地有炎帝遗迹，更不论唐代之前的史书了。《太平寰宇记》卷一一四"潭州"："按《郡国志》云：炎帝神农氏葬于长沙，长沙之尾，东至江夏，谓之沙羡，是其地也。"这段话大可质疑，因为长沙之名来自长沙城西湘江中的长条沙洲，也即橘子洲。长沙不可能延伸到江夏郡沙羡县，沙羡县在今武汉西南，不存在这样长的沙洲。所以此处《郡国志》所述有误，这个《郡国志》不是《续汉书·郡国志》，而是魏晋南北朝时期的同名著作。此条时间较晚，是晚出附会。北宋乐史编撰《太平寰宇记》时，所谓炎帝陵早已不属潭州，但是乐史仍然置于潭州之下，而非衡州之下，说明这个炎帝陵很不出名。

北宋王存《元丰九域志》新本卷六衡州古迹有炎帝陵，但是新本的古迹目是后增，不是原书。南宋《舆地纪胜》茶陵军下说："炎帝庙，在茶陵县西南帝陵侧，乾德五年始访得陵，即诏建庙，见县令孙冠所记、苏德祥碑阴。六年，以祝融配食。"《文献通考》卷一百○四《宗庙考》炎帝陵仅列南宋淳熙十四年（1187年）之祭。南宋炎陵县还是苗瑶族群居地，所以《方舆胜览》茶陵军风俗引图经说："颇有蛮风，尚勇好斗。"蛮即苗蛮，即苗族、瑶族、畲族的祖先。此地原来不是汉族聚居地，更不可能是炎帝的生卒地。

有学者指出，湖南出现炎帝陵，是因为炎帝在五行体系中对应南方。[①]今按不仅如此，因为衡州有南岳衡山，而祝融、炎帝对应南方，所以后世有好事者造出祝融墓，《水经注》卷三十八《湘水》说衡山有祝融冢。后世又有好事者在衡州造出炎帝墓，北宋《政和五礼新仪》卷三说祭祀："帝神农氏于衡州，以祝融配。"但是南岳原来不在湖南这个衡山，古南岳霍山是今安徽霍山县南部的白马尖，又名衡山。汉武帝在今安徽潜山县天柱山祭祀南岳霍山，从此南岳又误在天柱山。隋开皇九年（589年），废汉代以来的古南岳衡山，把衡山之名南移到现在的湖南衡山，所以湖南的所谓炎帝陵出现很晚。《禹贡》说："荆及衡阳惟荆州。"荆山与衡山的南面是荆州，显然这个衡山是江北的大别山区，不是湖南的衡山。《战国策·魏策一》吴起说："昔者，三苗之

[①] 赵世超：《炎帝与炎帝传说的南迁》，《陕西师范大学学报（哲学社会科学版）》1998年第4期。

居,左彭蠡之波,右有洞庭之水,文山在其南,而衡山在其北。"显然这个衡山在彭蠡泽与洞庭湖的北部,是大别山区。

衡州的所谓炎帝陵,之所以在茶陵县,还有一个原因,因为传说神农氏尝百草,而茶陵县恰好产茶,所以附会出炎帝在此的传说。

还有人说,在湖南发现了野生稻,所以炎帝神农氏是湖南人,我以为此说不能成立。因为中国古代的五谷有两种说法:一种说法有稻,但主要是北方粮食:黍、稷、麦、菽,《孟子·滕文公上》:"树艺五谷,五谷熟而民人育。"东汉人赵歧注:"五谷谓稻、黍、稷、麦、菽也。"一种说法无稻,《楚辞·大招》:"五谷六仞。"东汉人王逸注:"五谷,稻、稷、麦、豆、麻也。"《诗经·小雅·甫田》:"黍稷稻粱,农夫之庆。"《豳风·七月》:"黍稷重穋,禾麻菽麦。"《鲁颂·閟宫》:"黍稷重穋,稙穉菽麦……有稷有黍,有稻有秬。"《閟宫》第一次列举四种作物,不提稻。第二次提到稻,但是《诗经》即使提到稻,稻(禾)也都是排在黍、稷之后,黍与稷是华夏最重要的农作物,《诗经》多次连称,详见第三章第四节。既然稻不是华夏五谷的主流,甚至不在五谷之列,野生稻的证据自然不能成立。

汉代到隋初的南岳霍山在今安徽霍山县南部,本属隋境。隋灭陈,获得江南之地,改湖南的衡山为南岳,完全是一种政治行为。这个改封象征隋征服南方,国境南扩。

北宋乾德元年(963年),开始南征,平定荆南、湖南,三年(965年)灭后蜀。乾德五年(967年)首次祭祀湖南的炎帝陵,其实也有政治目的。北宋希望统一全国,结束200年的分裂局面。北宋南征,最早的突破口就在湖南。北宋首次在湖南祭祀炎帝陵,有助于加强国家认同,这也是湖南首次出现炎帝陵的一个重要原因。

《山海经·海内经》说:"炎帝之妻,赤水之子听沃,生炎居,炎居生节并,节并生戏器,戏器生祝融,祝融降处江水,生共工,共工生术器,术器首方颠,是复土壤,以处江水。共工生后土,后土生噎鸣,噎鸣生岁十有二。"有人据此说炎帝在长江流域,其实这是对这段话的误解,原文说炎帝的后代降处江水,不是指炎帝住在江水。所谓降处,就是从地势较高的中原,降临到地势低洼的南方,更说明炎帝原来不在南方。下文论证祝融即烛龙,原指山西的煤火自燃,共工也在西北,不在长江流域。此处说祝融在江水,其实是指楚人自称是炎帝、祝融之后,但是这仅是楚人自称,未必能证明真是炎帝之后,更不能证明炎帝在南方。这段话又说"噎鸣生岁十有二",类似长沙出土战国楚帛书的神话,未必是信史,很可能是战国才出现的神话故事。

因为宋朝是火德,又称炎宋,所以更加重视尊崇炎帝,自然要按照五行体系定炎帝为南方人。南宋罗泌在淳熙十四年(1187年)为湖南炎帝陵所撰《炎帝赞》开头就说:"火德开统,连山感神。"他之所以强调火德,无疑是为了迎合宋朝统治者。

炎帝因为五行体系才被附会在南方,甚至被越南人攀附为祖先,越南陈朝人黎文休在1272年编撰的越南史书《大越史记》开头说:"泾阳王,讳禄续,神农氏之后也。壬戌元年初,炎帝神农氏三世孙帝明,生帝宜。既而南巡至五岭,接得婺仙女,生王……封王为泾阳王,治南方,号赤鬼国。"所谓赤鬼国,也是因为五行体系编造出来的名号。

主张炎帝出自南方的人往往会在文章中说,黄帝是北方人,炎帝是南方人,炎黄二帝代表中国的南北两方。其实这样的观点完全不能成立,因为中国上古根本不存在南北之争。熟悉中国上古史的人都知道,中国上古的所有记载都在北方,唯有北方的东西之争,也即王国维提出再经傅斯年丰富的夷夏、商周东西说。中国南方原来不是汉族居住地,所以文献不记。翻开《中国历史地图集》就能一目了然,夏、商与西周地图上的找不到任何一个长江以南的地名,到了春秋才有吴国的崛起;到了战国,楚国的疆域才扩展到江南,而江南的地名还很少;六朝隋唐时期,中国的重心才逐渐南移。

因为中国在很晚才出现南方与北方对立的格局,所以有不少南方人,要为自己的家乡找一位上古的名人,但是不可能找到,只好把一些北方人强行拉到南方来,炎帝就是这样被拉到南方来了。他们又把后世的南北对立格局,强行加在炎黄二帝身上。

这样的行为甚至会发展到极端,我曾经接到一封来自岭南某地的电邮,来信人说他考证出夏、商、周的都城全在岭南。现在岭南是崛起了,但是能否说宇宙的历史也是从岭南开始的呢?

甚至有些不懂地名考证常识的人,看见一个相同的地名,就强行配对,说现在湖南、广东之交的连山就是上古的连山,所以炎帝的家乡在此。殊不知所有科学都要求孤证不用,仅凭同名,怎能判断是同实呢?

因为炎帝的后裔从河南一路南迁,经过湖北,到达江西、湖南,所以南方出现一些炎帝传说,进而附会造出炎帝遗迹。湖南的炎陵县在吉安与湖南之间,正是南迁的炎帝后裔聚居地,详见第六章。南方的炎帝遗迹毫无上古甚至中古文献依据,只能证明南方地区发生了汉化。所以南方这种晚出的附会遗迹对当地文化有意义,对中华民族的发展史有意义。但是我们绝不能承认炎帝出自南方,不能承认炎帝到过南方。

我们不承认炎帝到过南方,丝毫无损于炎帝的伟大地位。连秦始皇巡游天下,都未曾到过湖南的南部。炎帝又如何能到湖南呢？南方出现炎帝的这些遗迹,说明炎帝的后裔发展壮大,炎帝的威名传播四方,足以说明炎帝的伟大地位了。我们不必再牵强附会,说炎黄到过中国每一个角落。古人因为五行思想,才在湖南附会出炎帝和祝融的传说。北宋在湖南制造炎帝陵的用意,是加强国家认同,但是我们今天应明白山西炎帝陵是祖陵,南方炎帝陵是后世纪念分陵,才更有利于今天的国家统一。

第五节　黄帝在陕西

有人说炎帝在陕西,这个观点忽视了一个重要史实,那就是黄帝在陕西,而非炎帝在陕西。关中平原的地域不大,一山不容二虎。如果关中要容纳两个帝,则炎帝、黄帝仅得关中一半,地域如此狭小,还能称帝吗？帝不是普通的部落首领,地域范围很广。

太暭、少暭两大部落的地域就很广阔,《左传》昭公十七年(前525年)郯子说:"昔者黄帝氏以云纪,故为云师而云名。炎帝氏以火纪,故为火师而火名。共工氏以水纪,故为水师而水名。大暭氏以龙纪,故为龙师而龙名。我高祖少暭挚之立也,凤鸟适至,故纪于鸟,为鸟师而鸟名。"

太暭部落分布在今河南省的东部到山东省的西部,《左传》僖公二十一年(前639年)子鱼说:"任、宿、须句、颛臾,风姓也,实司太暭与有济之祀。"任(在今山东济宁市)、宿、须句(二者在今山东东平县)、颛臾(在今山东费县)四个小国都是风姓太暭氏的后代,他们要祭祀太暭和济水。《左传》昭公十七年,梓慎说:"陈,大暭之虚也。"太暭氏的故墟(即故都)在陈(在今河南淮阳县),看来鲁西、豫东平原是太暭氏的原居地。

少暤部落分布在今山东省中部到东部,《左传》定公四年(前506年)祝佗说:"因商奄之民,命以伯禽,而封于少暤之虚。"说明鲁都曲阜曾是少暤之墟,郯国在今山东省最南部的郯城县,《左传》昭公二十年(前522年)晏子说:"昔爽鸠氏始居此地,季荝因之,有逢伯陵因之,蒲姑氏因之,而后大公因之。"爽鸠氏在今临淄,说明少暤部落的分布从山东省北部到最南部,范围很大。

中国现在是全世界面积第三大国,自古以来就是全世界人口最多的国家,因为中国有全世界唯一的雨热同期的温带、亚热带宜农大平原群,所以中国文明生来就是大国气象。世界上最大的亚马孙平原全是热带雨林,根本不宜人居。中国的黄淮海大平原与长江中下游平原在江苏连为一体,不存在分水岭,在安徽的分水岭很低矮,毫无障碍,而且在南阳有方城隘口连接。黄淮海大平原的西部有关中盆地、汾河谷地,向北连接东北平原。这样广阔的大平原群,气候宜人,土壤肥沃,水源充足,孕育了人口众多的中华民族。

因为中国有宜居宜农大平原群,所以远古的部落就是人口众多,地域广阔,而且交往频繁,关系密切。远在辽河上游的红山文化玉器竟与安徽凌家滩文化基本相同,说明远古部落的交往范围很大。如果我们考虑到这一点,再来看炎黄的地域,自然不会误以为炎黄同在一个狭小的地域了。

炎黄出自共同的祖先,是兄弟部族。《国语·晋语四》司空季子说:"昔少典娶于有蟜氏,生黄帝、炎帝。黄帝以姬水成,炎帝以姜水成。成而异德,故黄帝为姬,炎帝为姜,二帝用师以相济也,异德之故也。异姓则异德,异德则异类。异类虽近,男女相及,以生民也。"黄帝崇拜云水,炎帝崇拜山火,《左传》昭公十七年(前525年)郯子说:"昔者黄帝氏以云纪,故为云师而云名。炎帝氏以火纪,故为火师而火名。共工氏以水纪,故为水师而水名。大暤氏以龙纪,故为龙师而龙名。我高祖少暤挚之立也,凤鸟适至,故纪于鸟,为鸟师而鸟名。"炎帝、黄帝是两个胞族,所以图腾水火对立。世代通婚,男女相及,以生民也。所以少典、有蟜就对应黄帝、炎帝,有蟜是炎帝,因为乔即高,炎帝的图腾是山岳,则少典对应黄帝,典字或是后人雅化。① 太暤、少暤的图腾分别是龙、凤,龙在水中,凤在天上,也是相对。

黄帝出自典族,即天族。有以下三点证据:

第一,《左传》昭公十七年(前525年)郯子说黄帝以云为纪,因为是天族,所以以云为号,云即天。

第二,《左传》庄公二十二年(前672年):

> 姜,大岳之后也,山岳则配天。

因为黄帝是天族,炎帝是岳族,所以说山岳配天,其实原来是指炎帝、黄帝的通婚。

第三,邹衡指出,周人之中有一个天族,有天族徽章的器物出土于陕西扶风、岐山、长武、绥德、宝鸡、山西离石,天族原居于绥德、离石一带,后来南迁。陕西的黄帝陵正是在绥德、岐山之间,还有很多天兽器,可能是黄帝属下的氏族图腾,《史记·五帝本纪》说黄帝:"教熊罴貔貅䝙虎,以与炎帝战于阪泉之野。"这些野兽可能是氏族图腾。其中的天黾青铜器,有的属于先周文化,有的出于陕西乾县。②

天族器物出于山西、陕西之间,黄帝正是出自西北,有六点证据:

第一,黄帝集团的姬姓,也是白狄、周人姓氏,③白狄活动在今陕西、山西北部和河北中部,④周人最早也活动于华夏和西北戎狄之间,《史记·周本纪》说周人的二世祖不窋:"以失其官守而奔戎狄之间。"后稷不是周人的始祖,周人的祖先本非华夏之官,按照代数计算,后稷只能追溯到商朝,徐中舒就提出周人出自白狄之说,⑤《山海经·大荒西经》说:"有北狄之国,黄帝之

---

① 典的上古音是端母文部[tyən],或即屈原《楚辞·天问》说到的登,《天问》说:"登立为帝,孰道尚之?女娲有体,孰制匠之?"登还在女娲之前,居然也不见于其他史书。上古音的登是端母蒸部[təŋ],与典的读音极近,所以就是典。因为是黄帝、炎帝之祖先,所以当然很早。
② 邹衡:《夏商周考古学论文集》(第二版),北京:科学出版社,2001年,第310~313页。
③ 李零:《中山三器与中山国史的若干问题》,《李零自选集》,桂林:广西师范大学出版社,1998年。
④ 段连勤:《北狄族与中山国》,石家庄:河北人民出版社,1982年,第73~86页。
⑤ 徐中舒:《西周史论述》,北京:中华书局,2009年,第69~71页。

孙曰始均,始均生北狄。"此书多有四夷出自古帝之说,但是北狄对应黄帝应有所本。

第二,《水经注》引《魏土地记》说黄帝在湖县登仙,《史记·封禅书》齐人公孙卿说:"黄帝采首山铜,铸鼎于荆山下。鼎既成,有龙垂胡髯下迎黄帝。黄帝上骑,群臣后宫从上者七十余人,龙乃上去。余小臣不得上,乃悉持龙髯,龙髯拔,堕,堕黄帝之弓。百姓仰望黄帝既上天,乃抱其弓与胡髯号,故后世因名其处曰鼎湖,其弓曰乌号。"鼎、胡本来无关,居然拼合为一个地名,此说必是编造。所谓黄帝登仙的传说其实源自戎狄,《墨子·节葬下》说:"秦之西,有仪渠之国者,其亲戚死,聚柴薪而焚之,熏上谓之登遐,然后成为孝子。"义渠即义渠戎,其实鼎湖就是登遐,上古音的鼎是端母耕部[tyeng],湖是匣母鱼部[ɣa],登是端母蒸部[təng],遐是匣母鱼部[ɣea],读音很近。鼎字不过是一种异译,后世附会为铸鼎,其实与鼎无关。

第三,黄帝的礼乐与西北有关,《吕氏春秋》卷五《古乐》说:"昔黄帝令伶伦作为律。伶伦自大夏之西,乃之阮隃之阴,取竹于嶰溪之谷,以生空窍厚钧者、断两节间,其长三寸九分而吹之,以为黄钟之宫,吹曰舍少。"此篇讲述五帝的音乐,唯独黄帝与西北有关。

第四,古书记载黄帝传说的地点多在西北,《庄子·在宥》:"黄帝立为天子十九年,令行天下,闻广成子在于空同之上,故往见之。"空同即崆峒山,今六盘山。《天地》:"黄帝游乎赤水之北,登乎昆仑之丘。"《山海经·西次三经》记载昆仑山之西有轩辕丘,后世附会的黄帝传说遍及各地,不是原史,不足为据。

第五,黄帝葬在陕北桥山,《史记·五帝本纪》:"黄帝崩,葬桥山。"《集解》引《皇览》:"黄帝冢在上郡桥山。"《索隐》引《汉书·地理志》:"桥山在上郡阳周县,山有黄帝冢也。"《正义》引《括地志》:"黄帝陵在宁州罗川县东八十里子午山。《地理志》云上郡阳周县桥山南有黄帝冢。"汉代的阳周县在今陕西靖边县,桥山是白于山。《括地志》所说的黄帝陵在今甘肃省正宁县,此说源自北朝时期阳周县的南移,《魏书·地形志》豳州赵兴郡阳周县说:"有桥山、黄帝冢。"其实这不是汉代的阳周县之地。由于把子午岭当成了桥山,所以黄帝陵由转移到了子午岭之东的坊州,也即今天的黄陵县。今黄陵县的黄帝陵出现在唐代后期,《唐会要》卷二二记载唐代:"大历五年(770年)四月,廊坊节度使臧希让上言坊州轩辕黄帝陵阙请置庙。"此后黄帝陵出现在坊州中部县,1944年才改名为黄陵县。①

桥山即高山,桥通乔,《周颂·时迈》说:"怀柔百神,及河乔岳。"又《周颂·般》:"于皇时周,陟其高山,隳山乔岳。"《毛传》:"乔,高也。"而白于山在《山海经·西次四经》为盂山,即于山,上古音的于是匣母鱼部[ɣiua],读音近华,华山是大山,于山的意思也即高山、乔山。于有大的意思,《说文》卷一:"芋,大叶实根,骇人,故谓之芋。"芋头因为根、叶皆大而名,于有大的意思。

《水经注》卷四《河水》说黄帝升天之地即华山之东的夸父山,后世又衍生出铸鼎原等地名,其实这是一种误解,因为华山的"华"本指高山,而乔山的意思也是高山,所以有此误解。不过黄帝东征蚩尤确实经过华山附近,而且传说黄帝命应龙杀夸父。

第六,黄帝的后代和姻亲多在陕西,《国语·晋语四》司空季子说:

> 黄帝之子二十五人,其同姓者二人而已,唯青阳与夷鼓皆为己姓。青阳,方雷氏之甥也。夷鼓,彤鱼氏之甥也。其同生而异姓者,四母之子别为十二姓。凡黄帝之子,二十五宗,其得姓者十四人,为十二姓:姬、酉、祁、己、滕、箴、任、荀、僖、姞、儇、依是也。唯青阳与苍林氏同于黄帝,故皆为姬姓。

青阳出现了两次,前一次是己姓,后一次是姬姓,显然矛盾。前面说只有二人是一姓,下文说只有苍林是和黄帝同姓,所以前一个青阳是真,后一个青阳是衍。因为上文两次出现青阳,所以古人抄书时误衍。

此处说到黄帝的姻亲有方雷氏、彤鱼氏,先来看方雷氏,饶宗颐指出方雷氏见于西周青铜器,陕西眉县李家村出土青铜器有人名方雷骆子、方雷騅子,又师㝨鼎铭文提到地名方雷,说明方雷氏是真实存在的族名和地名。②有学者把方雷二字读破,张振林反驳说不能成立。不过张文根据黄帝之子

---

① 王北辰:《桥山黄帝陵地理考》,《王北辰西北历史地理论文集》,北京:学苑出版社,2000年,第270~284页。

② 饶宗颐:《古史之断代与编年》,台北:"中研院"历史语言研究所,2003年,第27页。

降于汦水,认为汦水即方雷,进而提出方雷在今河北省,①此说不确。

再看彤鱼氏,饶公又指出大禹之后分封有彤城氏,见于《史记·夏本纪》最末的太史公曰,《系本》周有彤伯,见于《周书·顾命》,《史记·六国年表》记载秦商君反,死于彤地,而《盐铁论》说:"商君困于彭池。"华县西南有彤城。饶文未做进一步考实,大禹之后的彤城氏是姒姓,不应是己姓。

倒是《盐铁论》启发我们,彤鱼氏或是彭鱼氏的坏字。陕西白水县有古地彭衙,在今白水县纵目乡彭衙村,《太平寰宇记》卷二八同州白水县:

> 彭衙故城在今县东北六十里,有古城。《左传》:秦晋战于彭衙。即此也。

今按《汉书·地理志上》、《续汉书·郡国志》均为左冯翊郡衙县,即彭衙之省。彭衙即彭鱼,衙、鱼均为疑母鱼部,双声叠韵。此地也在陕西省中部,说明黄帝通婚的部族有一些在陕西省中部。

方雷氏、彭鱼氏都是己姓,《左传》哀公十七年(前478年)记载卫国城外的己姓戎人是戎人东迁的一支。姬是见母之部,己也是见母之部,所以己姓或是从姬姓分化出的姓。

史书记载有两个姞姓国家,一个是密须,一个是南燕,前者在今甘肃省灵台县,后者在今河南省封丘县。陕西韩城梁带村发现了芮国墓地,传世芮姞簋铭文:"内(芮)姞作旅簋。"张懋镕认为芮是姬姓,姞是芮人母氏。② 芮姞簋铭文最末有个氏族徽章,也见于觉公簋铭文最末,李学勤认为此氏族也是姞姓。此徽章还见于天马—曲村 M6195 出土的一件西周早期的鼎,说明晋国有姞姓。③

南燕国是相对在今北京的北燕国而言,其实南燕国原来很可能是在今山西境内,后来东迁到今河南境内。因为《诗·大雅·韩奕》说:"奕奕梁山,维禹甸之,有倬其道。韩侯受命,王亲命之……侯氏燕胥。韩侯取妻,汾王之甥,蹶父之子……蹶父孔武,靡国不到。为韩姞相攸,莫如韩乐……庆既

---

① 张振林:《师旂鼎铭文讲疏》,《黄盛璋先生八秩华诞纪念文集》,北京:中国教育文化出版社,2005年,第146~157页。
② 张懋镕:《芮姞簋赏析》,《收藏》2007年第5期。
③ 李学勤:《论觉公簋年代及有关问题》,《通向文明之路》,北京:商务印书馆,2010年,第112~117页。

令居,韩姞燕誉。溥彼韩城,燕师所完。"此诗记载周天子封建韩国的历史,韩国故地在今陕西韩城,附近就是梁山。《史记·韩世家》记载韩国故地在韩原,《正义》引《括地志》云:"韩原在同州韩城县西南八里。又韩城在县南十八里,故古韩国也。"古人所作《通典》、《元和郡县志》、《太平寰宇记》等皆主此说,《左传》鲁僖公十五年说:"故秦伯伐晋。卜徒父筮之,吉:涉河,侯车败。"秦在韩原大胜,秦穆公俘虏了晋惠公。所以卜辞指晋侯之车渡河而败,则韩必在河西。顾炎武误以为是秦军渡河,提出韩国在河东,杨宽沿袭顾说,又提出韩国在今山西河津、万荣之间,[①]而且画在《中国历史地图集》上,[②]致使谬种流传,影响甚广。其实杨伯峻早已指出顾炎武颠倒秦晋,[③]而且韩在河东之说于古代地志毫无依据,此误说必须纠正。韩侯所娶之妻是姞姓,故名韩姞。但是诗中不提国名,我以为韩姞应是燕国人,因为此诗多次说到燕,前人或解释为安乐。我以为应释为燕国,燕国是姞姓,姓氏相合。燕师即燕国的军队,为初来乍到的韩侯建设城池。军队筑城,不是娱乐,此处的燕不能解释为安乐。而且《水经注》卷四《河水》说:"又有燕完水注之,异源合舍,西流注河。"燕完水在今山西吉县,靠近韩国,吉县一带很可能就在燕国所在,吉县就是源自燕国的姞姓。因为姞姓燕国原来在此地,隔河就是芮国、韩国,所以燕与韩、芮通婚。吉县,上古名为屈,《元和郡县志》卷十五慈州吉昌县(今吉县):"本汉北屈县地也。"上古音的姞是见母质部\[kiet\],屈是见母屋部\[kiuət\],厥是见母月部\[kiuat\],读音很近,所以《韩奕》的蹶父其实就是姞父,屈也是姞,这些名号一脉相承。

陕西姜水说的唯一配合证据就是炎黄是世代通婚的兄弟部族,但是陕西人和山西人也可以通婚,中国人都知道秦晋之好,古代帝王的通婚圈不是普通人可比,为何要因为黄帝是陕西人,就把炎帝也限定在陕西呢?可见炎帝是陕西人的论证很不充分,只要对比山西说丰富而明确的史料,就发现山西说能成立,而陕西说不能成立。

还有人论证炎帝是陕西人的证据是周人与姜姓通婚,但是这时距离炎

---

① 杨宽:《西周史》,上海:上海人民出版社,2003年,第600~602页。
② 谭其骧主编:《中国历史地图集》第1册,北京:中国地图出版社,1982年,第页。
③ 杨伯峻编著:《春秋左传注》,北京:中华书局,1990年,第353页。

帝已经过去了两千年,炎帝的后代完全有可能在这两千年中从山西迁到陕西,所以这个证据自然不能成立。

第六节　晚出、消失、错位的陕西姜水

前人说炎帝出自陕西的一个证据是陕西有姜水,其实这个说法不仅晚出,而且不明,而且郦道元所说的姜水不是今人所说的姜水。

陕西姜水很晚才出现,郦道元《水经注》卷十八《渭水》说:"岐水又东,径姜氏城南,为姜水。按《世本》:炎帝姜姓。《帝王世纪》曰:炎帝神农氏姜姓,母女登,游华阳,感神而生炎帝,长于姜水。是其地也。"郦道元说炎帝出自此处,是他个人推测,没有上古文献依据。上古文献从未记载炎帝出自陕西,因为秦汉都城在关中,如果关中有炎帝遗迹,为何秦汉文献都不记载呢?熟悉《水经注》的人都知道,《水经注》中的错误很多,郦道元指错的地方很多。特别是上古地名,郦道元错得更多。已有学者指出,姜水很可能因为姜氏城得名,而姜氏城的历史未必能追溯到上古,所以不是姜水正名,姜水的正名是岐水。至于陕西的炎帝陵,出现时间很晚。郦道元也未曾提到陕西有炎帝庙,陕西的炎帝庙比山西的炎帝庙晚很多,周边也没有更多的遗迹,而山西羊头山的周围则有很多遗迹可以呼应。

郦道元所说的这个姜水,到了唐代竟找不到了!唐代定都在关中,但是郦道元所说的姜水竟从史料丰富的天子脚下消失了!《元和郡县图志》不记姜水,《太平寰宇记》卷三十岐州岐山县:"姜泉。皇甫谧《帝王世纪》云:炎帝神农氏母有乔氏登,为少典妃,游华阳,感神而生炎帝,长于姜水。即此水也。"这个突然又出现的姜泉既不见于前代史书,也未必是郦道元所说的姜水,毕竟姜水是河,而姜泉是泉。古人不可能分不清河与泉,自然界中也基本不可能发生河变成泉的事情,所以这个姜泉很可能不是郦道元说的姜水,而是另外一处泉水。

很多汉唐时期的地方志虽然失传,还能通过辑佚看到一些内容,但是从中竟也找不到陕西姜水与炎帝的记载,北宋乐史的《太平寰宇记》抄录宋代之前的大量珍贵地理资料,是唐宋时期内容最为丰富的地理总志,此书竟也不提姜水。《金史》卷二十六《地理志下》鄜延路坊州中部县(今黄陵县)下记

载有桥山,即黄帝陵所在,同卷凤翔府岐山县下记载有姜水,这是姜水罕见地重现。但是因为这种正史地理志记载太简略,所以我们不能确定此处姜水是不是仅是简单抄录《水经注》的姜水。《金史》岐山县的山水条目与北宋王存的《元丰九域志》卷三凤翔府岐山县下的山水条目相同,很可能是抄录《元丰九域志》,但是《元丰九域志》不以山水记载见长,所以此条资料的可信度也大可怀疑。《宋史》、《元史》的《地理志》,都不提岐山县的姜水。

而这条在唐宋时期消失的姜水,到了明代竟又出现了,但是不在郦道元所说的位置,而在宝鸡县南,远离郦道元所说的岐山、扶风一带。《明一统志》卷三十四说:"姜氏城,在宝鸡县南七里。城南有姜水。"明清诸多总志、方志都抄袭这个说法,乾隆《重修凤翔府志》卷一《山川》说:"姜水,(宝鸡)县南二里,源出煎茶坪,北流经大散关益门镇姜氏城,到石家营入渭,俗名清江河。"卷一《古迹》又说:"姜氏城,县南五礼,姜水南涯,有遗址。"

到了近代,宝鸡一些人更是指责郦道元误置姜水,民国《宝鸡县志》卷十三"姜氏城"条说:"出杜阳之大岭者,岐水也。出秦岭之大散关者,姜水也。郦氏不考,遂以岐水蒙姜水之名,而并移姜氏城以就之。误矣!"但是这样的指责未必能成立,因为在郦道元之前,文献不曾提到宝鸡有姜氏城和姜水。现在宝鸡的所谓炎帝陵建立在错位的姜水基础上,而且明清时期的姜水虽然错位到宝鸡,也未出现炎帝陵、炎帝城的记载。

虽然姜水被错位到了今天的宝鸡,还是有很多学者主张姜水在岐山,有人提出姜水是今岐山县徐家河,还有人提出姜水是扶风县美阳河。虽然郦道元所说的姜水确实是在今岐山、凤翔县一带,但是具体位置难考。

而且古人传说宝鸡陈仓既是伏羲之都,又是黄帝之都,《水经注》卷十七《渭水》:"姚睦曰:黄帝都陈言在此。荣氏《开山图注》曰:伏羲生成纪,徙治陈仓也,非陈国所建也。渭水又东径陈仓县故城北。"如果还是炎帝之都,是不是太过密集反而不可信呢?

总之,陕西所谓的姜水不仅晚出,而且昙花一现。这条姜水在唐宋时期消失,明清时期重新出现,但是错位到了今天的宝鸡。我们如果要用这样一条晚出、消失、错误的姜水来证明炎帝是陕西人,谁能信呢?

第二章

伏羲、女娲、华夏

古人认为炎帝、黄帝之前，还有伏羲、神农等始祖，这些更早的领袖构成传说中的三皇。徐旭生说，伏羲不见于《论语》《墨子》《孟子》等书，首见于《庄子》。他又说伏羲是因为《周易》才著名，女娲在古书中更少见，仅见于《楚辞·天问》、《山海经·大荒西经》、《礼记·明堂位》。但是《淮南子》则多次提到伏羲、女娲，有时还并列，《要略》："八卦可以识吉凶、知祸福矣，然而伏羲为之六十四变，周室增以六爻。"《主术》："故不言之令，不视之见，此伏牺、神农之所以为师也。"《泛论》："夫神农、伏羲不施赏罚而民不为非。"《览冥》："伏戏、女娲不设法度，而以至德遗于后世。"《淮南子》的史料有先秦依据，上古伏羲、女娲已很著名。

由伏羲氏发展出太皞氏和少皞氏，又作太昊氏和少昊氏，是远古中国山东、淮北地区最重要的两个部族，徐旭生在《中国古史的传说时代》中，把以这二者为主体的民族集团称为东夷集团，即蒙文通所说的海岱集团。由于后世晚出的五行体系把少皞称为西方之神，所以有人误以为少皞是西方人。① 这个集团的存在得到考古学的确证，海岱地区的新石器时代文化自成

---

① 因为嬴姓秦人自称少皞之后，秦国在西，所以战国时阴阳家的五帝说把少皞定在西方。《山海经·西次三经》说昆仑山之西的长留山有少昊之神，这是战国人伪造之说，因为长留山在极西部，此时少皞已经成为五行体系的西方之神，所以有好事者把少皞强加到昆仑山之西去。同篇的蓐收，也因是西方之神被伪添到昆仑之西。战国时期晚出的五行体系把太皞列为东方之神，把少皞列为西方之神，原来是兄弟之族的太皞、少皞居然隔若参商，这和《左传》、《史记》等书所记完全不合。

一体,从大汶口文化延续到龙山文化,和中原地区不同。① 近年来学者对两昊集团的研究很多,但是仍然没有解决二者关系的基本问题。

第一节 伏羲氏创造裴李岗文化

战国时三皇五帝说已很流行,《庄子·天运》:"三皇五帝之法度。"《吕氏春秋》四次提到三皇五帝,《周礼·春官·外史》:"掌三皇五帝之书。"郑玄释:"三坟五典。"不过战国的这些书中都没有列出三皇名号。秦人说是天皇、地皇、泰皇,《五帝本纪》说李斯上奏嬴政:"臣等谨与博士议曰:古有天皇,有地皇,有泰皇,泰皇最贵。臣等昧死上尊号,王为泰皇。"嬴政说:"去泰,著皇,采上古帝位号,号曰皇帝。"

一、三皇与皇字的由来

《韩非子·五蠹》说到上古之世的有巢氏、燧人氏,《易传·系辞下》云:

> 古者包羲氏之王天下也,仰则观象于天,俯则观法于地,观鸟兽之文,与地之宜,近取诸身,远取诸物,于是始作八卦,以通神明之德,以类万物之情。作结绳而为网罟,以佃以渔,盖取诸离。包羲氏没,神农氏作,斲木为耜,揉木为耒,耒耨之利,以教天下,盖取诸益。日中为市,致天下之货,交易而退,各得其所,盖取诸噬嗑。神农氏没,黄帝、尧、舜氏作,通其变,使民不倦,神而化之,使民宜之。

两书提到的有巢、燧人、伏羲、神农,遂成为后世人设定三皇的候选人,汉代人就从古书中选三个来填空,《风俗通》卷一《皇霸》:"《春秋运斗枢》说伏羲、女娲、神农是三皇也……《礼号谥记》说伏羲、祝融、神农……《含文嘉纪》伏戏、燧人、神农……《尚书大传》说遂人为遂皇,伏羲为戏皇,神农为农皇也。"东汉王符《潜夫论》:"世传三皇五帝,多以伏羲、神农为二皇,其一者或曰燧人,或曰祝融,或曰女娲。其是与非,未可知也。"《后汉书·张衡传》

---

① 徐旭生:《中国古史的传说时代》,桂林:广西师范大学出版社,2003年,第55~64页;蒙文通:《古史甄微》,成都:巴蜀书社,1999年,第55~62页;栾丰实:《论"夷"和"东夷"》,《中原文物》2002年第1期。

李贤注引《张衡集》说汉顺帝时张衡上奏请将三皇五帝予以实定,三皇为伏羲、神农、黄帝,五帝为少昊、颛顼、帝喾、尧、舜,《尚书》伪孔安国序和西晋皇甫谧《帝王世纪》即从此说。郑玄依《春秋运斗枢》的三皇,但是五帝说取黄帝、少昊、颛顼、帝喾、尧、舜六人。① 笔者认为,虽然后人对三皇的指实有争议,但是三皇的总名出现可能很早。可能三皇仅是指代文明初现的时代,三皇真名永远无法考定,但是我们不能因此否定在五帝之前存在一个三皇时期。

关于皇字的由来,前人有争议,《说文》卷一上:"皇,大也。从自,自,始也。始皇者,三皇,大君也。自,读若鼻,今俗以始生子为鼻子。"吴大澂《说文古籀补》:"皇,大也。日出土则光大,日为君象,故三皇称黄。"朱芳圃《殷周文字释丛》:"其字下作𐊊,即灯之初文,焚膏照夜之器也。上作川,若州,象灯光参差上出之形。"刘心源、于省吾认为皇字从往字而来,与王字有关。汪荣宝《释皇》认为皇字的原意是冠冕,《王制》:"有虞氏皇而祭。"郑玄注:"皇,冕属,画羽饰焉。"他认为皇与欧洲的花环类似,徐中舒认为皇字上面的三竖象征王冠,郭沫若认为《周礼·春官·乐师》有皇舞,郑司农云:"皇舞者,以羽冒复头上,衣饰翡翠之羽。"郑玄:"皇,杂五彩羽,如凤凰色,持以舞。"单周尧认为皇字上面是羽毛饰物或冠冕,下半的王字可能是声符。②

前人诸说有误,③其实皇字的原形是凤凰(孔雀)的尾羽,对照图片,可以发现,一模一样。皇字上方的圆形是孔雀尾羽尖端的圆纹,最上方的三笔是尾羽末尾的羽毛,下面是尾羽的主干及其横生的附枝。所以皇是凰的本字,凤凰本名为凤,不名凰。甲骨文的凤字本来也突出其尾羽的形象,金文才把尾羽末端的圆形去掉。凤字是孔雀的象形,所以头上有羽冠。④

---

① 黄彰健:《论中国的古史系统》,《中国远古史研究》,台北:"中研院"历史语言研究所,1996年,第17~20页。
② 单周尧:《说皇》,《勉斋小学论丛》,上海:上海古籍出版社,2009年,第227~235页。
③ 所谓皇为大,是后人附会。凤凰即孔雀,孔即大,凤凰是一种大鸟,所以皇引申出大之意。日出地上则为旦,在木上为杲,不会写成在土上。夜晚的灯不是很亮,所以不是皇的本义。
④ 秦建明:《释皇》,《考古》1995年第5期;曾宪通:《说"凤""凰"及其相关诸字》,《古文字与出土文献丛考》,广州:中山大学出版社,2005年,第16~32页。

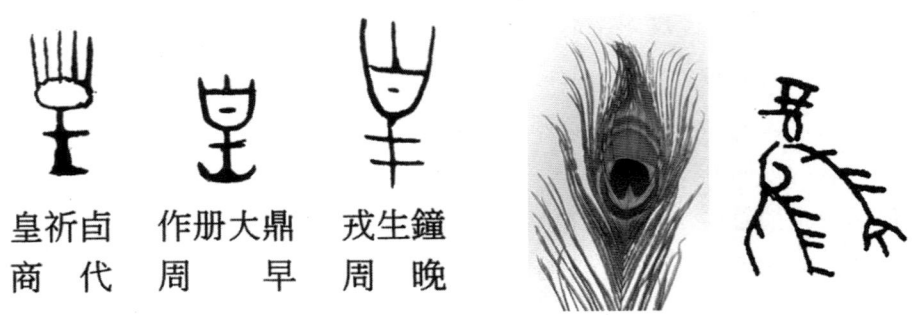

金文的皇、孔雀的尾羽、甲骨文的凤(合 13339)

皇也指凤凰尾羽制成的冠冕,良渚文化玉器上有头戴羽冠的人面,所以有学者认为五千年前的中国东部产生了皇。① 羽冠也见于世界上很多民族,特别是环太平洋地区。凤凰尾羽五彩缤纷,所以皇有辉煌之意。少暤氏的图腾就是凤,有虞氏也出自少暤氏部落,② 而少暤出自太暤伏羲氏,所以伏羲确实属于三皇,也即文明初曙时的领袖。

二、裴李岗文化是华夏文明正源

河南新石器时代最早的文化是裴李岗文化,赵世纲提出裴李岗文化是中华文明之源,因为此文化幅员最广,年代比周围文化早,可追溯到 9000 年前,仅有湖南澧县的彭头山文化年代相近,裴李岗文化的人口比周围的文化多,有 140 多处遗址,等于周围五个文化的遗址总和,对周围五个文化影响很大:

1. 河北省的磁山文化,始于河北南部,向燕山以南扩展,年代距今约 8000 年,晚于裴李岗文化。

2. 渭河、汉水上游的老官台文化,年代距今约 8000 年,晚于裴李岗文化,是裴李岗文化的分支。

3. 山东北部的后李文化,年代稍晚几百年,受到裴李岗文化的强烈影响才发展出来。

---

① 杜金鹏:《说皇》,《文物》1994 年第 7 期。
② 周运中:《中国文明起源新考》,新北:花木兰文化出版社,2015 年,第 297~317 页。

4. 淮河北部的双墩文化，在8000年前，早期接近后李文化，晚于裴李岗文化，受到其影响。

裴李岗文化不仅有早期农业，还出现了最早的乐器和甲骨文，8000多年前就发明了鼎，并且有中国分布最广的陶器、中国最重要的礼器，还成为中国文化的象征。①

韩建业也说裴李岗文化把黄河流域各文化经历连接在一起，形成了早期中国文化圈的雏形。②

有趣的是，甘肃省秦安县大地湾遗址是关中较早的新石器时代遗址，而大地湾古邻成纪县，传说就是伏羲氏故地，《水经注》卷十七《渭水》说成纪县："故帝太皞庖牺所生之处也……应劭曰：（陈仓）县氏陈山。姚睦曰：黄帝都陈言在此。荣氏《开山图注》曰：伏羲生成纪，徙治陈仓也，非陈国所建也。"陈仓在今宝鸡，黄帝确实出自关中。但是陈仓之名是源自河南的陈，因为伏羲氏西迁到渭水而带来这个地名。秦安县所在的葫芦河原名瓦亭水，《水经注》说其源头处有瓦亭，又说支流源头有女娲祠。其实瓦就是娲，瓦亭源自女娲。瓦亭紧邻陇山，隔山是今华亭县，华亭即源自瓦亭。

舞阳县贾湖裴李岗文化遗址从1984年到2001年出土了三十多支8000年前的骨笛，是中国最早的乐器，也是同时代世界上最精美的乐器。据检测，骨笛上的开孔经过周密计算，具有七声音阶。贾湖遗址的墓内常常出土一种龟甲，里面装有石子，往往八块龟甲一起出土。344号墓的墓主没有人头，用一块龟甲代替，上有一个符号，近似甲骨文的目字。这种装有石子的龟甲可能是一种铃，也见于大汶口文化墓葬。③龟甲替代人头，说明有宗教意义。

饶宗颐认为，贾湖遗址发现的刻画符号共16例，龟甲上有9例，骨器上有2例，石器上有2例，陶器有3例，龟甲上有日、目等天象符号，埋龟为八，

---

① 赵世纲：《论裴李岗文化在中华文明形成中的地位——为纪念裴李岗文化发现30周年而作》，河南省文物考古学会编《论裴李岗文化》，北京：科学出版社，2010年，第36～56页。
② 韩建业：《裴李岗文化的迁徙影响与早期中国文化圈的雏形》，《先秦考古研究：聚落形态、人地关系与早期中国》，北京：文物出版社，2013年，第171～172页。
③ 吴钊：《贾湖龟铃骨笛与中国音乐文明之源》，《文物》1991年第3期。

笛有八孔,与八卦吻合,《汉书·律历志》:"人者继天顺地,序气成物,统八卦,调八风,理八政,正八节,谐八音,舞八佾,监八方,被八荒,以终天地之功,故八八六十四卦,其义极天地之变。"① 传说八卦是伏羲发明,下文还要论证,伏羲即神龟的别名鼅鼊,这也证明裴李岗文化很可能是伏羲氏创造,而裴李岗文化早期

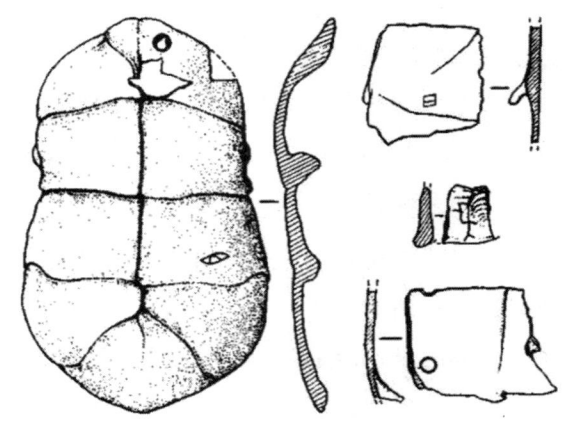

舞阳贾湖出土龟甲文字

也是最重要的中心贾湖村其实就是伏羲氏所居。

三、伏羲与舞阳贾湖村

舞阳县贾湖村在上古时期为东不羹国,舞阳因为在滍水之北得名,《水经注》卷三一《滍水》说:

滍水东径东不羹亭南,亭北背汝水,于定陵城北,东入汝。

杨守敬按:"《汉志》襄城有西不羹,定陵有东不羹,《续汉志》同,《左传·昭十一年》杜注:一陵西北有不羹亭,指东不羹也。《汝水》篇叙襄城之西不羹,此在定陵城北,当是东不羹……楚城陈、蔡、不羹,不羹实有东西二城,相为犄角。郦氏已于西不羹下引《左传》,故此略之,此亭在今舞阳县西北。"《汉书·地理志》颍川郡定陵县:"有东不羹。"同郡襄城县:"有西不羹。"西不羹在今襄城县东,东不羹是今舞阳县西北角的简城村,距离贾湖仅有 20 里,而且其间没有古国,上古人口很少,聚落和地名很少,上古音的不羹是[piə][keang],很接近伏羲[biək][xiai],晓见本近,而且把伏字的尾音 k 加在羲字前面,就是[biə][kxiai],更接近不羹[piə][keang]。

---

① 饶宗颐:《论贾湖刻符及相关问题》,《饶宗颐二十世纪学术文集》卷一《史溯》,北京:中国人民大学出版社 2009 年,第 22~32 页。

古书经常说到伏羲发明渔网捕鱼,而贾湖村恰好在低洼之地,村西有湖,故名。其东是汝河,其北有左沟、湾刘、湾李等村,西南有泥河王、谷坑村,说明地势低洼。其北6里处的定陵古城今为前古城、后古城村,其西有岭谢村,说明定陵确实在丘陵。西南有岗寺村,也有丘陵,但是伏羲氏不住在高地,偏要住在低地,说明依赖渔业。贾湖遗址出土大量鱼骨和软体动物甲壳,出土植物遗存包括水稻、莲藕、菱角等,也说明古人依赖渔业和水生植物。正是因为住在水边,所以听惯了鹤鸣,要用鹤腿骨做笛子,还要崇拜神龟。

潕水源出今舞阳县西南有扶予山,《水经》说:"潕水出潕阴县西北扶予山。"上古音的予是以母鱼部[ʎia],羲是晓母歌部[xai],音近,所以潕水流域很可能是伏羲氏原居地。关于伏羲氏源自今舞阳县,笔者在下一本研究中国民族史的书中还有证据。

伏羲氏扩展到今河南中部地区,有以下五个证据:

1. 伏羲氏衍生出太皞氏,所以古人说太皞伏羲氏。太皞的故都在陈(今河南淮阳),太皞氏一族也祭祀济水。太皞源自伏羲,得到考古学的证明。韩建业指出,公元前5400年以后,裴李岗文化衰落,其文化因素较多见于其东部的海岱地区,裴李岗文化的东迁促使淮北、山东的后李文化转变为北辛文化。①

2. 中原有浮戏山,《山海经·中次七经》说太室山(嵩山)之东九十里有浮戏山,出汜水,即流经今荥阳、巩义的汜水河,则浮戏山在今荥阳、新密之间,浮戏即伏羲,说明是伏羲故居。

3. 伏羲嫁娶用鹿皮为礼,《世本·作篇》说:"伏羲制以俪皮嫁娶之礼。"俪皮即鹿皮,说明伏羲氏居地的鹿很多,西汉扬雄《方言》卷五:"钩,宋、楚、陈、魏之间谓之鹿觡,或谓之钩觡,自关而西谓之钩。"②钩子在宋(今商丘市)、楚(今江淮地区)、陈(今河南淮阳县)、魏(今开封市)之间称为鹿觡,郭璞注:"或呼鹿角。"原应是鹿角而非鹿的骨骼,因为鹿角多枝杈,恰好适合当

---

① 韩建业:《裴李岗文化的迁徙影响与早期中国文化圈的雏形》,《先秦考古研究:聚落形态、人地关系与早期中国》,北京:文物出版社,2013年,第169~171页。

② (汉)扬雄著、周祖谟校笺:《方言校笺》,北京:中华书局,1993年,第35页。

钩子。因为淮河流域的湖沼很多,所以盛产鹿,所以居民都用鹿角当钩子,说明用鹿皮作为嫁娶之礼的伏羲氏是这一带人。① 庄子也是这一带人,《庄子·盗跖》说:"神农之世,卧则居居,起则于于。民知其母,不知其父,与麋鹿共处。"上古之世的景象是人与麋鹿共处,说明麋鹿很多。因为古人杀鹿太多,所以后世黄淮海平原的鹿逐渐减少。②

4.伏羲出自鲁、楚之间,所以《庄子》、《淮南子》多次提到,楚国人也把伏羲、女娲作为始祖,鲁国的灵光殿也画出伏羲、女娲的像,但是在中原,伏羲的名声不显。所谓天水的伏羲遗迹无疑是后世出现,因为天水在陇山之西,原为戎狄之地,春秋时期才被秦国征服。戎狄的武力高强,但是不太可能是八卦的发明者,上古东方文化发达。西部的伏羲传说是从东方传入,这是因为在尧舜禹时期,东方部族有一场向山西的大迁徙。③

5.伏羲即虙戏,也即巨龟,裴李岗文化向西发展出仰韶文化,也即炎黄部族,黄帝的徽章正是巨龟。源自贾湖文化的龟崇拜向南影响到长江中下游,向北影响到辽河流域,正是因为伏羲是华夏文明始祖。中国新石器时代的龟甲随葬见于河南淅川下王岗仰韶文化墓葬、四川巫山大溪大溪文化墓葬、江苏武进圩墩马家浜文化墓葬、陕西南郑龙岗寺半坡文化墓葬,张忠培认为都源自裴李岗文化贾湖遗址。玉龟随葬,见于辽宁建平牛河梁红山文化墓葬和安徽含山凌家滩文化墓葬,前者为公元前3360—前2920年,后者为距今4600±400年。④ 关于伏羲、黄帝的神龟崇拜,详见下一节。

---

① 许进雄提出台湾的"原住民"也有兄妹成婚并生出人类的传说,而且说到兄妹交媾时以鹿皮遮掩,他认为这是伏羲、女娲传说的原型。许进雄:《鹿皮与伏羲女娲的传说》、《伏羲女娲与台湾的"原住民"》、《许进雄古文字论集》,北京:中华书局,2010年,第184～189、524～538页。笔者认为台湾"原住民"与大陆越人分化在万年以上,台湾的鹿特别多,所以伏羲嫁娶用鹿皮未必来自台湾。

② 古代江淮地区多麋鹿,100多年前麋鹿在中国灭绝,残存的一些被八国联军掠夺到欧洲,又在20世纪80年代回归中国,现在江苏大丰、湖北石首有麋鹿自然保护区,仍在江淮地区。

③ 周运中:《中国文明起源新考》,新北:花木兰文化出版社,2015年,第235～346页。

④ 张忠培:《窥探凌家滩墓地》,《中国考古学:走向与推进文明的历程》,北京:紫禁城出版社,2004年,第288～299页。

第二节　伏羲、鼋顼、天鼋、玄鼋、轩辕、玄武

伏羲在长沙出土的战国楚帛书作雹戏，《庄子·大宗师》作伏戏氏，《周易·系辞下传》作包牺氏，《太平御览》卷八三二引《尸子》作宓羲，《列子·黄帝》作庖牺氏，《论衡·齐世》作宓牺。《淮南子·览冥》虙戏是宓戏之误。伏羲只是记音，和原义无关，伏羲是何义？

其实鼋顼、伏羲、包牺、伏戏、宓羲读音相近，前一字都是唇音，羲、戏都是晓母。顼是脂部，戏是支部，通转。羲是歌部，脂、歌旁转。虽然鼋顼也是晚出的字，但是伏羲无疑是指鼋顼，也即巨龟。

《国语·周语下》伶州鸠说：

> 星与日辰之位，皆在北维。颛顼之所建也，帝喾受之。我姬氏出自天鼋，则我皇妣大姜之姪，伯陵之后，公之所凭神也。

周人出自天鼋，周人姬姓，出自黄帝，天鼋即黄帝，《五帝本纪》云：

> 黄帝者，少典之子，姓公孙，名曰轩辕。

轩辕源自玄鼋，玄是五行北方之色，北方为水，鼋是水神，故名玄鼋。《国语·郑语》说褒国的国君夏朝时以两条神龙的面目出现，被夏后氏杀死，但是留下漦液，被夏后氏用盒子珍藏，周厉王时打开盒子，漦液流出，化为玄鼋。《集解》引韦昭注："漦，龙所吐沫。沫，龙之精气也。"《山海经·海内北经》说河伯冰夷乘两龙，说明两龙指代河神。玄鼋即元龟、天鼋，也是河神。

黄帝姬姓，段玉裁注《说文》卷十三龟字："古音姬。"龟、姬上古音皆为见母之部，姬姓实为龟姓，所以黄帝是天鼋氏。[①] 黄帝姓龟，炎帝姓羊，源自胞族图腾的对立。

鲁人通过淮夷获得元龟，《鲁颂·泮水》："憬彼淮夷，来献其琛。元龟象齿，大赂南金。"元龟是长江流域所产大龟，《禹贡》扬州："九江纳锡大龟。"九江是今江淮中部地区，楚国和秦朝为九江郡，《史记·龟策列传》："神龟出于江水中，庐江郡常岁时生龟长尺二寸者二十枚输太卜官。"又记载宋元王因

[①] 王晖：《古史传说时代新探》，北京：科学出版社，2009年，第10页。

为获得来自长江的神龟,因而强国,此龟:"衣玄绣之衣。"实即玄龟。宋国保留商朝崇龟习俗,故有神龟强国之说。汉庐江郡即秦九江郡地,南方称大龟为元龟。《异苑》卷三说:"吴孙权时,永康县有人入山,遇一大龟……野人故呼龟曰元绪。"①元绪即鼋,即元龟。

《山海经》的《南山经》首篇杻阳山怪水:

其中多玄龟,其状如龟而鸟首、虺尾,其名曰旋龟。

《中次六经》密山:

豪水出焉,而南流注于洛,其中多旋龟,其状鸟首而鳖尾。

旋龟、玄龟即元龟,此龟是鸟头蛇尾,即今南方的鹰嘴龟,学名平胸龟,是我国淡水龟中最特殊的一种。这种龟的头不能缩入壳内,性情凶猛。据我另文考证,杻阳山在今安徽省明光市一带,密山在今河南省渑池县附近。中全新世大暖期时,很多南方生物北移。随着三代气候变冷,鹰嘴龟也不断南移到长江流域。商周时期,中原已经没有鹰嘴龟,只能通过淮夷获取。因此中原人不熟悉元龟了,战国时的玄武变成了龟蛇缠绕,真相全失。

鹰嘴龟、汉长安城遗址出土的玄武侧视图瓦当(陕西历史博物馆藏);1978年西安市草滩镇李家村出土的玄武正视图瓦当(西安博物院藏)

鹰嘴龟有奇怪的鸟嘴和蛇尾,鸟是阳物,龟、蛇是阴物,所以古人认为鹰嘴龟是一种阴阳合体的灵龟。《左传》成公五年(前586年)宋公子围龟,字子灵,围或即圆,则圆龟即灵龟。②《周礼·春官·龟人》:"龟人掌六龟之属

---

① (刘宋)刘敬叔、黄益元校点:《异苑》,《汉魏六朝笔记小说大观》,上海:上海古籍出版社,1999年,第617页。
② 王晖:《古史传说时代新探》,北京:科学出版社,2009年,第12页。围、圆形近,或因古人以为龟长寿而有灵。

第二章 伏羲、女娲、华夏

汉景帝刘启阳陵罗经石遗址出土的玄武纹空心砖（汉阳陵博物馆藏）

……天龟曰灵属。"则天龟即元龟，也即天鼋的由来。

龟能承重，古人以为背负大地，龟掌有神力。《淮南子·览冥》："女娲炼五色石以补苍天，断鳌足以立四极。"《楚辞·天问》："鳌戴山抃，何以安之？"王逸注："击手曰抃。《列仙传》曰：有巨灵之鳌，背负蓬莱之山而抃舞，戏沧海之中，独何以安之乎？"巨灵之鳌即巨灵神，《水经注·河水四》："古语云：华岳本一山当河，河水过而曲行，河神巨灵，手荡脚蹋，开而为两，今掌足之迹仍存。《遁甲开山图》曰：有巨灵胡者，偏得坤元之道，能造山川，出江河，所谓巨灵赑屃，首冠灵山者也。"传说华山本来阻隔黄河，有河神巨灵用掌劈开华山，又名赑屃，巨灵神即灵龟。

传说河图洛书出自河洛，《论语·子罕》说："子曰：凤鸟不至，河不出图，吾已矣夫！"《史记·孔子世家》说："河不出图，雒不出书，吾已矣夫！"《管子·小匡》说："昔人之言受命者，龙龟假河出图，雒出书，地出乘黄。"龙龟即元龟，因为元龟有长尾似龙。

长沙楚帛书《四时》："曰故□熊雹戏，出自□霊，居于𤉡□。厥田渔渔□□□女，梦梦墨墨，亡章弼弼。□□水□风雨。是于乃取□□子之子曰女娲。"《礼记·月令》正义引《帝王世纪》说庖牺氏一号黄熊氏，金祥恒据此句，首释雹戏为伏羲。熊字，商承祚、李零释为嬴，女娲或释女皇。[①] 传说伏羲氏生于雷泽，《易传·说卦》："帝出乎震……震，东方也。"古人都把这个帝解释为伏羲，伏羲造易。震在八卦之中即雷，震泽即雷泽。此处所说伏羲出生的

---

① 李零：《长沙子弹库战国楚帛书研究》，北京：中华书局，1985年，第64～66页。

地方,第一字不清,第二字由雨、走构成,疑即雷泽之误。黄帝部落源自伏羲,所以仍然崇拜鼋员,也即龙龟。《国语·晋语八》:"昔者鲧违帝命,殛之于羽山,化为黄熊,以入于羽渊,实为夏郊,三代举之。"《史记·夏本纪》说鲧化为黄熊,其实原应是黄龙,指河神。但《正义》引束皙《发蒙记》说:"鳖三足为熊。"熊字原形不是指龟鳖,古人看到黄帝是有熊氏,又是天鼋氏,于是误解熊为龟鳖。所以伏羲所号的黄熊应是黄蠃,也即黄龙,蠃即龙。有学者提出伏羲源自楚人的神熊,但是不能解释伏羲为何变为龙身。① 我以为此说不能成立,因为伏羲不是源自楚文化,而是华夏文化。楚人崇熊的记载很晚,由来尚不可知。此说不能解释伏羲龙身,古书也未曾说到伏羲是熊。所以伏羲、黄帝传说中的熊字不如看成是蠃字之误,就是龙。

夏后氏时褒君化为双龙,《史记·夏本纪》说褒是夏人同族,说明夏人出自伏羲、黄帝一族。所以说鲧化为黄熊,也即黄龙。《山海经·中次三经》说青要山:"实惟帝之密都,北望河曲,是多驾鸟。南望墠渚,禹父之所化是多仆累、蒲卢。神武罗司之,其状人面而豹文,小要而白齿。"即今河南新安县青要山,其北正是河曲。禹父即鲧,青要山的南面正是渑池县,墠、渑字近,所以墠是渑字之误。而《中次六经》密山正是在渑池,而且密山多旋龟,说明鲧是化成河神玄冥。密即渑之音转,也即玄冥的冥。后人说羽山在今江苏东海县,这是误解,鲧是中原人,羽山自然在渑池县。渑池之西是著名的崤山,羽、崤音近,双声,鱼宵旁转,羽山是崤山之误。崤山有夏后皋之墓,原来是著名神山。

第三节　河伯冰夷、冯夷、倗、彭戏、彭鱼

《山海经·海内北经》:"从极之渊,深三百仞,维冰夷恒都焉。冰夷人面,乘两龙。一曰忠之渊,阳汙之山,河出其中。凌门之山,河出其中。"《穆天子传》卷一说:"戊寅,天子西征,骛行至于阳纡之山,河伯无夷之所都居,是惟河宗氏。"忠[tiuəm]、终[tjiuəm]叠韵,端照准双声。河神居住的深渊当

---

① 裘锡圭:《"东皇太一"与"大[上大下能]伏羲"》,陈致主编:《简帛·经典·古史》,上海:上海古籍出版社,2013年。

然到达大地最深处的,所以称为终极之渊。凌门山即龙门山,凌、龙的上古音都是来母,前者蒸部,后者东部,蒸东旁转。陵、陇二字同源,①陵、凌二字声旁相同,陇的声旁就是龙,所以凌和龙可以通假。现在闽南语的龙还读为[ling],即由[liəng]变来。

阳汙山也在旁边,《吕氏春秋》卷十三《有始》说天下九薮,其中有秦之阳华,《周礼·夏官·职方》冀州之薮为杨纡,《淮南子·地形》有秦之阳纡,《修务》:"禹之为水,以身解于阳盱之河。"阳汙、阳华、杨纡、阳纡,都是一词,上古音汙、纡、华都是匣母鱼部,双声叠韵。《水经注》卷四《河水四》:"陶水又东南径高门南,盖层阜堕缺,故流高门之称矣。又东南径华池南。池方三百六十步,在夏阳城西北里许。故《司马迁碑文》曰:高门华池,在兹夏阳。"华池应即阳华泽。

《山海经·海外西经》:"并封在巫咸东,其状如彘,前后皆有首,黑。"豩字就是两个豕并合,读为 bin,上古音是帮母文部[peən]。豳字也有此有关,豳国在今陕西彬县。《汉书·地理志上》河东郡安邑县(在今山西夏县):"巫咸山在南。"《水经注·涑水》也说巫咸山、巫咸祠在今夏县南的中条山。所以并封应在中条山附近。

并封就是两猪并在一起,《左传》昭公二十八年(前514年):

> 昔有仍氏生女,黰黑,名曰玄妻。乐正后夔娶之,生伯封,实有豕心,贪惏无厌,忿颣无期,谓之封豕。有穷后羿灭之,夔是以不祀。

其实并封就是河伯冯夷,上古音冯[biəng]、并[biang]双声,蒸阳旁转。夷[jiei]、豕[sjiei]叠韵,喻书旁纽,所以并豕就是冯夷。闻一多早就发现河伯又作封豕,因为古人既说后羿射封豕,又说他射河伯,封豕、封夷音近。②《龙鱼河图》:"河伯,姓吕公子。夫人姓冯,名夷,河伯字也。华阴潼乡堤首人,水死化为河伯。"《庄子·大宗师》释文引司马彪引《清泠传》、《搜神记》卷十四都说河伯冯夷是华阴人,③既然河伯在这一带,所以与中条山的巫咸排在一起。

---

① 王力:《同源字典》,北京:商务印书馆,1982年,第314页。
② 闻一多:《〈天问〉疏证》,北京:三联书店,1980年,第54~56页。
③ 袁珂、周明编:《中国神话资料粹编》,成都:四川省社会科学出版社,1985年。

《穆天子传》卷一说:"辛丑,天子西征,至于𨛅人。河宗之子孙𨛅柏絮,且逆天子于智之□先豹皮十,良马二六,天子使井利受之。"此国在今山西省绛县,该县横水墓地出土倗国青铜器,①又有周穆王时的倗叔壶,②说明周穆王时确有倗国。倗即朋人。《说文》卷六下:"䣙,姬姓之国,从邑冯声。"《东观汉记·冯鲂传》:"冯氏,其先,魏之别封,曰华侯,华侯孙长卿,食采冯城,因以氏焉。"李零认为河伯冯姓,《穆天子传》河宗之子与倗国可以勘同。③ 绛县也是靠近华山的,地理位置吻合。倗国是媿姓,《殷周金文集成》2462铭文:"倗仲作毕媿媵鼎,其万年宝用。"王国维等学者认为媿姓是晋国"怀姓九宗"的怀姓,是戎狄姓氏。④

《史记·秦本纪》:"武公元年,伐彭戏氏,至于华山下。"《正义》:"戎号也,盖同州彭衙故城是也。"此彭衙和彭戏的读音、地域都不近,所以有学者认为彭戏不在彭衙,而是庞戏,《史记·六国年表》:"伐大荔。补庞戏城。"大荔在今大荔县,庞戏邻近大荔,正是华山附近的彭戏,⑤此说是。彭戏氏无疑是从𪇰戏氏(伏羲氏)演化而来,潼关附近的河伯冰夷(冯夷)也是伏羲氏,彭是并母阳部[beang],和并是双声叠韵,所谓并豕是后世的讹传。

当今中国的冯姓有两大密集分布区:一是山西及其邻近地区,二是广东。⑥ 因为冯姓源自山西,广东的冯姓出现在南朝时期,据说是北燕君主冯跋之后。冯跋是河北信都(今冀州市)人,山东很早有冯姓,孟尝君之门客有冯谖,不知山东的冯姓是否直接出自伏羲氏。

屈原《楚辞·天问》:"蓱号起雨,何以兴之?"王逸注:"蓱,蓱翳,雨师名也。号,呼也。兴,起也。"雨神的名字蓱翳,可能也是冯夷之音转。因为冯

---

① 宋建忠、吉琨璋、田建文、李永敏:《山西绛县横水西周墓发掘简报》,《文物》2006年第8期。吉琨璋等:《横水西周墓地研究三题》,《文物》2006年第8期。
② 张懋镕:《新见金文与穆王青铜器断代》,《文博》2013年第2期。
③ 李零:《冯伯与毕姬——山西绛县横水西周墓M2和M1的墓主》,《中国文物报》2006年12月8日第6版。
④ 李学勤:《绛县横北村大墓与倗国》,《文物中的古文明》,北京:商务印书馆,2008年,第273页。
⑤ 辛迪:《彭戏氏考》,《中国历史地理论丛》2005年第2期。
⑥ 袁义达主编:《中国姓氏·三百大姓》上册,上海:华东师范大学出版社,2007年,第120页、彩图31。

夷是河神,所以转为雨神。①

彭戏氏应即彭衙、彭鱼,因为衙是疑母鱼部,戏是晓母鱼部,晓疑旁纽,读音极近。伏羲文化西迁之后,时间太久,或者是后世的氏族分支,所以演化为彭鱼氏。

《国语》说黄帝和肜鱼氏之子是夷鼓,其实鼓、彭二字极近,所以形讹,夷鼓原应是夷彭或彭夷,彭夷即冯夷。所以彭夷(冯夷)即彭鱼氏之子,古代很多人不仅从母姓,而且根据母方氏族命名。

方雷氏在河曲的风陵渡,古名封陵,方是非母阳部,封是非母东部,双声,阳东旁转,雷是来母微部,陵是来母蒸部,微蒸通转,读音很近。就在华山相对的山西省西南部,中条山的西端有雷首山,雷首山得名于方雷氏。

值得注意的是,山西绛县倗国墓地的人骨的基因检测结果是,该人群的基因很接近现代北方汉族,根据这个结论,检测的生物学者得出一个结论:"现代汉族主要起源于中原地区,根据现有遗传学证据可以将该地区与现代汉族遗传结构相似的人群年代追溯至 3000 年前。"②其实检测的生物学者不明白这个倗国就是河伯伏羲氏的正传,所以这个检测结果结合本人上文考证,可以说明中原的伏羲氏确实现代汉族的主要祖先,而这个年代还可以追溯到五六千年前。

第四节　女娲、华胥、华夏、华山

伏羲氏之母是华胥氏,此即华夏由来。华即夏,华、夏是重言。华、夏二字都是晓母鱼部,双声叠韵,扬雄《方言》卷一:"秦、晋之间,凡物壮大谓之嘏,或曰夏。"③嘏为见母鱼部,晓见邻纽,嘏是夏之音转。《尔雅·释诂上》:

---

① 黄树先认为䨹霓之䨹来自苗语的雨 bing,黄树先:《古楚语释词》,《语言研究》1989 年第 2 期。杨琳认为霓来自藏缅语族语言,如彝语的云是 tie。杨琳:《训诂方法新探》,北京:商务印书馆,2011 年,第 226 页。笔者认为苗语、彝语与汉语都属汉藏语系,原来同源,但是这种拼合论证未必成立。

② 赵永斌、于长春、周慧:《汉族起源与发展的遗传学探索》,《吉林师范大学学报(自然科学版)》2012 年第 4 期。

③ (汉)扬雄著、周祖谟校笺:《方言校笺》,北京:中华书局,1993 年,第 4 页。

"夏,大也。"《诗经·秦风·权舆》:"夏屋渠渠。"《毛传》:"夏,大也。"华、夏是大,大山可以通称华山。华山 2160 米,其西草链岭 2646 米,其东老鸦岔脑 2414 米,中原最高的山都在华山附近。

华山即夏山,原义是大山。《周礼·春官·大司乐》:"乃奏蕤宾,歌函钟,舞大夏,以祭山川。"祭祀山川的舞蹈称为大夏,就是因为中原最高的山是夏山,也即华山。

华、夏本是一字,可以通用,还有二证:

第一,《左传》定公十年(前 500 年)孔子说:"裔不谋夏,夷不乱华。"古人把夷狄称为四裔,显然华就是夏,此句是对举修辞。

第二,《左传》既有诸华,又有诸夏,诸华就是诸夏。襄公四年(前 572 年)魏绛对晋悼公说:"诸华必叛。戎,禽兽也。获戎失华,无乃不可乎!"十一年(565 年)晋悼公对魏绛说:"子教寡人,和诸戎狄,以正诸华。"昭公三十年(前 512 年)楚子西对楚昭王说:"吴,周之胄裔也,而弃在海滨,不与姬通,今而始大,比于诸华。"哀公二十年(前 475 年)楚隆对越人说:"诸夏之人,莫不欣喜。"有时华夏联用,襄公二十六年(前 547 年):"楚失华夏,则析公之为也。"

有学者认为华夏的华是修饰夏,这是因为他们既没有注意到夏、华都有大的意思,又没有注意到华、夏古音极近。或认为华夏源自对花的崇拜,此说不确,所谓庙底沟文化陶器上的花形纹饰,其实是鸟或鱼的变体,早已为学者揭示。

因为伏羲、华胥是世代通婚的胞族,所以图腾对立,伏羲是水中的龟,而华胥指高山,正如太皞、少皞的龙、凤对立。华胥氏起源于裴李岗文化时期,原来不在现在华山附近。伏羲、华胥相伴扩张,伏羲氏在新地域仍然住在低地,而华胥氏仍然住在高地,后世以华山附近的华胥氏最著名。

郑张尚芳指出,上古音的华、夏二字音近,很多民族对汉族的称谓就是华或夏,黔东苗语的汉族为 fa(读音近瓜),藏语的汉族为 rgja,日语的中国为 kara 或 kure,都是华夏。后世所谓的雅言,其实就是夏人的语言,证据是《荀子·儒效》说:"居楚而楚,居越而越,居夏则夏。"而同书的《荣辱》说:"越人安越,楚人安楚,君子安雅。"①

当今中国的华姓主要分布在江苏、吉林、陕西、河南、浙江五省,有东北、陕南、江浙、粤北、川滇五个密集区,②其中陕南密集区就在华山之南,说明源自华山附近的华姓很多。

《山海经》说夸父山有桃林,有桃处少不了猴。夸父即猿猴,《山海经·西次三经》说崇吾山:

> 有兽焉,其状如禺而文臂,豹虎而善投,名曰举父。

前人已经指出,举父就是夸父,因为举是见母鱼部,夸是溪母鱼部,见溪旁纽,读音极近。举、假双声叠韵,举父音通假父,上文说假、夏可通,所以举父就是夏父。

《山海经·海外北经》:

> 夸父与日逐走,入日。渴欲得饮,饮于河、渭。河、渭不足,将北饮大泽。未至,道渴而死。

夸父山在今灵宝市西,靠近黄河、渭河。这个神话有依据,夸父其实是日、夏的象征,所以才会口渴。夸父即夏,华夏即得名于夸父山和阳华山、华山,甲骨文的夏字正是猿猴形,长沙出土战国楚帛书《丙篇》月相中有司夏神,图形正是长臂猿。春秋地名多有带父、甫字者,如《春秋》定公十四年的莒父、桓公十二年的武父、昭公二十三年的鸡父、《左传》文公十七年的黄父、桓公十三年的冶父、昭公九年的城父,父、甫即山阜,梁父山又作梁甫,《左传》鸡父,《穀梁传》为鸡甫。③ 故夸父疑即华山,二山本为一山。由夸父之地名转为山神之名,又把山上的猿猴附会为山神与日神。

胞族世代通婚,所以女娲即华胥。华是晓母鱼部,娲是见母歌部,晓见旁纽,鱼歌通转,古音极近。华胥氏履雷泽生伏羲,雷泽即元龟所出的湖沼。《山海经·大荒西经》:"有神十人,名曰女娲之肠,化为神。"郭璞注:"人面蛇身,一日中七十变。"战国以后传说女娲蛇身或非古意,因玄武讹为龟蛇缠

---

① 郑张尚芳:《夏语探索》,《语言研究》2009年第4期。
② 袁义达主编:《中国姓氏·三百大姓》中册,上海:华东师范大学出版社,2007年,第299页,彩图180。
③ 程二行:《春秋都邑何多以父名》,《中国典籍与文化》2000年第12期。

绕,所以出现伏羲、女娲蛇形交尾的图像。《世本》说:"女氏,天皇封弟娲于汝水之阳,后为天子,因称女皇,其后为女氏,夏有女艾,商有女鸠、女方,晋有女宽,皆为后也。"此处说汝水因为女氏得名,女氏源自女娲,说明女娲的地域也在中原。女娲的墓正是在华山之东的灵宝,《太平寰宇记》卷六陕州阌乡县:"女娲墓,自秦汉以来,皆系祭典。"

华夏因为华山得名,核心区是山西、陕西、河南交界地区,华夏文化的直接基础是仰韶文化与庙底沟文化,所以周人、夏人的文化近似。其和东部的东夷、商文化差别较大,因为古代郑州、开封之间有巨大的圃田泽,阻碍文化交流。黄河下游和淮河流域,河湖密布,导致文化有很大差异。

晋豫陕地区的半坡文化发展出西阴文化,扩张到东北、山东、长江流域,盛极一时,余西云誉为中国文明的滥觞,①韩建业称为庙底沟时代,②其实二者大体一致。我认为这就是文献记载的伏羲氏到神农氏时代,伏羲氏是裴李岗文化,向西发展为仰韶文化,③仰韶文化发展为庙底沟文化。西迁的伏羲氏一支分出女娲氏,构成两个胞族。西阴文化(庙底沟文化)的核心地区是三门峡市、运城市,华夏族因为占据盐池,因此才能崛起。距今约5500年,西阴文化(庙底沟文化)瓦解,此后进入五帝时代。

豫陕晋地区在龙山时代(五帝时代)是三里桥文化,这是华夏族庙底沟文化的正传,所以三里桥文化是《逸周书·史记》所说唐氏所灭的西夏氏。尧、舜等族确实西迁到山西南部,这就是所谓的唐灭西夏。④ 其实所谓的西夏才是真正的夏,后世因为夏朝在河南省中部崛起,所以才把此地称为西夏。戴向明把三里桥文化和陶寺文化合一,黄帝部落曾经征服夸父,《山海经·大荒东经》:"应龙处南极,杀蚩尤与夸父,不得复上,故下数旱。旱而为应龙之状,乃得大雨。"

上文说过炎、黄是胞族,所以图腾水火对立。炎帝部落原居高地,黄帝部落原居低地,所以炎帝崇山岳、羊、火,善于农畜;黄帝崇元龟、云、水,出产

---

① 余西云:《西阴文化:中国文明的滥觞》,北京:科学出版社,2006年,第226~229页。
② 韩建业:《庙底沟时代与早期中国》,《考古》2012年第3期。
③ 魏兴涛:《豫西晋南和关中地区仰韶文化初期遗存研究》,《考古学报》2014年第4期。
④ 周运中:《中国文明起源新考》,新北:花木兰文化出版社,2015年,第290~296页。

鱼盐。二族经济互补,世代通婚。有蟜氏即炎帝之源女娲氏,娲通华,即乔高之意。少典所出的典氏即天氏,源自伏羲的天鼋氏。炎帝姓姜,即羊。黄帝姓姬,即龟。《战国策·秦策》苏秦说:"昔者神农伐补遂,黄帝伐涿鹿而禽(擒)蚩尤。"补遂其实就是伏羲,音近而转。

黄帝之后的周人保留了华胥履大迹而生伏羲的感生传说,大迹源自巨灵神的大手掌,《史记·周本纪》:

> 周后稷,名弃。其母有邰氏女,曰姜原。姜原为帝喾元妃。姜原出野,见巨人迹,心忻然说,欲践之,践之而身动如孕者。

原即元祖,姜原即姜姓女祖。前人每每用周人和羌人联姻来解释,其实完全不对。周人姬姓,姬、姜联姻追溯到黄帝、炎帝两部是一个部落的两个通婚的胞族。《国语》说炎帝、黄帝:"异姓则异德,异德则异类。异类虽近,男女相及,以生民也。"就是说黄帝、炎帝异姓而联姻。《史记·五帝本纪》:

> 黄帝居轩辕之丘,而娶于西陵之女,是为嫘祖。

《索引》说:"一曰雷祖。"所谓雷祖无疑是从方雷氏衍生出的。西陵即西山,因为方雷氏确实在西部,而山陵是由四岳而来,四岳是炎帝之后。

上文牵涉古词太多,总结如下:

元龟＝玄龟＝旋龟＝玄武＝玄冥＝天鼋＝姬姓＝轩辕＝黄帝＝少典

戫戲＝伏羲＝冰夷＝冯夷＝封豕＝彭戏＝庞戏＝彭夷(夷鼓)＝彭鱼(肜鱼)＝方雷＝风陵

神农＝炎帝＝四岳＝桥山＝乔山＝有蟜＝华山＝华夏＝华胥＝女娲＝夸父＝举父

两大部族集团的关系可以简化为下表:

姓	时代一	崇拜	时代二	时代三	时代四	崇拜	居地
姜(羊)	华胥	华山	神农	有蟜(乔)	炎帝	岳、火、羊	丘陵
姬(龟)	伏羲	戫戲	补遂	少典(天)	黄帝	河、云、鼋	平原

第五节　炎帝生于华阳常羊说的由来

汉代就有炎帝神农氏生于华阳常羊的说法。《潜夫论·五德志》："有神龙首出常羊，感任姒，生赤帝魁隗。身号炎帝，世号神农，代伏羲氏。其德火纪，故为火师而火名。是始斲木为耜，揉木为耒耨。日中为市，致天下之民，聚天下之货，交易而退，各得其所。"

又见于皇甫谧的《帝王世纪》，《太平御览》卷七十八引《帝王世纪》："神农氏，姜姓也。母曰任姒，有乔氏之女，名女登，为少典妃。游于华阳，有神龙首感女登于常羊，生炎帝，人身牛首，长于姜水，有圣德。以火承木，位在南方，主夏，故谓之炎帝，都于陈，作五弦之琴。凡八世，帝承、帝临、帝明、帝直、帝来、帝哀、帝揄冈。又曰本起烈山，或时称之，一号魁隗氏，是为农皇，或曰帝炎。时诸侯夙沙氏叛不用命，炎帝退而修德，夙沙之民自攻其君而归炎帝，营都于鲁。重八卦之数，究八八之体为六十四卦，在位百二十年而崩，葬长沙。"皇甫谧《帝王世纪》这段话，混杂不堪，多有错误。建都在陈（今河南淮阳）的是太皞，不是炎帝。建都在鲁的是少皞，不是炎帝。作五弦琴的是舜或瞽叟，《礼记·乐记》："舜作五弦之琴，以歌南风。"《吕氏春秋·古乐》说："瞽叟乃拌五弦之瑟，作以为十五弦之瑟。"魁隗氏之名源自鬼方，炎帝是华夏人。夙沙氏一段来自《吕氏春秋》，可见皇甫谧的《帝王世纪》基本是晚出拼凑，多数内容不可信。[①]《太平御览》卷一三五引《帝王世纪》："帝王世纪》曰：炎帝神农母曰侍姒，有娇氏女，名登，为少典妃；游华阳，有龙首感之，生神农于裳羊山。娶奔水氏之女曰听沃，生帝临魁。"此处多出一个所谓奔水，《三皇本纪》作莽水，南宋郑樵《通志》卷一作奔水。有学者考证奔水、莽水，其实奔、莽就是赤之形讹。《山海经·海内经》说："炎帝之妻，赤水之子听沃，生炎居。"而所谓赤水是根据五行赤色的附会，所以不足为信，更不能考证奔水、莽水。但是他说炎帝出自华阳的常羊，不是皇甫谧的创造，而是抄自前人。

[①] 王献唐据不可信的《帝王世纪》说炎黄不同祖，不能成立，见王献唐：《炎黄氏族文化考》，济南：齐鲁书社，1985年。

有人以为常羊山是山西羊头山之误,我以为这也有可能,但是古书记载的常羊山确实在西南,《山海经·大荒西经》说:"西南大荒之隅,有偏句、常羊之山。"华阳即华山之南,也即西南,《禹贡》:"华阳、黑水惟梁州。"东晋常璩作《华阳国志》,即今秦岭以南的地方志。说明常羊山在华阳有所根据,即使常羊山不是山西羊头山的讹误,也能解释。因为炎帝、黄帝出自伏羲氏,从伏羲氏向炎黄部落发展的过程中,必经华山。所以炎帝的祖先确实住在华山,可以说炎帝来自华阳的常羊山。

陕西绥德的汉墓画像石上的神农;山东沂南汉墓画像石上的伏羲、女娲

常羊山在何处呢?我以为即仓野,野的上古音是以母鱼部[ʎya],读音近羊。今按《左传》哀公四年(前491年)说:"司马起丰、析与狄、戎,以临上雒。左师军于菟和,右师军于仓野。"《水经注》卷二十《丹水》说:"楚水注之,

水源出上洛县西南楚山,昔四皓隐于楚山,即此山也。……丹水自苍野,又东历兔和山,即春秋所谓左师军于兔和,右师军于苍野者也。"仓野在今陕西商洛,正是在华山之南,即华阳常羊。

商洛是关中与江汉之间的最重要通道,伏羲氏在河南,向西北发展出炎黄部族,很可能经过商洛通道。

有趣的是,汉代人有时把神农与伏羲都画成人手蛇身,即认为二人是同族。陕西绥德的汉墓画像石上的神农,人手蛇身,手持植物。[①] 绥德靠近山西,或许山西也有类似说法。

[①] 黄剑华:《略论炎帝神农的传说与汉代画像》,《重庆文理学院学报(社会科学版)》2013年第1期。

第三章

神农是山西人

炎帝神农氏是古代流传的名号，近代以来流行一种炎帝与神农氏原来无关的说法。本书认为这种疑古论不能成立，炎帝出自神农氏。周武王封炎帝的后裔于焦国，本书论证焦即巢，即今山西浮山县的巢山。古书记载神农氏在淇山之阳，种植五谷，本书提出淇山之阳即《水经注》淇阳，在今山西壶关县东南的太行山中。上古记载药材最丰富的典籍是《山海经》，全书记载的草药集中在河南、山西、陕西交界地域，正是炎帝神农氏部族分布地，所以这一带发达的医学也证明炎帝神农氏是山西人。

第一节 炎帝出自神农氏

炎帝是神农氏，炎帝神农氏与黄帝轩辕氏是同源的兄弟部族，炎帝靠近中原，地位原来高于黄帝，这些问题我们必须辨明。

先说炎帝是神农氏，有人说一个人不能有两个名号，其实这是误解。现代人还能有很多个名号，古人也可以有很多个名号，为何一个人不能有多个名号呢？神农氏是较早出现的族名，而炎帝是晚出的部落联盟首领名号，所以炎帝可以出自神农氏。氏表示的是血缘由来，而帝表示的是社会地位，二者本来不是一事。所以神农氏、轩辕氏同根共祖，也可以说炎帝、黄帝两个部族同根共祖，都是出自少典氏。

神农氏表示农业发达，烈山氏表示是崇拜对象，可以是同一氏族。一个民族有两个名字不是很正常吗？现代很多民族还有多个名字，古代民族为何不能有多个名字呢？因为外族认为烈山氏农业发达，所以神农氏是外族的称呼，烈山氏是本族的称呼。有学者虽然认为炎帝出自神农氏，又说炎帝融合了神农氏，自相矛盾。既然我们把氏、帝区分，就不必再把炎帝和神农分解为二。

炎帝是神农氏的发展，古人论述如下：

1.《淮南子·兵略》："炎帝，神农之末世也。与黄帝战于阪泉，黄帝灭之。"

2.《国语·晋语四》韦昭注："神农，三皇也，在黄帝前。黄帝灭炎帝，灭其子孙耳，明非神农可知也。"

3.《史记·封禅书》："炎帝封泰山，禅云云。"《索隐》引邓展注："神农后子孙亦称炎帝而登封者。"

既然古人早就说明炎帝出自神农氏，这就解释了神农氏与炎帝可以是不同时代名称的问题。

神农氏是一个氏族名号，神农氏主导天下的时代是神农氏时代，有很长的历史。《吕氏春秋·慎势》："故观于上世，其封建众者，其福长，其名彰。神农十七世有天下，与天下同之也。"《太平御览》卷七十八引《尸子》曰："神农氏七十世有天下，岂每世贤哉？牧民易也。"七十代太长，应是十七之倒误。神农氏有十七代，按照一代三十年的通行说法计算，至少有五百年。这五百年中，社会自然要发生变化。从氏族逐渐过渡到部落，出现帝这样的早期君主，炎帝是神农氏之中最终发展出的君主名号。

炎帝、黄帝既然是名号，可以数代世袭，也是指一个时代。《大戴礼记·五帝德》宰予问于孔子曰："昔者予闻诸荣伊令，黄帝三百年。请问黄帝者，人邪？抑非人邪？何以至于三百年乎？"孔子不能回答，其实这是孔子误把黄帝这个名号当成一个人的名字。今人多以为黄帝三百年指数人世袭黄帝名号，时间长达三百年。黄帝时代能有数百年，炎帝也可以有数百年。所谓三百年或许是概数，三表示多。

炎帝出自神农氏，有一个上古的证据，农家的代表人物许行，出自许国，许国是姜姓炎帝的后代，许行宣传神农氏学说，其实就证明了炎帝出自神农氏。农家多出自许国附近，详见本书第七章第五节。

古人把炎帝与神农氏看成一体，东汉学者的论述很多：

第三章 神农是山西人

1. 许慎《说文解字》卷十二:"姜,神农居姜水,以为姓。"卷六:"鄦,炎帝太岳之胤,甫侯所封,在颍川。从邑无声,读若许。虚吕切。"

2. 贾逵注《国语·晋语四》说:"炎帝,神农也。"

3. 郑玄注《礼记·月令》说:"炎帝,神农也。"

4. 高诱注《淮南子·天文训》说:"炎帝,少典子也,以火德王天下,号曰神农。"高诱注《吕氏春秋·季夏纪》:"昔神农炎帝能殖嘉谷,神而化之,号为神农,后世因名其官为神农。"

5. 李奇注《汉书·郊祀志》:"炎帝,神农后。"

许慎是博学大儒,他自然知晓许姓出自姜姓,鄦即许,许慎说自己的姓氏出自炎帝太岳,许慎怎能对自己的始祖炎帝妄加非议呢?《说文解字》是字典,许慎对待这样的重要著作也不可能随意撰写吧?许慎明确说神农是姜姓,即指炎帝出自神农氏。许慎可以说炎帝居姜水,不必提神农,但是他说神农居姜水,也不解释神农指炎帝,说明那时大家都知道炎帝即神农氏。

顾颉刚等人提出神农与炎帝合一是两汉之际才出现的观点,源自西汉末年刘歆《世经》,刘歆为了论证王莽代汉是天命所归,才首次编造炎帝为神农氏的说法。这个说法本来是出自现代人的阴谋论,但是竟仍有人信从。[①] 我以为此说不能成立,如果这种说法是刘歆为了王莽才编造出来,东汉的诸多大学者们为何要信从这个新伪造出的观点呢?难道东汉的学者全被刘歆欺骗了?难道东汉的学者看不到刘歆看到的古书?新莽未曾焚书,历代禁书都未能销毁所有古书。王莽很快败亡,未曾发生文化断裂。如果这个观点是刘歆为了编造,为何东汉无人揭发这个谎言?为何这个观点未被抛弃?汉代人看到的古书远比后世多,我们为何要完全否定汉代人的这些说法呢?

而且《庄子·知北游》说:"妸荷甘与神农同学于老龙吉。"后世研究庄子的学者,一般认为此处的神农不是远古时期的神农氏,而是一位较晚的人物。此处的神农应该是远古神农氏的后代,所以仍然叫神农氏。说明到了稍晚的时代,仍然有神农氏的直系后代,所以神农氏的历史不可能是商周秦汉时人可以随便伪造出来。

---

① 杨善群:《炎帝与神农氏"合二为一"考辨》,《探索与争鸣》2007年第8期。

广州别名羊城,传说是楚国五羊带来五谷,其实是因为楚人自称炎帝神农氏之后,炎帝姓姜,崇羊,神农发明五谷,这个传说也证明炎帝出自神农氏,详见本书第八章第一节。

有学者否定《左传·昭公十七年》唐孔颖达疏:"《帝系》、《世本》皆为(谓)炎帝即神农氏,炎帝身号、神农代号也。"有人说今本《帝系》不记此语,今按孔颖达或是见到别本,《世本》已经失传,有的《世本》辑本即有此句,孔颖达应有所本。

近代的疑古派认为神农不是炎帝,《史记·封禅书》连说虙羲、神农、炎帝、黄帝封泰山,有学者因此否认炎帝和神农是一人。其实《史记》采用了一种晚出的传说,或者杂糅数种说法,本属正常。而且封禅泰山的说法来自齐地方士,本来不是炎帝故里,未必可信。

我们考证炎帝是不是神农氏,不能仅从古人记载的名号出发,还要分析古书的内容。《左传》昭公二十九年(前513年)蔡墨说:"有烈山氏之子曰柱,为稷,自夏以上祀之。周弃亦为稷,自商以来祀之。"烈山氏为上古农官,即神农氏,烈山即炎火,这就证明炎帝就是神农氏。古人耕田之前,要火烧杂草和昆虫,所以《诗经·小雅·大田》说:"去其螟螣,及其蟊贼,无害我田稚。田祖有神,秉畀炎火。"田祖显神,助长火势,才能耕田。

古人烧田,多在冬春季节,草木干枯,便于火烧,而且在春耕之前。《诗经·郑风·大叔于田》:"叔在薮,火烈具举……叔在薮,火烈具扬……叔在薮,火烈具阜。"描写的就是冬季焚烧沼泽杂草,另外《小雅·四月》:"冬日烈烈,飘风发发。民莫不谷,我独何害?"《小雅·蓼莪》:"南山烈烈,飘风发发。民莫不谷,我独何害?"所谓南山烈烈,前人或释为风,或释为山,或释为人。我以为是指山火,下一句是指风,不可能指人,也不是指山。烈是指火,指冬春烧田。

炎帝神农氏在黄帝之前,《易传·系辞下》:"包羲氏没,神农氏作,斲木为耜,揉木为耒,耒耨之利,以教天下,盖取诸益。日中为市,致天下之货,交易而退,各得其所,盖取诸噬嗑。神农氏没,黄帝、尧、舜氏作。"此处仅有神农氏、黄帝,不提炎帝,因为炎帝就是神农氏。

古书在讲述古史时,多把神农列在黄帝之前,而不提炎帝,因为炎帝就是神农氏,证据如下:

1.《商君书·画策》:"神农之世,男耕而食,妇织而衣,刑政不用而治,甲兵不起而王。神农既没,以强胜弱,以众暴寡。故黄帝作为君臣上下之义,父子兄弟之礼,夫妇妃匹之合。内行刀锯,外用甲兵,故时变也。由此观之,神农非高于黄帝也,然其名尊者,以适于时也。"

2.《商君书·更法》:"伏羲、神农,教而不诛,黄帝、尧、舜,诛而不怒,及至文武,各当时而立法,因事而制礼。"

3.《庄子·缮性》:"德又下衰,及神农、黄帝始为天下,是故安而不顺。德又下衰,及唐、虞始为天下,兴治化之流,浇淳散朴,离道以善,险德以行,然后去性而从于心。"

4.《庄子·山木》:"无誉无訾,一龙一蛇,与时俱化,而无肯专为;一上一下,以和为量,浮游乎万物之祖;物物而不物于物,则胡可得而累邪!此神农、黄帝之法则也。"

5.《庄子·盗跖》:"神农之世,卧则居居,起则于于。民知其母,不知其父,与麋鹿共处,耕而食,织而衣,无有相害之心。此至德之隆也。然而黄帝不能致德,与蚩尤战于涿鹿之野,流血百里。尧、舜作,立群臣。汤放其主,武王杀纣。自是之后,以强陵弱,以众暴寡。"

6.《吕氏春秋·情欲》:"故耳之欲五声,目之欲五色,口之欲五味,情也。此三者,贵贱愚智贤不肖欲之若一,虽神农、黄帝其与桀、纣同。"

7.《吕氏春秋·尊师》:"神农师悉诸,黄帝师大挠,帝颛顼师伯夷父,帝喾师伯招,帝尧师子州支父,帝舜师许由,禹师大成贽,汤师小臣,文王、武王师吕望、周公旦。"

8.《吕氏春秋·离俗》:"然而以理义斵削,神农、黄帝,犹有可非,微独舜、汤。"

9.《吕氏春秋·上德》:"以德以义,不赏而民劝,不罚而邪止,此神农、黄帝之政也。"

10.《淮南子·俶真》:"乃至神农、黄帝,剖判大宗,窍领天地,袭九窾。"

11.《淮南子·修务》:"世俗之人,多尊古而贱今,故为道者必托之于神农、黄帝而后能入说。"

因为神农氏是帝出现之前的时代,所以古书之中经常单列神农氏为远古时代的称号,或者把神农氏与伏羲氏等并列为远古时代的称号,或把神农

与黄帝之后的帝王对比,证据如下:

1.《庄子·胠箧》:"昔者容成氏、大庭氏、伯皇氏、中央氏、栗陆氏、骊畜氏、轩辕氏、赫胥氏、尊卢氏、祝融氏、伏牺氏、神农氏,当是时也,民结绳而用之。甘其食,美其服,乐其俗,安其居,邻国相望,鸡狗之音相闻,民至老死而不相往来。"

2.《商君书·算地》:"故神农教耕而王天下,师其知也;汤武致强而征诸侯,服其力也。"

3.《管子·形势》:"神农教耕生谷,以致民利。禹身决渎,斩高桥下,以致民利。汤武征伐无道,诛杀暴乱,以致民利。"

4.《韩非子·六反》:"凡人之生也,财用足则隳于用力,上治懦则肆于为非;财用足而力作者神农也,上治懦而行修者曾、史也;夫民之不及神农、曾、史亦已明矣。"

5.《吕氏春秋·诚廉》:"昔者神农氏之有天下也,时祀尽敬而不祈福也。其于人也,忠信尽治而无求焉。乐正与为正,乐治与为治,不以人之坏自成也,不以人之庳自高也。今周见殷之僻乱也,而遽为之正与治,上谋而行货,阻丘而保威也。割牲而盟以为信,因四内与共头以明行,扬梦以说众,杀伐以要利,以此绍殷,是以乱易暴也。"

6.《吕氏春秋·知度》子华子曰:"此神农之所以长,而尧、舜之所以章也。"

7.《淮南子·主术》:"昔者神农之治天下也,神不驰于胸中,智不出于四域,怀其仁诚之心。甘雨时降,五谷蕃植,春生夏长,秋收冬藏……故不言之令,不视之见,此伏牺、神农之所以为师也。"

8.《淮南子·齐俗》:"故神农之法曰:丈夫丁壮而不耕,天下有受其饥者;妇人当年而不织,天下有受其寒者。故身自耕,妻亲织,以为天下先。其导民也,不贵难得之货,不器无用之物。是故其耕不强者,无以养生;其织不强者,无以掩形。有余不足,各归其身。衣食饶溢,奸邪不生,安乐无事,而天下均平。"

有人说《山海经》仅有炎帝,而无神农,《庄子》侈谈神农,不提炎帝,所以炎帝不是神农。① 我以为这恰好能说明炎帝就是神农,因为炎帝就是神农,所以两本书都不重复说到二者。诸子之书,好为大言,甚至大段罗列很多远古人物名号,但是往往不重复炎帝和神农,这就是炎帝出自神农氏最好的证明。

徐州铜山苗山汉墓、山东临沂白庄汉墓中手持耒耜的神农画像

司马迁《史记·五帝本纪》说:"轩辕之时,神农氏世衰。诸侯相侵伐,暴虐百姓,而神农氏弗能征。于是轩辕乃习用干戈,以征不享,诸侯咸来宾从。而蚩尤最为暴,莫能伐。炎帝欲侵陵诸侯,诸侯咸归轩辕。"此处明确说神农氏时代在黄帝之前,而炎帝想侵犯他人,说明炎帝的势力很强。此处唯一未

---

① 龚维英:《"炎帝神农氏"形成过程探索》,《华南师范大学学报》1984年第2期。

提到炎帝是神农氏,这是司马迁的省略,或是司马迁不能肯定炎帝是神农氏,或是司马迁以为不必说明。

总之,神农氏确实是在黄帝之前,而炎帝原来比黄帝强大,炎帝出自神农氏,二者并不矛盾。

第二节　神农后裔焦国在山西浮山

神农氏在晋南,《史记·周本纪》说周武王灭商后,封神农之后于焦国。古人或以为焦是谯,即今安徽亳州,《金史》卷三十五《礼志八》的《诸前代帝王》说金朝祭祀神农于亳州。但是亳州说也仅是根据地名推测,没有上古的文献证据。

今按《史记集解》说:"《地理志》弘农陕县有焦城。"在今三门峡市。此焦即巢,《国语·鲁语上》:"桀奔南巢。"《太平御览》卷八十二引《竹书纪年》:"汤遂灭夏,桀逃南巢氏。"古人多以为这个南巢氏在安徽巢湖附近,其实不是,近年发现的上海博物馆藏战国楚简《容成氏》记商汤伐桀的路线是:"桀乃逃之鬲山氏,汤又从而攻之,降自鸣条之述(遂),以伐高神之门。桀乃逃之南巢氏,汤又从而攻之,述(遂)逃去,之苍梧之野。"鬲山即河东永济的历山,《史记·夏本纪》鸣条,《集解》引孔安国说:"地在安邑之西。"郑杰祥指出,南巢就是焦,桀从安邑南逃到陕县的焦。《淮南子·本经》说:"于是汤乃以革车三百乘,伐桀于南巢。"《主术》说:"汤革车三百乘,困之鸣条,禽之焦门。"高诱注:"焦,或作巢。"[①]巢、焦二字可通,所以古代的安徽巢湖又作焦湖,焦门即三门峡。

既有南巢,一定还有北巢。北巢应在晋南,《山海经·中山经》说牛首山,出劳水,西注潏水,《水经注·汾水》说潏水即巢山水,此即北巢。《太平寰宇记》卷四十三晋州襄陵县:"浮山,在县东南七里。潏水,一名巢山水,源处县东南。巢山,在县北十五里。"神山县又说:"黑山,在县东四十四里。一名牛首山,今名乌岭山。黑水出焉,亦名涝水,发源西流入临汾县界。"神山县即今浮

---

① 郑杰祥:《新石器文化与夏代文明》,南京:江苏教育出版社,2005年,第573页。

山县,牛首山在县东。劳水即今涝河,潏水即今汩河,汩河源头即巢山,巢山在今山西浮山县西南。所以《太平寰宇记》的浮山、潏水、巢山应在神山县下,误置襄陵县下。巢山向东不远,过安泽县,即是炎帝所居发鸠山。北巢即北焦,在今浮山县,这是炎帝神农氏出自山西南部的第一个证据。

《左传》昭公二十九年(前513年)蔡墨说:"有烈山氏之子曰柱,为稷,自夏以上祀之。周弃亦为稷,自商以来祀之。"《国语·鲁语》:"昔烈山氏之有天下也,其子曰柱,能殖百谷百蔬。夏之兴也,周弃继之,故祀以为稷。"《礼记·祭法》:"故厉山氏之有天下也,其子曰农,能殖百谷。夏之衰也,周弃继之,故祀以为稷。"烈山氏为古农官,即神农氏,烈山即炎火,此炎帝为神农氏二证。古音柱端母侯部[tio],焦精母侯部[tsiŏ],准双声旁转,读音极近,焦本来与火相关,此为炎帝神农氏出自山西南部的第二个证据。

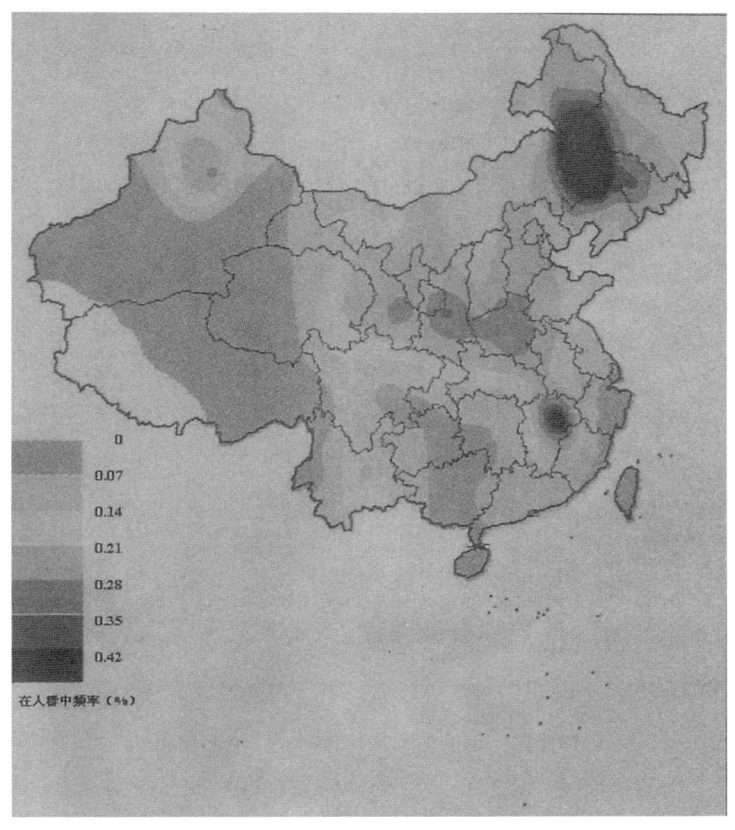

焦姓在中国各地人群中频率地图

焦国的地域还可以通过焦姓的分布地来证明,根据袁义达统计,宋代焦姓集中在安徽、河南、山东、河北。明代焦姓集中在陕西、江苏、山西、山东、河南、河北、湖南。现代焦姓集中在河南、河北、内蒙古、陕西、山西、江西、甘肃、安徽。① 显然,焦姓分布地的中心是山西、河南两地,这与我们上文考证南焦在今河南,北焦在山西,完全吻合。

今山西东南部也有很多焦姓,山西东南部到河南是焦姓的高频分布地。《水经注》卷九《清水》记载在今河南获嘉县北有焦泉,紧邻山西的河南省西北部有焦作,今陵川县南部有焦掌村,泽州县有焦庄。

高平神农镇就是炎帝后裔申、焦等姓的聚居地,而且炎帝陵所在的庄里村,大姓就是申、焦,所以明清到民国时期,修缮炎帝陵的捐资者多是申、焦等姓,详见第四章第七节。② 高平寺庄镇箭头村的炎帝庙,清代道光三年(1823年)、宣统元年(1909年)碑刻都有焦姓。③ 高平河西镇焦河村有炎帝庙,从明代嘉靖四年(1525年)碑刻可知,此村以焦姓为主。④

第三节　神农树谷淇阳在山西陵川

还有神农在淇山的传说,《管子·轻重戊》:"神农作,树五谷淇山之阳,九州之民,乃知谷食,而天下化之。"按照古代地名通例,淇山应在淇水源头,淇水的源头在今陵川县与壶关县,离羊头山与绛水很近,这是炎帝神农氏出自山西南部的第三个证据。

淇山之阳,或即淇阳,《水经注》记载了两个淇阳:一是淇阳川,一是淇阳城。《水经注》卷九《淇水》:"淇水出河内隆虑县西大号山。《山海经》曰:淇水出沮洳山……东北会沾水,又东流注淇水。淇水又径南罗川,又历三罗城北,东北与女台水合。水发西北三女台下,东北流注于淇。淇水又东北历淇

---

① 袁义达主编:《中国姓氏·三百大姓》中册,上海:华东师范大学出版社,2007年,第165页、彩图132。
② 高平市炎帝文化研究会编:《炎帝古庙》,北京:文物出版社,2011年,第24～39页。
③ 高平市炎帝文化研究会编:《炎帝古庙》,北京:文物出版社,2011年,第156～159页。
④ 高平市炎帝文化研究会编:《炎帝古庙》,北京:文物出版社,2011年,第186～187页。

阳川，径石城西北。城在原上，带涧枕淇。淇水又东北，西流水注之。水出东大岭下，西流，径石楼南，在北陵石上，练垂桀立，亭亭极峻。其水西流，径注于淇。又东径冯都垒南，世谓之淇阳城，在西北三十里。"

淇水源头都在今陵川县，郦道元以南源今沙窑河为正源，沽水是中源今香磨河（又名赤叶河），淇阳川是北源淅河（又名郊沟河）。但是淇阳城在今林州市临淇镇的淇阳城村，郦道元以为淇阳城在淇阳川下游，其实是在淇阳川注入淇水之前，或许是郦道元误抄。近代《水经注》研究的权威学者杨守敬所作的《水经注图》，就是把淇阳川考证为淇水的北源淅河，但是他未能指出淇阳城的位置，也未能发现淇阳川与淇阳城并不邻近。①

按照中国古代地名通例，淇水的源头可以称为淇山。淇山无疑在今陵川县东北部，淇山之阳，应在今陵川县。淇水下游主要是南北走向，不太可能出现淇阳的地名。但是即使淇阳在淇水下游，也还是靠近山西。淇水的北源最长，所以是淇水的正源。淇水北源郊沟河虽然在今陵川县，但是主要流经壶关与林州。总之，淇阳在今壶关、陵川、林州一带的太行山地。

淇阳地处太行山深处，是不是太偏僻呢？其实这里华北平原与山西之间的重要通道，著名的羊肠坂就在这里，《太平寰宇记》卷四十五潞州壶关县："羊肠坂，在县东南一百六里，亦名洞口，沽水出焉。王莽命五威将军王嘉曰：羊肠之陁，北当燕赵。旧有关，亦谓壶山，后魏移县于此。"此处又名壶山，北魏曾经为壶关县治。

神农氏居晋南，正是中国农业起源地之一。山西吉县柿子滩旧石器时代晚期遗址距今2万—1万多年前的磨盘表面提取出黍族植物淀粉，说明山西是北方农业起源地之一。②清水河北岸的人祖山传说是伏羲、女娲故地，似乎不是没有任何历史依据。

淇河上游的太行山地也是农业的重要起源地，山西沁水县下川遗址年代在距今2万—1万年前，已经出现石磨盘，说明有原始农业。③河北武安县

---

① 杨守敬：《水经注图》，北京：中华书局，第247、271页。
② 张居中、陈昌富、杨玉璋：《中国农业起源于早期发展的思考》，《中国国家博物馆馆刊》2014年第1期。
③ 黄崇岳：《从出土文物看我国的原始农业》，《中国农业科学》1979年第2期。

磁山遗址正在太行山麓,始于距今1万年前,发现7000多年前的石磨盘和磨棒,还有粟灰堆积的粮食窖藏,粟遗存多达13万斤,灰坑还有榛子、小叶朴和胡桃种子,出土的狗、猪、羊、鸡等家畜骨骼,在华北最早的鸡骨,说明这里农业发达。①有学者提出磁山文化是中国粟作农业起源地。② 2003年,北京门头沟区斋堂镇东胡林遗址发现距今1万年前的粟和黍,是全世界目前出土最早的粟和黍,也在太行山前地带,说明广义的太行山前地带是中国北方农业起源核心地区。这些重要的农业起源的考古发现,是炎帝神农氏出自山西南部的第四个证据。

学者指出,太行山间的河流两岸有阶地、台地、冲积扇等,人们不必担心洪水,又能方便取水,适宜人居。太行山区分布着很多黄土,黄土结构疏松,易于耕作与熟化,为原始农业的产生和发展提供了有利条件。那时气候比今日暖湿,水量比现在大,蚌类等水生动物繁多,为史前人类生存和生产的发展提供了良好的生态环境。而且太行山地区是粟作农业起源和发展的理想区域,遍布粟的来源植物狗尾巴草。③

山西地处高原山地,气候较平原寒冷,但是在仰韶文化极盛时期,正是全新世中期的大暖期,气候比现在炎热,所以那时的山地并不寒冷,比平原凉爽,反而更宜人居。山地还有很多果树,不仅可以充饥,而且富有营养,现在山西高平还盛产著名的高平大黄梨等多种水果。

山西的土壤为炎黄部落的农业与人口大发展提供了有利的条件,《禹贡》说雍州:"厥土惟黄壤,厥田惟上上,厥赋中下。"说明古人认为黄土是最好的农业土壤,虽然《禹贡》说冀州:"厥土惟白壤,厥赋惟上上错,厥田惟中中。"但是此处的白壤指河北沿海平原的盐碱地,不是指山西。汾河与渭河谷地都是冲积平原,山西的西北部与陕西的西北部都是黄土高原。唐代山西人柳宗元《晋问》说山西:"其按衍则平盈旋缘,纡徐夷延,若飞之翔舞,洄水之容与。以稼则硕,以植则茂,以牧则蕃,以畜则庶,而人用是富,而邦以之阜。"柳宗元说山西土壤肥沃,所以农田丰收,林木茂密,牧产兴旺,牲畜众

---

① 河北省文物管理处等:《河北武安磁山遗址》,《考古学报》1981年第3期。
② 张之恒:《黄河流域的史前粟作农业》,《中原文物》1998年第3期。
③ 王星光:《太行山地区与粟作农业的起源》,《中国农史》2002年第1期。

多，百姓富裕。山西农业发展的自然条件很好，这是炎帝神农氏出自山西南部的第五个证据。

第四节　古代山西农业发达

山西省南部在古代一直是农业发达之地，《史记·货殖列传》："昔唐人都河东，殷人都河内，周人都河南。夫三河在天下之中，若鼎足，王者所更居也，建国各数百千岁，土地小狭，民人众，都国诸侯所聚会，故其俗纤俭习事。"山西省南部在天下之中，是五帝三代之都城聚集地，所以百姓重农。《汉书》卷二十八下《地理志下》："太原、上党又多晋公族子孙，以诈力相倾，矜夸功名，报仇过直，嫁取（娶）送死奢靡。汉兴，号为难治，常择严猛之将，或任杀伐为威。父兄被诛，子弟怨愤，至告讦刺史二千石，或报杀其亲属。"太原、上党一带之所以能形成很大的宗族，因为这里农业发达，传统深厚，人口众多。

汉代山西粮食供应关中，《汉书》卷二十四《食货志上》记载汉宣帝五凤年间（前57—前54年），大司农耿寿昌言："故事，岁漕关东谷四百万斛以给京师，用卒六万人。宜籴三辅、弘农、河东、上党、太原郡谷，足供京师，可以省关东漕卒过半。"《后汉书》卷五记汉安帝元初二年（115年）下诏三辅、河内、河东、上党、赵国、太原："各修理旧渠，通水道，以灌溉公私田畴。"次年："春正月，修理太原旧沟渠，灌溉公私田。"

古代山西多有稻田，《水经注》卷四《河水》记载汾阴县（今万荣）南："河水又南，瀵水入焉。水出汾阴县南四十里，西去河三里。平地开源，濆泉上涌，大几如轮，深则不测，俗呼之为瀵魁。古人壅其流以为陂水，种稻，东西二百步，南北一百余步，与郃阳瀵水夹河。"《隋书》卷四十六《杨尚希传》说："（杨）尚希在州，甚有惠政，复引瀵水，立堤防，开稻田数千顷，民赖其利。"《元和郡县图志》卷十三太原府文水县说："（文水）城甚宽大，约三十里，百姓于城中种水田。"①

---

① （唐）李吉甫撰、贺次君点校：《元和郡县图志》，北京：中华书局，1983年，第371页。

晋代在今山西省南部的上党郡、平阳郡一带产麻，《太平御览》卷九百九十五引《晋令》："其上党及平阳，输上麻二十二斤、下麻三十六斤，当绢一匹。课应田者，枲麻加半亩。"

隋代晋东南最重视农业，《隋书》卷三十《地理志中》："长平、上党，人多重农桑，性尤朴直，盖少轻诈。河东、绛郡、文城、临汾、龙泉、西河，土地沃少瘠多，是以伤于俭啬。其俗刚强，亦风气然乎？太原山川重复，实一都之会，本虽后齐别都，人物殷阜，然不甚机巧。俗与上党颇同，人性劲悍，习于戎马。离石、雁门、马邑、定襄、楼烦、涿郡、上谷、渔阳、北平、安乐、辽西，皆连接边郡，习尚与太原同俗，故自古言勇侠者，皆推幽、并云。然涿郡、太原，自前代已来，皆多文雅之士，虽俱曰边郡，然风教不为比也。"经过魏晋南北朝，山西省的西北部风俗受到胡人影响，所以东南部的长平郡（今晋城）、上党郡（今长治）成为最重视农业之地，民性淳朴。我们也可以想见，在远古、上古时期，晋东南地区受到西北游牧民族数次移民的影响也是最小。

隋代山西南部粮食丰盛，《隋书》卷二十四《食货志》记载开皇三年（583年）："漕关东及汾、晋之粟，以给京师。"李渊在山西起兵，蒲州桑泉县（在今临猗县西南）人裴寂进米九万斛。李渊向南进军时，李世民说："今禾、菽被野，何忧乏粮？"《隋书·地理志》记载山西各郡户口，太原、河东、上党最多。《元和郡县图志》卷十三太原府晋阳县："晋泽，在县西南六里。隋开皇六年，引晋水溉稻田，周回四十一里。"①晋泽在晋水下游。

唐代山西水利工程有32处，居全国第三位。《新唐书》卷三十九《地理志》记载的水利工程有：

河中府虞乡县（今永济东北）：北十五里有涑水渠，贞观十七年（643年），刺史薛万彻开，自闻喜引涑水下入临晋。

龙门县（今河津）：北三十里有瓜谷山堰，贞观十年（636年）筑。东南二十三里有十石垆渠，二十三年（649年），县令长孙恕凿，溉田良沃，亩收十石。西二十一里有马鞍坞渠，亦恕所凿。有龙门仓，开元二年（714年）置。

晋州临汾县（今临汾）：东北十里有高梁堰，武德中引高梁水溉田，入百

---

① （唐）李吉甫撰、贺次君点校：《元和郡县图志》，北京：中华书局，1983年，第364页。

金泊。贞观十三年（639年）为水所坏。永徽二年（651年），刺史李宽自东二十五里夏柴堰引潏水溉田，令陶善鼎复治百金泊，亦引潏水溉田。乾封二年（667年）堰坏，乃西引晋水。

绛州曲沃县（今曲沃）：东北三十五里有新绛渠，永徽元年（650年），令崔翳引古堆水溉田百余顷。

闻喜县（今闻喜）：东南三十五里有沙渠，仪凤二年（677年），诏引中条山水于南坡下，西流经十六里，溉涑阴田。

太原府文水县（今文水）：西北二十里有栅城渠，贞观三年（629年），民相率引文谷水，溉田数百顷。西十里有常渠，武德二年（619年），汾州刺史萧顗引文水南流入汾州。东北五十里有甘泉渠，二十五里有荡沙渠，二十里有灵长渠、有千亩渠，俱引文谷水，传溉田数千顷，皆开元二年（714年）令戴谦所凿。

《新唐书》卷一百九十六记载绛州龙门县（今山西河津）人王绩："有田十六顷在河渚间……绩有奴婢数人，种黍，春秋酿酒，养凫雁，莳药草自供。"唐德宗时，韦武任绛州刺史："因其岁歉，导以地利，凿汾而灌注者，十有三渠。环济而开辟者，三千余顷。舄（潟）卤之地，京坻勃兴。"[1]

杜佑《通典》卷十二记天宝八年（749年），和籴粮一百十三万石，河东道有十一万石。正仓存粮四千二百十二万石，河东道有三千五十八万石。义仓粮六千三百十七万石，河东道有七十三万石。常平仓粮四百六万石，河东道有五十三万石。河东道的正仓粮，全国第二。义仓粮，全国第三。[2] 元和七年（812年），户部侍郎判度支卢坦奏："今年冬，诸州和籴贮粟，泽潞四十万石……太原二十万石。"[3]《新唐书》卷一百八十记载李德裕言昭义节度使刘从谏："畜兵十万，粟支十年。"昭义节度使治所在潞州（今长治），管辖泽州、邢州、洺州等地。因为粮食充足，地势冲要，所以出现叛乱。

---

[1] （唐）吕温：《吕衡州集》卷六《京兆韦武神道碑》，《影印文渊阁四库全书》第1077册，台北：商务印书馆，1986年。
[2] 张泽咸：《汉晋唐时期农业》，北京：中国社会科学出版社，2003年，第116页。
[3] （宋）王钦若主编：《册府元龟》卷四百八十四《经费》，北京：中华书局，1960年，第5786页。

唐代山西大量粮食外运,《旧唐书》卷四十九记:"咸亨三年(672年),关中饥,监察御史王师训奏请运晋、绛州仓粟以赡之。"《新唐书》卷五十三记开元年间,裴耀卿:"益漕晋、绛……租输诸仓,转而入渭。"

《宋史》卷八十六《地理志二》说河东路:"其地东际常山,西控党项,南尽晋、绛,北控云、朔,当太行之险地,有盐、铁之饶。其俗刚悍而朴直,勤农织之事业,寡桑柘而富麻苎。善治生,多藏蓄,其靳啬尤甚。"山西人一直重农,这是炎帝神农氏出自山西南部的第六个证据。

元代山西省东南部仍然是最重要的产粮区,《元史》卷一百五十四《郑鼎传》说:"至元三年(1266年),迁平阳路总管。是岁大旱,鼎下车而雨。平阳地狭人众,常乏食,鼎乃导汾水,溉民田千余顷,开潞河雕黄岭道,以来上党之粟。"雕黄岭在沁水县与长子县之间,郑鼎开潞河到雕黄岭的山路,运送上党的粮食到平阳(今临汾市)。金元之际,北方大乱,平原地区因为战争死伤惨重,但是山西因为有山川屏障得以保全,所以人口较多,经济发达。

山西省古代的桑蚕业与纺织业一直很发达,直到明清时期,中国的丝织业中心已经南移,北方很多地区的丝织业早已衰落,但是山西省东南部的泽州(今晋城市)、潞州(今长治市)两地仍然以丝织品名闻天下,明代万历《潞安府志》卷九说潞安府:"货之属有绸、绫、绢、帕、布、丝、铁、蜜、麻、靛、矾。"万历《泽州府志》卷七说泽州府:"货有布货有布、缣、绫、帕、台、丝、蜡、石炭、文石、铁,尤潞绸、泽帕名闻天下。"山西省东南部气候较西北部暖湿,所以更适合桑树生长。1988年在沁水县西部发现了几株古桑树,最大的一株树龄已有500年,也即明代生出。

中国以农作物命名的地名不多,但是山西省南部特别突出,比如稷山县,源自县南的稷山,《左传》宣公十五年(前594年):"晋侯治兵于稷,以略狄土,立黎侯而还。"杜预注:"今河东闻喜县西有稷山。"稷山在今闻喜县西,北是稷山县。

又如黍葭谷,在涑河源头,《水经》卷六《涑水》:"涑水出河东闻喜县东山黍葭谷。"黍葭谷,因为黍而得名。稷、黍都是华北最重要的本土农作物,周人的祖先是农官后稷,稷山因为植稷闻名,甚至有人提出周人源自炎帝,源自山西稷山县,这是神农出自山西南部的第七个证据。

黍、稷是华北最重要的中国本土起源农作物,《诗经》经常连称,《王风·

黍离》:"彼黍离离,彼稷之苗。"《唐风·鸨羽》:"王事靡盬,不能艺稷黍。"《小雅·出车》:"昔我往矣,黍稷方华。"《小雅·楚茨》:"自昔何为?我蓺黍稷。"《小雅·信南山》:"疆场翼翼,黍稷彧彧。"《小雅·甫田》:"或耘或耔,黍稷薿薿。"《小雅·大田》:"与其黍稷。以享以祀,以介景福。"《周颂·良耜》:"荼蓼朽止,黍稷茂止。"说明黍、稷是古代中原华夏族最重要的两种农作物,黍是黄米,稷是小米。黍的地位原来比粟更重要,《魏风·硕鼠》:"硕鼠硕鼠,无食我黍。"魏国原来在今山西省的西南部,说明黍是这一带的主食。麦、稻的地位原来不及黍、稷,后来成为主要粮食作物。

晋东南至今以特产黄米、小米闻名,著名的品种有沁州黄,就是产自古代的沁州,古代的沁州治今沁县,现在高平小米仍很名。

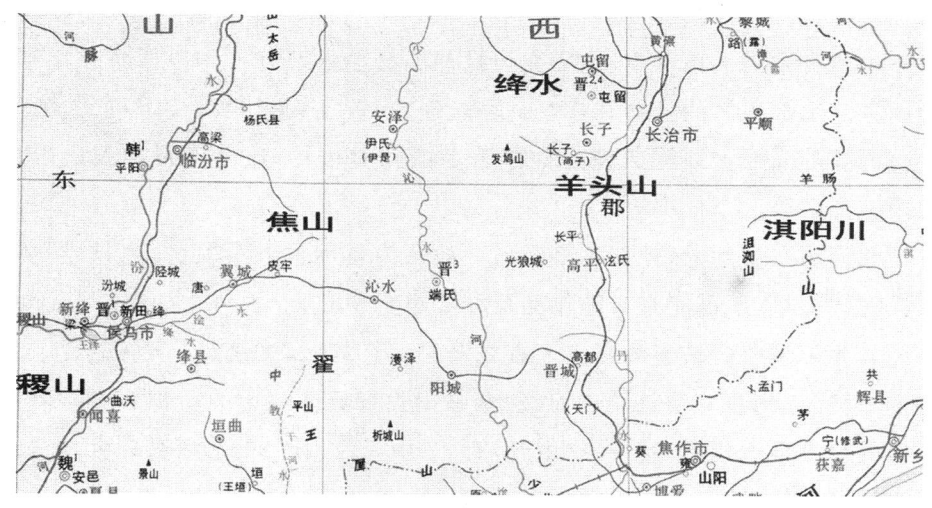

战国时期的晋东南地图

资料来源:谭其骧主编:《中国历史地图集》第一册,北京:中国地图出版社,1982年,第36页。黑体字为笔者添加,表示本书考证地名。

高平桥北村炎帝庙的道光十六年(1836年)的《炎帝庙改修大殿记》说:"县治东北,相传有神农尝五谷处,迄今黍分红白,遗迹尚存。"①雍正《泽州府志》卷十二《物产》记载谷有粟、黍:"黍,高平有红、白、青、黑数种。"说明高平

---

① 高平市炎帝文化研究会编:《炎帝古庙》,北京:文物出版社,2011年,第208~209页。

的黍,种类较多,无疑因为培育时间久,才能演化出多个品种。

第五节 草药地理证明炎帝是山西人

传说神农氏尝百草,《淮南子·修务》:"古者,民茹草饮水,采树木之实,食蠃蠬之肉。时多疾病毒伤之害,于是神农乃始教民播种五谷,相土地宜,燥湿肥墝高下,尝百草之滋味,水泉之甘苦,令民知所辟就。当此之时,一日而遇七十毒。"《搜神记》卷一《神农》:"神农以赭鞭,鞭百草,尽知其平毒寒温之性,臭味所主,以播百谷,故天下号神农也。"

南朝任昉《述异记》卷下:"太原神釜冈中,有神农尝药之鼎存焉。"太原有神农传说,因为神农是山西人。

山西省东南部药材丰富,华北药材种类最多的地方就是山西省东南部。山西省东南部著名的药材有党参、鹿茸、连翘、黄芩、柴胡等,位于屯留、长子县交界处的商业重镇鲍店镇是中国著名的药材市场,这是炎帝神农氏出自山西南部的第八个证据。

我们现在看到的《神农本草经》,一般认为是后世人所写,托名神农。神农氏时代太早,不可能有长篇作品留存至今。

其实记载草药最多的真正上古之书是《山海经》,据统计,全书记载了药物 359 种。[①] 宋小克统计,《山海经》全书记载有具体药用的药物 96 种,但是分布的地方很不均衡,其中《中山经》有 37 种,《西山经》有 26 种,《北山经》有 19 种,《南山经》有 10 种,《东山经》有 5 种。其中动物类药物,集中在《北山经》《中山经》《西山经》,植物类药物集中在《中山经》《西山经》。

而《西山经》记载的药物,主要又在《西山经》首篇。《中山经》记载的药物,主要又在《中次七经》与《中山经》首篇。《西山经》首篇诸山,从华山向西延伸到甘肃南部。《中山经》首篇诸山从中条山向北延伸到太岳山,《中次七经》诸山从伊河上游向东延伸到嵩山以东。宋小克进一步指出,《山海经》记载的草药之所以集中在这几个地方,因为这些地方就是炎帝后裔分布中心,

---

[①] 李良松、郭洪涛:《中国传统文化与医学》,厦门:厦门大学出版社,1990 年,第 104~107 页。

所以才有发达的医药学。①

我以为这项研究非常重要,前人未曾注意到《山海经》药物的地域分布如此不均。《山海经》记载的药物,确实集中在今山西省南部、河南省西部和秦岭山脉,说明这一带的医学发达。

这也不能简单地解释为《山经》的作者来自这一带,因为医药知识完全可以从外地人的作品中抄录。而且《山经》给楚地诸山很高的地位,作者未必就是中原人。根据本书上文考证,炎黄部族产生于河南、山西、陕西三省交界处,炎帝后裔也在这一带集中分布,所以这里发达的医学或许确实源自炎帝神农氏部族文化,这是神农氏出自山西的第九个证据。

表 3-1 《山经》诸篇药物种数表

	植物药物种数		动物药物种数	合计
南山经	3		7	10
西山经	15	一 8	11	26
		二 0		
		三 5		
		四 2		
北山经	0		18	18
东山经	1		4	5
中山经	24	一 6	13	37
		二 1		
		三 1		
		七 15		
合计	43		53	96

值得注意的是,上古最著名的神医扁鹊,就是三晋的赵国人,《史记·扁鹊仓公列传》:"扁鹊者,勃海郡郑县人也。"《史记集解》引徐广曰:"郑当为鄚。鄚,县名,今属河间。"《史记索隐》:"案:勃海无郑县,当作鄚县,音莫,今属河间。"郑县应是鄚县,在今任丘之北的鄚州镇。鄚县原属赵国,《史记·

---

① 宋小克:《〈山经〉草药地理分布的部族文化内涵》,《江西社会科学》2009 年第 12 期。

赵世家》赵武灵王:"五年,与燕郸、易。"下文又说:"扁鹊名闻天下。过邯郸,闻贵妇人,即为带下医。过雒阳,闻周人爱老人,即为耳目痹医。来入咸阳,闻秦人爱小儿,即为小儿医。"扁鹊是赵国人,所以先到邯郸。

山东沂南县北寨村汉代画像中手持植物的神农

徐州汉画像石中的神农

第四章

炎帝在晋东南

炎帝姓姜,生长在姜水,姜水是今山西屯留县的绛水,浍河也叫绛水,也是因为姜姓得名。姜字源自羊,山西高平、长治、长子三县交界处的羊头山有神农城、神农泉、神农庙、炎帝陵,还发现了仰韶文化遗址。羊头山在古代有重要战略地位,此地就是炎帝疆域中心。炎帝之名源自火神,火神祝融源自烛龙,烛龙就是山西地下的煤火自燃,所以炎帝无疑是山西人。炎帝崇拜山岳,本书首次提出最初的太岳就是阳城县南的王屋山,屋即岳,濩泽也是岳泽。这个岳就是《诗经》、《逸周书》、《禹贡》的岳,所以炎帝无疑是晋东南人。

第一节 姜水与山西屯留绛水

再看姜水,《国语·晋语四》:"炎帝以姜水成。"《水经注》认为姜水在今陕西,此说无据。古代同名的地名太多,孤证不用。陕西的姜水不过是一个同名地名,中国的姜水还有很多,我们不能都把这些姜水说成是炎帝家乡。晋南河流多与姜水同音,清水河原名羊求水,浍河又名绛水,漳河又名降水,所以姜水必在晋南。

漳河别名降水,又作绛水,源自其支流绛水。《汉书·地理志》上党郡屯留县:"桑钦言:绛水出西南,东入海。"屯留县发源,向东入海的大河,无疑是漳河。但是《水经注》则说绛水是漳河的支流,即今屯留县的绛河。漳河下游也叫绛水,《禹贡》导九水章说:"导河积石,至于龙门。南至于华阴,东至于底柱,又东至于孟津。东过洛汭,至于大伾。北过降水,至于大陆。又北播为九河,同为逆河,入于海。"按照中国古代河流命名的通例,漳河下游之所以有降水之名,是因为其上游有支流绛水。所以屯留县的绛水,才是漳河流域最早的绛水。屯留绛水比浍河更靠近羊头山,地位更重要。

浍河、漳河流域的绛水都是因为姜姓居住而得名。浍河、漳河如此靠近,竟有读音相同的别名,这就更加证明浍河、漳河一带是姜姓居住的核心区,也即炎帝疆域中心。

需要说明的是,《山海经·北次三经》:"又北三百里,曰陆山,多美玉。䣺水出焉,而东流注于河。"有学者以为炎帝生长的姜水即此,①我以为不确,因为这条河的位置,根据其上下文,可以确定在今河北保定西北部,谭其骧早有明确考证。② 有学者认为谭其骧的这个考证未必可信,因为上文《北次二经》方向有误,《北次三经》开头说到太行山,所以陆山在太行山脉。我以为此说不确,因为《北次二经》方向有误,不能证明《北次三经》方向有误。甚至《山经》某一篇某些条目方向有误,不能证明全篇方向有误。即使《北次二经》方向有误,我们也还是可以考证,可以调整,不能说完全没有方向可言。至于《北次三经》开头的太行山不是现代的太行山,现代的太行山脉绵延千里,是后来出现,原来的太行山特指山西东南部的小范围山地。

陆山是《北次三经》的第 38 座山,距离《北次三经》开头的太行山已经很远,按照《山海经》原文所记,陆山与太行山的距离有数千里,虽然具体数字未必可信,但是可以反映二者距离很远,所以陆山虽然在现代的太行山脉,不能证明这条姜水就是炎帝生长的姜水。古代名物常用通假字,读音比字形更重要,所以我们考证炎帝生长的姜水,不必非要到很远的地方找一条无关的姜水,否则就会再次出现把陕西姜水误以为是炎帝生长的姜水这样的错误。

---

① 刘毓庆:《上党神农氏传说与华夏文明起源》,北京:人民出版社,2008 年,第 41~43 页。

② 谭其骧:《山经河水下游及其支流考》,《长水集》下册,北京:人民出版社,2009 年,第 50~51 页。

有学者将龙山文化时代晋东南的小神类型归入陶寺文化,①说明二者关系紧密。陶寺文化介于关西和晋东南之间,原来出自庙底沟文化,这和史书说炎帝、黄帝同根共祖的说法完全吻合,下文还有羊头山的考古证据。

第二节　羊头山的重要战略地位

炎帝的女儿女娃在发鸠山,《元和郡县图志》卷十五潞州长子县(今长子县),说:"发鸠山在县西南六十五里,浊漳水出焉。"关于发鸠山与女娃,下文还有详细考证。《元和郡县图志》长子县又说:"羊头山在县东五十六里。"又说到神农城,引《后魏风土记》曰:"神农城在羊头山上,山下有神农泉,即神农得嘉谷之所。"②此说确实出自北魏的记载,《魏书》卷一百六上《地形志上》并州上党郡长子县:"羊头山下有神农泉,北有谷关,即神农得嘉谷处。"但是神农城、神农泉,最迟应在汉代就有,因为魏晋时间很短,而五胡十六国时期是北方胡人入主中原,不会忽然出现这样华夏始祖的遗迹。

炎帝庙在古代上党(今长治县)、长子、高平三县交界的羊头山,《太平寰宇记》卷四十四泽州高平县:"炎帝庙,在县北三十五里羊头山上。"卷四十五潞州上党县:"羊头山,《郡国志》云:有神农城,山下有神农泉,南带太行。又有散盖,即神农尝谷之所也。"其下长子县:"神农井,在县南五十里,出羊头山小谷中。《上党记》云:神农庙西五十步有石泉二所,俱甘美,呼为神农井。"炎帝姜姓,姜字源自羊,所以羊头山之名即源自炎帝。《汉书·地理志》上党郡泫氏县下说:"杨谷,绝水所出,南至野王入沁。"绝水即注入沁水的丹水,杨谷在羊头山南,在今高平,很可能源自羊谷。

羊头山下有李家庄旧石器时代遗址,年代在距今2万—1万年之间,考古学家发现这个遗址恰好就在燧石带上。

2003年羊头山下的护林院发现一块古碑,据说是20世纪60年代修林场院墙时,从羊头山神农城下的山坡运来,破损后做了墙基石,因上面雕刻有5个佛像,被当地人称为五佛碑。前年院墙更新时从地基下挖出,被置于

---

① 戴向明:《黄河流域新石器时代文化格局之演变》,《考古学报》1998年第4期,第412页。
② (唐)李吉甫撰、贺次君点校:《元和郡县图志》,北京:中华书局,2008年,第419页。

墙角。此碑现在已破损为3块。碑为圆首,碑为石灰岩,高143厘米,宽86厘米,厚22厘米。现残为3块,两面各刻有一佛龛,分别镌一佛二弟子和一佛二菩萨。碑上一面有文字,原有400多个字,大多已模糊难认。其中说道:"齐天保二年岁次……大齐……隆之化及,并、建二州……神农圣灵所托,远瞩太行,傍接天□□沁水……地称唐公,山号羊头。"①这是现在发现的羊头山最早的石碑,也是目前国内记载神农炎帝遗迹最早的石刻文字,说明最迟在北齐天保二年(551年)已有纪念炎帝的碑刻。碑中说到并州与建州,北魏设置的建州就在今晋城。

黎城县博物馆有原在古县村宝泰寺的一方石碑,隋开皇五年(585年)立,碑文说:"在县之东南,俯临大道,傍冲黎国,斜指潞城。秦将定燕卒之乡,炎帝获嘉禾之地。""秦将定燕卒之乡",指长平之战,说明炎帝故乡就在长平附近,也即羊头山。

古代曾用羊头山出产的黍,作为制定尺子的标准用品,《隋书》卷十六《律历志上》:"今以上党羊头山黍,依《汉书·律历志》度之。若以大者稠累,依数满尺,实于黄钟之律,须撼乃容。若以中者累尺,虽复小稀,实于黄钟之律,不动而满。计此二事之殊,良由消息未善,其于铁尺,终有一会。且上党之黍,有异他乡,其色至乌,其形圆重,用之为量,定不徒然。"因为羊头山是神农故都,所以有人建议采用此处出产的好黍。

羊头山神农庙内还有唐天授二年(691年)的清化寺碑,碑为石灰岩,高205厘米,宽87厘米,厚26厘米,碑为圆首,雕刻高浮雕六螭图,中间镶嵌一佛两弟子。碑身正面文约1400字,碑阴文75字,碑右侧百余字,字迹浸剥。字乃行书,遒劲可观。碑文说:

此山炎帝之所居。昔者摄提纪岁之后,燧人化火之前,穴处巢居,茹毛饮血。爰逮炎皇御宇,道济含灵,念搏杀之亏仁,嗟屠戮之残德。寻求旨味,以替膻腥。遍陟群山,备尝庶草,届斯一所,获五谷焉。记其灵奇,显其神异,石类羊首,遂立为名。因而创制耒耜,始兴稼穑。调药石之温毒,除瘵延龄;取黍稷之甘馨,充虚济众。人钦圣德,号曰神农。

---

① 高平市炎帝文化研究会编:《炎帝古庙》,北京:文物出版社,2011年,第10、11页。释文误傍为旁,误天为大。

历代崇恩,峰亭享庙。其山也,左连修岭,横巨嶂而峙沧波;右接遐峰,列长关而过绛阙。烈山风穴,泛祥气而氤氲;石鼓玉泉,泄云雷而隐轸。芬敷花药,春夏抽丹。蓊郁松萝,秋冬耸翠。人天交集,仙圣游居。譬鹫岭之灵宫,犹鹿苑之佳地。播生嘉谷,柱出兹山矣。①

值得注意的是,此文说到烈山的风穴。而《山海经》记载烛阴:"吹为冬,呼为夏。不饮不食不息,息为风。"第四节将考证烛阴即《山海经》烛龙,也即火神祝融的由来,郦道元《水经注》记载大同的煤火自燃,也说到风穴,说明炎帝确实是山西人,火神祝融源自山西的地下煤火自燃,洞穴内外温差形成风穴效应。明代朱载堉《羊头山新记》说清化寺:"建自后魏孝文帝太和之岁,初名定国寺,北齐改名宏福,隋末寺废。唐武则天天授二年重建,改今额。有碑,乃唐乡贡明经牛元撰并书。"

1999年在羊头山南的神农镇发现后晋天福二年(937年)的《唐故浩府君墓志铭并序》,墓主人浩义伏,享年70岁,夫人程氏容仪端贞,享年60岁。志为一合,方形,石灰岩,长39厘米,宽39厘米,厚11厘米。盖呈梯形。周边刻有缠枝花图案,五言律诗一首。志文为楷体,刻有分行残。志文记载了烈山的准确方位:"东有长岗而掩,西连远岫而遮。前望玉案高源,后倚烈山大岭。恐后桑田改变,山谷更移,琢石题文,传于后嗣。"②此处描写的烈山地貌,就是今羊头山地貌。

羊头山南的高平境内,今有神农镇,唐代就叫神农乡,2002年在神农镇发现唐代天祐七年(910年)的《唐故毕府君夫人赵氏墓志铭》,志为石灰岩。高68厘米,宽38厘米,厚26厘米。志盖为梯形。中间刻有高浮雕兽头和几何图案,铭文说:"维大唐天祐七年,岁次庚午,正月壬辰朔三日甲午,固迁祖茔,先在神农乡神农里团池店南一之东。"③1999年在神农镇发现后晋天福二年(937年)的《唐故浩府君墓志铭并序》说墓主是:"贯税泽郡,户寄高平,神农团池村人。"1995年神农镇发现的北宋元符二年(1099年)郭用父母墓

---

① 高平市炎帝文化研究会编:《炎帝古庙》,北京:文物出版社,2011年,第12、13页。
② 高平市炎帝文化研究会编:《炎帝古庙》,北京:文物出版社,2011年,第16、17页。
③ 高平市炎帝文化研究会编:《炎帝古庙》,北京:文物出版社,2011年,第14、15页。

志铭说到泽州高平县神农乡团池村。①现在神农镇所在的村就是团池,所以2001年团池乡改名为高平镇,是恢复古名,不是今人新起。

炎帝陵位于神农镇庄里村,俗称皇坟。炎帝陵后有庙,谓之五谷庙,庙院内有一棵周长6.2米的柏树根,以此推断,此庙至少有上千年历史。五谷庙坐北面南,规模宏大,分为上下两院,中轴线上为舞台、献台、山门、甬道、正殿。上院山门为宫殿式建筑,有三道门洞,两侧有钟鼓二楼。庙院内现存正殿五间,东西厢房十几间。据说五谷庙内原来碑石林立,有四五十通,现仅存几块残碑。东厢房原为"炎帝陵"石碑的碑亭,碑镶嵌在后墙上,是明万历三十九年(1611年)申道统所立。正殿面阔五间,进深六椽,悬山式屋顶,琉璃脊饰,为元代所建,明代时曾进行过较大的维修,屋顶正中脊刹上,正面刻有"炎帝神农殿"五字,背面刻有"大明嘉靖六年"的题记。据明嘉靖年间《续修炎帝后妃像增制煖宫记》碑载:"炎帝神农氏陵庙,历代相传,载在祀典,其形势嵯峨,林木深阻久矣,吾邑封内之胜□。"②

明清时期,高平有上百所神农炎帝的庙宇,其中有三所炎帝庙是官方所建,规格较大,即上、中、下庙。上庙亦称高庙,在羊头山顶,现仅有遗址。下庙建在高平县城东关,现已不存。中庙保存完整,是国家级重点保护文物。中殿,亦称无梁殿。此殿为元代建筑,殿内东墙上镶嵌一块石碑,碑名曰:"创建神农太子祠并子孙殿志。"中庙还有十多块古碑,从现存的碑文可知,古中庙为帝王敕封,原来香火极盛。其中清代的《募化外域布施功德碑》记载,有来自河南省河南府、中牟县、会亭集(今夏邑县会亭镇)、陕西省西安府、安徽省亳州、湖北省云梦县的商人前来捐资。③

炎帝行宫位于高平城北的故关村,亦名黄花观。占地面积535平方米,现存正殿三间,原为五间,现存明成化十一年(1475年)《重修炎帝行宫碑》记载:"神农炎帝行宫,盘基在故关里村前,肇基太古,无文考验,祠在换马村东南,现存坟壕,木栏绕护,然祠与宫其相去几柒百余步矣。"④明崇祯十六年

---

① 高平市炎帝文化研究会编:《炎帝古庙》,北京:文物出版社,2011年,第18、19页。
② 高平市炎帝文化研究会编:《炎帝古庙》,北京:文物出版社,2011年,第24、25页。
③ 高平市炎帝文化研究会编:《炎帝古庙》,北京:文物出版社,2011年,第68、69页。
④ 高平市炎帝文化研究会编:《炎帝古庙》,北京:文物出版社,2011年,第42、43页。

(1643年)重修,清光绪九年(1883年)改修为现存遗构。

炎帝寝宫位于神农镇团西村,占地面积约3000平方米,庙内正殿是炎帝殿,后殿谓之炎帝寝宫。其东西耳殿、东西配殿,分别祀奉玄帝、先蚕、高禖、关帝、马王、牛王等诸神。

羊头山不仅在此,沁河源头也叫羊头山,《汉书·地理志》上党郡谷远县下说:"羊头山世靡谷,沁水所出。"谷远县在今沁源县,羊头山在今沁源县北部。这个羊头山也在上党郡,今属长治市,距离东南的羊头山不远。两个羊头山之名,都是源自炎帝姜姓。《山海经》甚至认为这两个羊头山紧邻,《北次三经》谒戾山:"沁水出焉,南流注于河。其东有林焉,名曰丹林。丹林之水出焉,南流注于河。"丹林水即丹河,此处竟说沁河源头向东就是丹河源头,也就是误以为沁河源头的羊头山和丹河源头的羊头山紧邻。

羊头山即羊首山,也即首阳山的由来,今神农镇羊头山的明代正德三年(1508年)某塔院石碑说:"神农氏游履于羊山,尝谷于此。夷齐饿卒于首阳,显迹其石。"①就是把羊头山看成是伯夷、叔齐饿死的首阳山,说明羊头、首阳确有可通之处。但是伯夷、叔齐饿死的首阳山,应是中条山最西的山,《史记·伯夷列传》说:"义不食周粟,隐于首阳山。"《集解》引马融曰:"首阳山在河东蒲阪华山之北,河曲之中。"《正义》:"曹大家注幽通赋云:夷齐饿于首阳山,在陇西首。又戴延之《西征记》云:洛阳东北首阳山有夷齐祠。今在偃师县西北。又孟子云:夷、齐避纣,居北海之滨。首阳山,说文云首阳山在辽西。史传及诸书,夷、齐饿于首阳凡五所,各有案据,先后不详。"今按马融所说为是,《诗经·唐风·采苓》:"采苓采苓,首阳之巅……采苦采苦,首阳之下……采葑采葑,首阳之东。"《史记·封禅书》薄山,《索隐》引《括地志》云:"薄山亦名衰山,一名寸棘山,一名渠山,一名雷首山,一名独头山,一名首阳山,一名吴山,一名条山,在陕州芮县城北十里。"首阳山显然在晋地,说明山西有首羊之通名,首羊之名出自山西。

或许有人要问,为何古代史书都说羊头山有神农城、神农泉、神农井、炎帝庙,而不提炎帝陵呢?其实这是陷入一个思维定式,就是有人必有陵,有

---

① 高平市炎帝文化研究会编:《炎帝古庙》,北京:文物出版社,2011年,第20、21页。

陵才能证明人物。但是我们现在普通的中国人恐怕也不能找全所有祖先的陵墓,远在五千年前的炎黄二帝的陵墓就更难找了。远古时代的百科全书《山海经》记载了颛顼、喾、尧、舜的墓,也未提炎帝、黄帝的墓,说明那时已有很多人不明炎黄陵墓所在,后世人就更难知晓。很多名人的陵墓湮没无闻,我们现代还经常要建衣冠冢。但是衣冠冢也不能完全看成伪造,至少说明此处有人追念这位名人,所以还是与这位名人有关。在上古时代,部落的范围比今人的活动范围小很多。所以即使是衣冠冢,也不会远离真正的居住地。有时我们不必通过陵墓才能确定祖先的活动区域,还有很多其他证据。既然炎帝活动地点不可能远离羊头山,所以我们可以把羊头山的炎帝陵看成是炎帝唯一确定可考的陵。

羊头山位于长治、长子、高平之间,具有重要的战略地位,其北是漳河流域,其南是沁河流域,西通汾河谷地,东通华北平原。秦灭六国最重要、最惨烈的长平之战就在羊头山南的今高平境内,连接漳河、丹河的山路现在还是太焦线铁路所经,长平之战遗址就在铁路边上。最近考古工作者在羊头山发现了战国时期的长城,应是韩、赵、魏之间的上党郡边境长城。

北朝时期,因为这条道路南通新都洛阳,北通故都平城,所以在今晋城市东北的高都县(今高都镇)设高都郡,又升为建州。《北齐书》卷十八《司马子如传》:"(尔朱荣)次高都,(尔朱)荣以建兴险阻,往来冲要,有后顾之忧,以(司马)子如为建兴太守、当郡都督。"建兴郡治即在高都城,《魏书·地形志上》建州:"慕容永分上党,置建兴郡,真君九年省。和平五年复,永安中罢郡置州,治高都城。"其实建州设置,未罢建兴郡,不过是改名高都郡。尔朱荣的老家在山西北部,他是从这条路南征洛阳,所以特别看重此地的战略地位。

现在羊头山还有始于北魏的石窟,延续到北齐、隋、唐,共计40多窟,说明北朝时期羊头山经济繁荣,文化兴盛。

因为羊头山具有重要战略地位,所以炎帝才以此为活动中心,不仅统一晋南,而且东扩到华北大平原,威震中原。羊头山的炎帝遗迹,绝不是空穴来风,凭空捏造。如果我们知道羊头山在历史上如此重要,就不会再怀疑此处是炎帝活动中心了。

北齐时期的晋东南地图

资料来源：谭其骧主编：《中国历史地图集》第四册，北京：中国地图出版社，1982年，第66页。

第三节　羊头山神农城仰韶文化遗址

羊头山神农城是不是后世子虚乌有，捕风捉影呢？其实不是，最近考古学者在羊头山上的神农城发现了仰韶文化遗址，证明了古人的记载可信。

2015年11月10日，当地考古工作者在羊头山神农城发现了石基础、石围墙、古旧步道，又在石围墙周围发现了疑似仰韶文化时期的陶片。11月18日，高平市旅游文物局将发现的情况上报山西省文物局。

11月19日，山西省考古研究所羊头山文化遗址考古队赶到高平羊头山，开始对羊头山顶及其周围方圆5公里区域，进行考古调查和小范围试掘。到23日，经过5天的考古发掘，发现一处仰韶文化遗址。该地点位于长子县、长治县和高平市的三县交界之地。其中心区域位于高平市羊头山

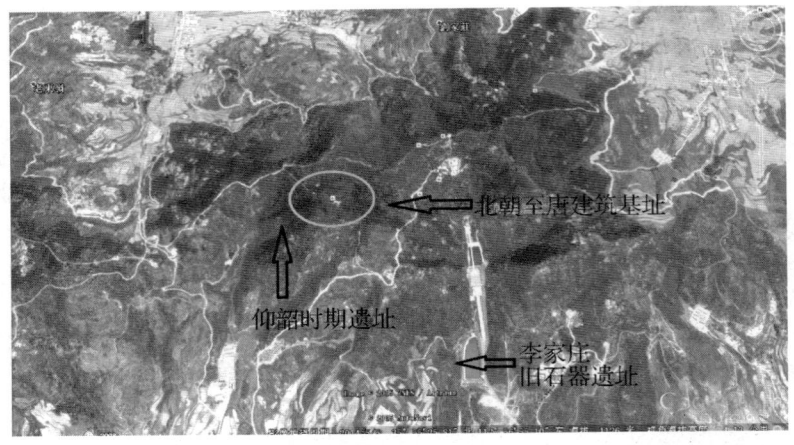

高平羊头山仰韶文化遗址位置图

资料来源：山西省文物考古研究所羊头山古文化遗址考古队：《关于羊头山发现古文化遗址调研报告》，2015年11月23日。

山顶，东距离国家重点文物保护单位羊头山石窟500米。地理坐标：北部外侧墙体东端 N 35°55′33.96″ E112°57′12.24″，海拔1260米。西端植被茂密，未能探查。目前探查长度56米，方向70°。南部外侧墙体从内侧南墙西沿至山顶边界，这一段长25米，最西端 N35°55′32.52″，E112°57′9″，海拔1265米。东部晚期墙体东西走向，方向80°，长约11米。西端坐标 N35°55′34″，E112°57′13″，海拔1262米。复建的神农高庙建筑方向170°，正门正中南3米处，坐标 N35°55′30.72″，E112°57′23.4″，海拔1277米。

在这处仰韶文化遗址，出土了尖底瓶、红陶钵以及红陶夹砂罐的陶片。这些陶片土层埋藏较浅，考古人员未发现其他时期明显的地层。在遗址之上可见有一道东西走向的人工石砌围墙，通过对石砌围墙基础的调查，发现围墙建在仰韶时期的遗址上，其石砌围墙的时代与仰韶时期遗址的时代相当或稍后，而对其形制和准确的年代需要进行仔细的考古工作确认。考古队还在羊头山西山顶的垣上发现北朝至唐时期的建筑基址，基址上由于覆盖大量的灌木和乔木，无法判断建筑的布局和规模，从出土遗物中筒瓦、板瓦以及灰陶生活用器残片初步判断，其时代应该为北朝至唐。

仰韶文化遗址上的石围墙遗址与炎帝高庙相邻，而神农泉就在其下面，说明古人所说的炎帝遗迹很有根据。

出土仰韶文化陶片

资料来源：山西省文物考古研究所羊头山古文化遗址考古队：《关于羊头山发现古文化遗址调研报告》，2015年11月23日。

仰韶文化时期的城墙在中国极少，石墙的出现，说明当时这里的社会已经非常繁荣，所以才要建城保卫。如果石城墙最终认定为仰韶文化遗址，则无疑是神农氏的神农城。因为神农氏在炎黄二帝时代之前，延续了数百年，应在仰韶文化时期。而炎帝在庙底沟文化时期，但是炎帝出自神农氏，神农城应该一直沿用，应该也是炎帝的古城。

神农氏在上古时期仍然非常著名，直到后世也还很突出，所以汉唐时代有明确记载。汉唐时期的华北地方志虽然未能保存，但是按照中国地方志记载的通例分析，汉唐时期地方志的很多重要内容为地理总志与后世地方志传承，所以其真实程度很高，不必过分怀疑。一个典型的例子就是安徽的禹会村发现了大禹会合诸侯的遗址，《左传》哀公七年（前488年）说："禹合诸侯于涂山，执玉帛者万国。"一般认为涂山是安徽蚌埠涂山，今涂山西南有禹会村，禹会村之名最迟在宋代文献中已有，明清文献则明言禹会村在涂山西南。通过2007—2010年的4次科学发掘，禹会村距今4000—4300年的超

神农城遗址的石墙

资料来源:山西省文物考古研究所羊头山古文化遗址考古队:《关于羊头山发现古文化遗址调研报告》,2015年11月23日。

大型祭坛重见天日,祭坛长达108米,北部有90平方米的烧祭面,向南有方土台与35个柱洞排成一列,西有祭祀沟。① 如此大型的祭坛不是小族使用,而年代恰好是大禹时期,祭坛北依自涂山南延的凸岭,附近还发现简易工棚遗址,所以学界基本认定是大禹涂山会合诸侯之地,还有学者推测南部的35个柱洞是涂山会盟时各国树旗之处。② 因为上古时期这个祭坛在地面还很突出,所以后世建有禹庙,又形成禹会村地名,沿用至今,可见文献记载可信。

直到明代,羊头山上的神农城还有突出的遗迹,明代朱载堉《羊头山新记》说:

> 羊头山在今山西之南境,泽、潞二郡交界,高平、长子、长治三邑之

---

① 中国社会科学院考古研究所、安徽省蚌埠市博物馆:《蚌埠禹会村》,北京:科学出版社,2013年,第45~61页。

② 中国社会科学院古代文明研究中心、安徽省文化厅、蚌埠市人民政府:《禹会村遗址研究——禹会村遗址与淮河流域文明研讨会论文集》。

间。自山正南,稍西去高平三十五里,西北去长子五十六里,东北去长治八十里。所谓岭限二郡,麓跨三邑也。山高千余丈,磅礴数十里。其巅有石,状若羊头,觑向东南,高阔皆六尺,长八尺余,山以此石得名焉。石之西南一百七十步有庙一所,正殿五间,殿中塑神农及后妃、太子像,皆冠冕若王者之服。按:神农时,尚未有衣冠之制,不若设木主为宜耳。此殿以南属泽州高平县丰溢乡团池北里,殿之西北属潞安府长子县义丰乡栅村里,殿之东北属潞安府长治县八谏乡施庄里。故俗云:前檐滴高平,后檐滴长子。谓此也。殿西稍北二十步有小坪,周八十步。西北接连大坪,周四百六十步。上有古城遗址,谓之神农城。城内旧有庙,今废。城下六十步有二泉,相去十余步。左泉白,右泉清。泉侧有井,所谓神农井也。

第四节 烛龙、祝融是山西煤火自燃

众所周知,火神名叫祝融。但是很多人不知道,祝融源自烛龙。《后汉书》卷六十一《周举传》说:"太原一郡,旧俗以介子推焚骸,有龙忌之禁。至其亡月,咸言神灵不乐举火。"汉代太原人过寒食节,禁止点火,称为龙忌,说明火神是龙,其实就是烛龙。烛字由火、蜀二字构成,蜀是一种虫,虫字原指蛇,所以烛龙的烛字本来就可能与蛇有关。

烛龙又名烛阴,《山海经·海外北经》:

> 钟山之神,名曰烛阴。视为昼,瞑为夜,吹为冬,呼为夏。不饮不食不息,息为风。身长千里。在无䏿之东(按:应为西)。其为物,人面蛇身,赤色,居钟山下。

晋代山西闻喜县人郭璞解释烛阴说:"烛龙也,是烛九阴,因名云。"因为烛龙能把阴间照亮,所以叫烛阴。《山海经·大荒北经》:

> 西北海之外,赤水之北,有章尾山。有神,人面蛇身而赤,直目正乘,其瞑乃晦,其视乃明。不食,不寝,不息,风雨是谒。是烛九阴,是谓烛龙。

屈原《楚辞·天问》:

> 日安不到,烛龙何照?

《淮南子·地形》：

　　烛龙在雁门北，蔽于委羽之山，不见日，其神人面蛇身而无足。

《楚辞·大招》：

　　北有寒山，逴龙赩只。代水不可涉，深不可测只。

屈原说，太阳照不到的地方，烛龙为何能照亮呢？逴龙即烛龙（卓、烛同音），赩即赤色，居住在寒山，也即阴山。

烛龙又长又红，住在山下，能吹出风，能发强光，能把黑夜照亮。有学者认为是极光，①但极光在空中，不在山下。极光千姿百态、五颜六色，并非长形、赤色一种，所以早有学者质疑。②

其实闻一多的解释已经接近真相。他根据章和钟、尾（燧）和火相通认为章尾山即钟火山，《洞冥记》说："东方朔北游钟火山，日月不照，有青龙衔烛，照山四极。"闻一多进而认为烛龙是"由火山的性能傅会而来"，可惜他没有做更深分析，也没有指出是哪一种火山。③

其实已有学者提出烛龙正是另外一种煤火山，④但是尚未对此问题做深入阐发。今按《水经注·河水》："又有芒干水（今内蒙古大黑河）出塞外，南径钟山，山即阴山。"毕沅、郝懿行据"雁门北"推断今内蒙古的阴山为钟山。《史记·货殖传》："种、代，石北也，地边胡。"代即代地（代郡之地，今山西、河北、内蒙古交界地区），种即钟山一带。所以《淮南子》说烛龙在雁门之北，委羽之山即解羽之地，委羽是放弃羽毛，解羽是解下羽毛，意思一样，即《海内西经》所说雁门之北"群鸟所生及所解"的大泽。《楚辞·大招》也说逴龙在代地，也很吻合。

山西多煤，煤会自燃，白天烟雾弥漫，夜晚明火上窜，一片通明，这就是传说中在山下的红色烛龙。《水经注·漯水》说：

---

① 张明华：《烛龙与北极光》，中国《山海经》学术讨论会编《山海经新探》，成都：四川省社会科学院出版社，1986年，第311~314页。何新：《诸神的起源》，北京：时事出版社，2002年，第246页。

② 韩湖初：《对"烛龙神话即极光现象"说的质疑》，《华南师范大学学报》2003年第5期。

③ 闻一多：《神话研究》，成都：巴蜀书社，2002年，第87~91页。

④ 周述春：《释"烛龙"》，《中国历史地理论丛》1998年第3期。

> 黄水又东注武州川,又东历故亭北,右合火山西溪水。水导源火山,西北流,山上有火井。南北六七步,广减尺许,源深不见底,炎势上升,常若微雷响。以草爨之,则烟腾火发。

这个火山就在今大同煤矿,①烛龙呼吸的传说由洞口的气流和声响而来,洞穴内外温差引发气流。《水经注》同篇说:

> 井北百余步有东西谷,广十余步,南崖下有风穴,厥大容人,其深不测,而穴中肃肃,常有微风,虽三伏盛暑,犹须袭裘,寒吹陵人,不可暂停。

煤火山在古籍中记载很多,《水经注·河水》记有西域龟兹国北山有煤火,在今天山,岑参有《火山云歌送别》诗,又有《经火山》诗说:"火山今始见,突兀蒲昌东。赤焰烧虏云,炎氛蒸塞空。不知阴阳炭,何独燃此中。"②他明确说到是煤炭燃烧形成火山。

北宋在山西设置火山军,因煤火自燃的火山得名。《太平寰宇记》卷五十火山军:"在于岚州火山之下……仍以火山为名。火山,在军东四十里。"火山军城,在今山西省河曲县南旧县村,金改隩州,设河曲县。火山,在今河曲县东南的火山村。

陆游《老学庵笔记》卷十:"予顷在南郑,见一军校,火山军人也。言火山之南,地尤枯瘠,锄钁所及,烈焰应手涌出,故以火山名军,尤为异也。"③陆游在南郑(今陕西南郑)遇到来自火山军的军人,听说火山军有烈火从地下涌出,但是他不明火山的成因。

这些火山都是煤火,因为山西多煤,所以有这种煤火。煤火自燃被称为烛龙,此即祝融由来。自然界雷电产生的山火不能持久,但是煤火则长年累月。如果整个山头燃烧,景象更为壮观。古人看到地下常年有火,白天冒烟,晚上则有明亮的火焰,下雨天也不会熄灭,心里非常恐惧,所以尊为火神。

---

① 贾兰坡等:《考古在研究大同火山活动时代中的作用》,《亚洲文明论丛》,成都:四川人民出版社,1986年。
② (唐)岑参:《岑参集校注》,上海:上海古籍出版社,2004年,第106、204页。
③ (宋)陆游撰,李剑雄、刘德权点校:《老学庵笔记》,北京:中华书局,1979年,第129页。

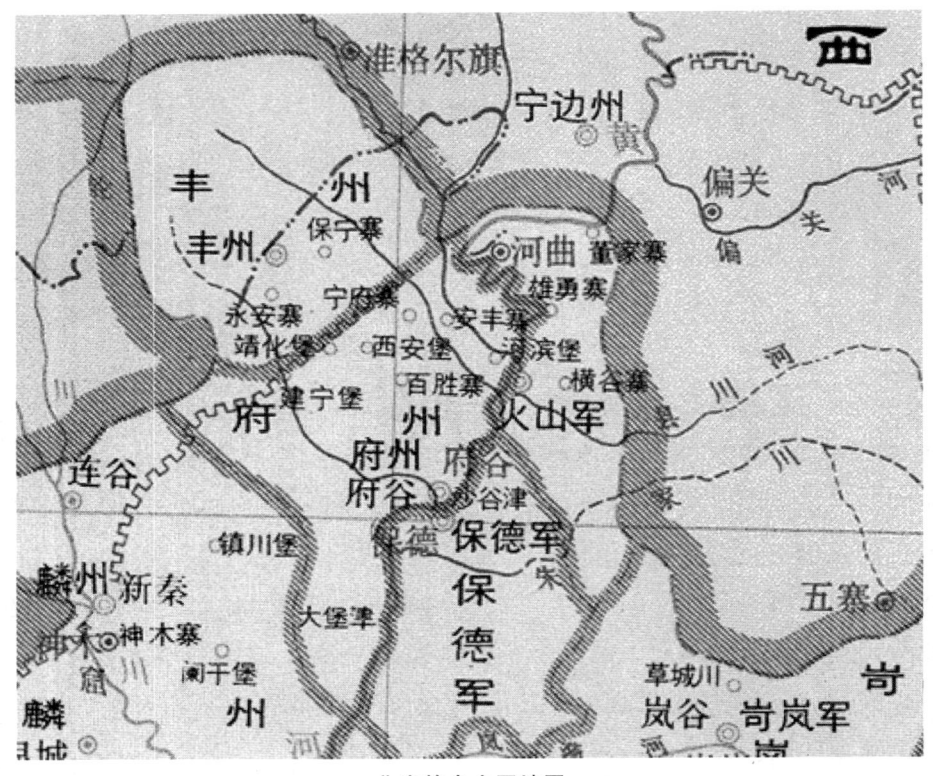

北宋的火山军地图

魏晋时期还有两条有关山西的地火自燃记载,《魏书》卷一百一十二《灵征志》火不炎上:"高祖太和八年(484年)五月戊寅,河内沁县泽自燃,稍增至百余步,五日乃灭……武定三年(545年)冬,汾州西河北山火潜行地下,热气上出。"沁县在今河南济源,邻近山西晋城;汾州西河郡治今山西汾阳。[①] 这两次自燃很可能也是煤火自燃,古人就说自燃。

古代陕北有天然气自燃,称为火井。古人祭祀,有火井祠。《汉书·地理志下》西河郡鸿门县:"有天封苑,火井祠,火从地出也。"《水经注》卷《河水》说:"圁水又东,径鸿门县,县故鸿门亭。《地理风俗记》曰:圁阴县西五十里有鸿门亭、天封苑、火井庙,火从地中出。"鸿门县在圁阴县西,则在今神木

---

① 王仲荦误以为汾州西河在今山西阳城县,见王仲荦:《石油篇》,《蜡华山馆丛稿》,北京:中华书局,2007年,第250页。

县西,这里正是天然气分布区。

古代还有石油自燃,《博物志》:"酒泉延寿县南山名火泉,火出如炬。"延寿县在今甘肃玉门之南,此处从火泉是玉门油田的石油自燃。

明白了祝融(烛龙)来自火山,我们就能明白史书一方面说炎帝以火为纪,又有烈山氏之号。现在中国煤矿最多的地方是山西,历史上唯一根据煤矿自燃而命名的行政区名火山军也在山西,烛龙传说无疑最有可能源自山西,也即火神祝融的由来。烈山就是火山,就是煤火自燃,这是炎帝出自山西的铁证。

晋东南多煤矿,长治、晋城的大型煤矿很多,所以炎帝是晋东南人,火神烛龙(祝融)信仰源自晋东南。高平神农镇的煤矿不仅多,而且含硫量最高,更易自燃。神农镇炎帝陵向东不远,有长治县西火镇,其东又有东火村。从神农镇到西火、东火一带,远古时期很可能有煤火自燃。

第五节　太岳原指山西阳城王屋山

姜姓炎帝崇拜山岳,《左传》庄公二十二年(前671年):

> 姜,大岳之后也,山岳则配天。

《国语·周语中》富辰说:

> 齐、许、申、吕由大姜。

许是姜姓,《左传》隐公十一年(前712年):

> 夫许,大岳之胤也。

《国语·周语下》:

> 共之从孙四岳佐之,祚四岳国,命以侯伯,赐姓曰姜、氏曰有吕。

《诗经·大雅·崧高》:

> 崧高维岳,骏极于天。维岳降神,生甫及申。

姜姓既是炎帝之后,又是太岳或四岳之后。丁山曾经从字形的角度提出岳即火山,[①]但是他没有发现烛龙就是火山的真相。也有学者认为岳字和

---

① 丁山:《古代神话与民族》,北京:商务印书馆,2006年,第396页。

火无关,只是山岳重重之象形。今按岳字的最初形态,应是山岳重叠之形,表示高山,与火无关。①

岳的地点可以帮助我们确定炎帝的地域,后世有四岳、五岳。五岳的地点也有变化,这些都不是最初的岳。最初的岳,前人说法不一。

顾颉刚说最初的岳是陕西的汧山,《周礼·职方》:"正西曰雍州,其山曰岳山。"《尔雅·释山》:"河南华,河西岳,河东岱,河北恒,江南衡。"《史记·封禅书》:"自华以西,名山七,曰华山、薄山……岳山、岐山、吴岳、鸿冢、渎山。"②雍州的岳山即吴岳,也即汧山,在今陕西千阳县(原名汧阳县)西北,也即陇山。

但是这个岳不过是吴岳的简称,虽然有此简称,未必是最初的岳。《封禅书》说:"陈宝节来祠。其河加有尝醪。此皆在雍州之域,近天子之都,故加车一乘,骝驹四。霸、产、沣、涝、泾、渭皆非大川,以近咸阳,尽得比山川祠,而无诸加。汧、洛二渊,鸣泽、蒲山、岳崤山之属,为小山川,亦皆岁祷塞泮涸祠,礼不必同。"显然,靠近都城咸阳的西北山川都有更高的地位。所以吴岳简称为岳,无疑也是因为靠近都城,不是因为吴岳原来是诸岳之源。《尔雅》五岳有两说,第一说有河西的吴岳,无嵩山,这也可能是秦人之歧说。《尔雅》是战国秦汉时成书,难免混入秦人之说。而且下文又有第二说,即后世流行的五岳。顾颉刚先有炎黄起自西部的成见,自然要说最初的岳是陕西的汧山。但是炎帝显然不是出自西部,所以这个看法不对。

其实《禹贡》、《诗经》、《逸周书》多次详细叙述岳,我们必须考证这些书中的岳,才能确定岳的位置。《禹贡》说:"冀州:既载壶口,治梁及岐。既修太原,至于岳阳。覃怀厎绩,至于衡漳。"

前人多以为此处的太原是今山西太原,岳阳是指今太岳山之南,《水经

---

① 陕西临潼姜寨遗址出土的一件陶器上有个符号,李学勤释为岳字。见李学勤:《古文字学初阶》第三讲《文字起源之谜》,北京:中华书局,1985年。临潼接近华山,正是崇拜山岳的华夏族居地核心区。饶宗颐指出此符号也见于甘肃武威娘娘台遗址齐家文化陶器,释此字为羊字,见饶宗颐:《"羊"的联想——青海彩陶、阴山、西藏岩画的□号与西亚原始计数工具》,《饶宗颐二十世纪学术文集》卷一《史溯》,北京:中国人民大学出版社,2009年,第52~53页。羊即姜,也是炎帝之姓,此符号待考。

② 顾颉刚:《四岳与五岳》,《史林杂识初编》,北京:中华书局,1963年。

注》卷六《汾水》说:"(巋)水出东北太岳山,《禹贡》所谓岳阳也,即霍太山矣。"但是问题是,太原在太岳山之北,是岳阴,不是岳阳。如果我们把此处的太原解释为太岳山之南的太原,也有问题,因为太岳山之南根本找不到一个大的平原。现在太岳山是南北走向,西南的汾河谷地仍然非常狭窄,所以此处的太原不是现在的太原,岳也不应是现在的太岳山。太岳山是晚出的一个岳,不是最初的岳。

其实王国维早已提出太原是汾河和浍河之间的平原,①史书明确称为太原。《左传》昭公元年(前560年)子产又说:

> 昔金天氏有裔子曰昧,为玄冥师,生允格、台骀。台骀能业其官,宣汾、洮,障大泽,以处大原。帝用嘉之,封诸汾川。沈、姒、蓐、黄,实守其祀。今晋主汾而灭之矣。由是观之,则台骀,汾神也。

洮水在浍水上游,浍河介于汾水、洮水之间,《水经注》卷六说浍河注入汾水之处有王泽,又说洮水注入浍水之后:"浍水西径董池陂南,即古董泽,东西四里,南北三里。"又说:"司马彪曰:洮水出闻喜县,故王莽以县为洮亭也。然则浍水殆亦洮水之兼称乎?"金天氏所障的大泽无疑就是王泽、董泽之类,而并举汾、洮,不提浍水,可能确实是把浍水称为洮水。

汾河下游与浍河一带,平原广阔,而且土层深厚,晋国人认为是最好的土地。《左传》成公六年(前585年):

> 晋人谋去故绛,诸大夫皆曰:"必居郇瑕氏之地,沃饶而近盬,国利君乐,不可失也。"……(韩献子)曰:"不可。郇瑕氏土薄水浅……不如新田,土厚水深,居之不疾,有汾、浍以流其恶,且民从教,十世之利也。夫山、泽、林、盬,国之宝也。国饶,则民骄佚。近宝,公室乃贫,不可谓乐。"公说,从之。

晋国的大夫都想迁到富庶的盐池附近,但是韩献子说此处土薄水浅,应该迁到土厚水深的新田,新田在今曲沃县,正在太原之中。

既然太原在此,那么岳阳在何处呢?我以为岳阳的岳就是王屋山,上古音的屋是影母屋部[ok],岳是疑母屋部[ngok],读音极近。王屋山不是指王

---

① 王国维:《观堂集林》,北京:中华书局,1959年,第526～527页。

的屋子,否则太过俗气,这样重要的大山,不可能因为王的屋子得名。王屋山原应是王岳山,即百岳之王,即太岳。

在王屋山之北的阳城县,古有濩泽,在今固隆乡,今有护泽河,所以古代设泽州。上古音濩是匣母铎部[ɣoak],岳是疑母屋部[ngok],音近。所以濩泽,其实就是岳泽。

我们说濩泽即岳泽,还有一个证据。《周礼·春官·大司乐》:"乃奏夷则,歌小吕,舞大濩,以享先妣。乃奏无射,歌夹钟,舞大武,以享先祖。"周人祭祀先妣姜嫄的舞蹈是大濩,前人没有明释,笔者认为大濩源自太岳,姜姓崇拜太岳。《诗经·大雅·生民》:"厥初生民,时维姜嫄。生民如何?克禋克祀,以弗无子。履帝武敏歆,攸介攸止。载震载夙,载生载育,时维后稷。"姜嫄履帝武也即踩到了巨人足迹而生后稷,所以祭祀先祖的舞蹈是大武。

濩可以通岳,还有一个证据,即太岳山又名霍山,上古音的霍是晓母鱼部[xuak],读音接近濩,叠韵旁纽,霍就是岳的音转。既然霍通岳,则濩也通岳。

岳是王屋山,才可以理解《禹贡》的叙述,先修汾河与涑河之间的太原,然后向东,到岳阳,即王屋山之南,再到覃、怀,前人提出覃即沁河的沁,怀即古代怀县,在今河南武陟县。① 这样叙述才顺理成章,否则先往北走到太岳山,再向东突然跳到河南,不是很混乱吗?

而且《禹贡》导山章说:"导岍及岐,至于荆山,逾于河。壶口、雷首 至于太岳。厎柱、析城至于王屋,太行、恒山至于碣石,入于海。"从壶口、雷首山(中条山)先向北到太岳山,再突然回到中条山,次序错乱,所以此处的太岳山原来应是王屋山。

我们说最初的太岳是指王屋山,还有《诗经》的证据。《周颂·时迈》说:"怀柔百神,及河乔岳。"又《周颂·般》说:"于皇时周,陟其高山,隓山乔岳,允犹翕河。"这两首诗,都把岳和黄河联系在一起,说明岳就在黄河岸边。但是符合这个条件的岳,只能是王屋山。

还有《逸周书》的明确证据,《逸周书·度邑》讲述周武王营建成周的历

---

① 郭豫材:《覃怀考》,《禹贡》第 3 卷第 6 期,1935 年。

史,周武王曰:"自洛汭延于伊汭,居阳无固,其有夏之居。我南望过于三途,北望过于有岳,丕愿[顾]瞻过于河,宛瞻于伊洛。无远天室,其名兹曰度邑。"从洛阳向北,能远眺到岳,这个岳不可能是指太岳山,一定是王屋山,王屋山就在黄河北岸。

在王屋山的对岸,也有一个岳,《山海经·中次六经》:"凡缟羝山之首,自平逢之山至于阳华之山,凡十四山,七百九十里。岳在其中,以六月祭之,如诸岳之祠法,则天下安宁。"此列山脉从洛阳延伸到华山之东,其中的岳不见于任何史书,但这是《山经》中唯一明确记载的岳,其中的岳不是华山,华山在《西山经》。此处也有一个岳,正是在王屋山的对岸,说明王屋山附近还有其他的岳,证明王屋山是岳的中心,是最初的太岳。

王屋山是最初的岳,还有一证。《魏书》卷一百六上《地形志上》怀州河内郡野王县:"有太行山、华岳神。"野王县在今沁阳,太行山是沁阳、晋城之间的最初的太行山。此处有华岳神,华或是王之音讹,或是指高大,未必是华山之神,同书《地形志下》华州华山郡华阴县未提华岳神。

王屋山,北有太岳山,南有嵩岳,西南有华岳,附近还有其他的岳。密集的岳以王屋山为中心,说明是最初的太岳。王屋山主峰2321米,接近太岳山主峰2346米,超过华山2160米,超过嵩山1440米。嵩山、华山都是因为接近政治中心或交通要道而闻名,王屋山其实也在山西和河南之间的交通要道。王屋山地处要道,巍然屹立,出类拔萃,可谓是真正的岳。

王屋山在古代被誉为众山之最,《太平寰宇记》卷四十四泽州阳城县:"王屋,在县南五十里。《仙经》云:王屋山有仙宫洞天,广三千步,号小有清虚洞天。山高八千丈,广数百里。太行、析山为佐命,中条、鼓钟为辅翼。三十六洞,小有为群洞之尊。四十九山,王屋为众山之最。实不死之灵乡,真人之洞境也。"为何王屋山被道家誉为天下所有洞天、仙山之首呢?恐怕就是因为王屋山原来是众岳之首的太岳。

王屋山确有不少道士,葛洪《神仙传》卷十说:"甘始者,太原人也。善行气,不饮食,又服天门冬,行房中之事,依容成玄素之法,更演益之,为一卷,用之甚有近效。治病不用针灸汤药。在人间三百余岁,乃入王屋山仙去也。"陶弘景《真诰》卷五说:"毛伯道、刘道恭、谢稚坚、张兆期,皆后汉时人也。学道在王屋山中,积四十余年,共合神丹。"但是王屋山的道士不是汉晋时期最著名的道士,总体数量也不具有压倒性优势。所以王屋山能有仙山之首的称号,是否源自远古炎帝神农文化的影响,值得我们再做深入研究。

王屋山是交通要道,虞舜族人从山东西迁到山西时,经过王屋山,所以留下舜耕历山的传说。《太平御览》卷八十二引《竹书纪年》说帝扃居原,又说扃之子胤甲(帝廑)居西河,原在今河南济源,西河在今山西,夏朝迁都到此,说明是通过王屋山来往于河南与山西。《穆天子传》卷五:"天子四日休于濩泽,于是射鸟猎兽。"郭璞注:"今平阳濩泽县是也。"濩泽县即今阳城县,说明周穆王来往河南与山西也经过王屋山口。

所以《禹贡》、《诗经》、《逸周书》的岳都是王屋山,这是最初的太岳,这就证明炎帝的地域中心是晋东南。真正的太岳是王屋山,地处中原的中心,竟被后世遗忘了数千年,现在才被我考证出来。正像真正的羊头山炎帝遗址反倒为世人遗忘一样,需要我们重新为之正名。

第六节　姜姓不是源自羌族

中国古书中从未提到姜姓源自羌族,姜姓是炎帝的姓,炎帝是华夏始祖,自然不可能源自羌族。《后汉书·西羌传》说:"西羌之本,出自三苗,姜姓之别也。"古人说羌族源自华夏的姜姓,这是因为古人认为四夷都是华夏后裔,这与今人反过来说姜姓出自羌族是两回事。

近代著名学者章太炎与傅斯年把姜姓与羌人牵合,章太炎《检论·序种姓》说:"羌者,姜也。晋世吐谷浑有先零,极乎白兰,其子吐延为羌酋姜聪所杀,以是知羌亦姜姓。"傅斯年又做论证。[①] 此说已有不少学者提出质疑,后世学者多有根据《水经注》而把炎帝原居地定在陕西者,时常用到的一个证据就是姜姓、羌人为一。其实牧羊人固然可以写作羌,但是西北牧羊的民族有很多姓氏,比如姬姓、己姓、允姓等,不可能都是姜姓。羌族的姓氏很多,章太炎根据一个姜聪就说羌族都是姜姓,太过武断。章太炎解字,时常牵强附会,羌、姜就是一例。把姜姓等同牧羊人再等同羌族的看法有误,牧羊的

---

① 傅斯年:《姜原》,《历史语言研究所集刊》第二本第一分,1930年。收入傅斯年:《民族与古代史》,石家庄:河北教育出版社,2002年,第61~69页。

民族不止羌族,西北游牧民族有很多个,羌族不过是其中一支。

羌族与汉族同源,但是根据现在民族学观点和生物学检测,羌族与汉族的分化远在伏羲氏之前,距今至少有八九千年,不可能是炎黄时期才发生分化,更不可能晚于炎黄。傅斯年的时代,中国民族学的研究正在起步,羌族的研究极少,更无生物学的检测,所以他的这个观点当时很新颖,但是现在已经过时。

刘起釪提出黄帝出自氐族,炎帝出自羌族,炎帝生长的姜水是《水经注》的羌水,也即今甘肃省南部的白龙江。① 我以为此说显然不能成立,刘起釪是顾颉刚的弟子,所以仍然宣扬疑古谬论,用古史辨的陈旧思维。顾颉刚后来转向地名与民族的路子,提出炎黄全部出自西北塞外。但是顾颉刚的考证不精,刘起釪进一步提出姬姓周人出自氐族,仍然不能成立。周人不可能是氐族,古人从未说过,周人是华夏,语言、习俗与氐族完全不同,不可能是氐族。周人的地域也与氐族无关,氐族的原居地在甘肃南部与四川西部,绝非周人居地。刘起釪说氐族住在甘肃,黄帝原来也住在甘肃,所以地域吻合。这种说法完全是偷换概念,他在上文说氐族是在今甘肃南部,但是所谓黄帝住在甘肃的证据不存在,刘起釪用的是黄帝出自昆仑山的晚出传说。白龙江是羌族聚居地,至今极为偏僻,接近高原,人烟稀少,历史上从来不是重要中心,从未兴起过重要政权。炎帝不可能在白龙江流域,不可能从此兴起。可见这种观点漏洞太多,不能成立。

而且西北戎狄中的姜姓很可能是后来从华夏西迁的一支姜姓,《左传》襄公十四年(559年)的姜戎氏是其一支。《左传》襄公十四年:"将执戎子驹支,范宣子亲数诸朝,曰:来!姜戎氏!昔秦人迫逐乃祖吾离于瓜州……对曰:昔昔秦人负恃其众,贪于土地,逐我诸戎。惠公蠲其大德,谓我诸戎是四岳之裔胄也,毋是翦弃。赐我南鄙之田,狐狸所居,豺狼所嗥。我诸戎除翦其荆棘,驱其狐狸豺狼,以为先君不侵不叛之臣,至于今不贰。"

姜戎自称是四岳之之裔胄,也即炎帝子孙。有人说驹支的语源是月氏,所以姜戎出自月氏。我以为此说不合逻辑,姜戎首领的名字叫月氏,正说明

---

① 刘起釪:《姬姜与氐羌的渊源关系》,《华夏文明》第二集,1989年。收入刘起釪:《古史续辨》,北京:中国社会科学出版社,1991年。

姜戎不是月氏人。古人会用外族的族名为子女命名,特别是取自子女之母的族名。古人娶妻来自不同民族,用外族之族名为子女命名,方便辨认。也有可能是因为对外族的战争,命名子女,以做纪念。所以姜戎这个首领的母亲很可能是月氏人,但是姜戎不是月氏人。

姜戎即姜氏戎,《国语·周语上》周宣王:"三十九年,战于千亩,王师败绩于姜氏之戎。"《后汉书·西羌传》周宣王三十九年:"戎人灭姜侯之邑。明年,王征申戎,破之。"姜戎灭姜侯之邑,不能证明姜戎不是姜姓,因为第二年周宣王就出征申戎,申是姜姓,显然是针对前一年姜戎的复仇。姜侯是周人封在姜戎之地的诸侯,姜侯是姬姓周人,这反而说明姜戎是姜姓。姜戎就在太岳山下,《元和郡县图志》卷十二晋州岳阳县:"千亩原,在县北九十里。"①岳阳县在今古县,千亩原在今古县之北。

根据袁义达统计,宋代姜姓近一半分布在山东,明代姜姓集中在浙江、山东、江苏、陕西、福建、江西,当今姜姓主要分布在山东、河南、辽宁、内蒙古、黑龙江、吉林等东部诸省。② 其实明代姜姓的主要分布地仍应是山东,因为袁义达根据地方志统计,浙江、江苏人才多,统计出的数值偏高。陕西远离姜姓分布的核心区,说明姜姓不是出自陕西,而是出自山西。从山西东迁到山东的姜姓发展为当今姜姓的主体,从山西向西迁的姜姓不多。

羌族在上古时期主要分布在西北,最东不会超过陕西。即使有少量羌族曾经东迁到邻近山西之地,也不太可能远达山西省东南部的炎帝故地,更不能证明姜姓出自羌族。

总之姜、羌都从羊,都与羊有关,但是这种巧合不能证明姜姓出自羌族。姜姓与羌族无关,姜姓不是源自羌族,这也证明炎帝不是出自陕西,而是出自山西。

---

① (唐)李吉甫撰、贺次君点校:《元和郡县图志》,北京:中华书局,2008年,第339页。
② 袁义达主编:《中国姓氏·三百大姓》上册,上海:华东师范大学出版社,2007年,第190页、彩图69。

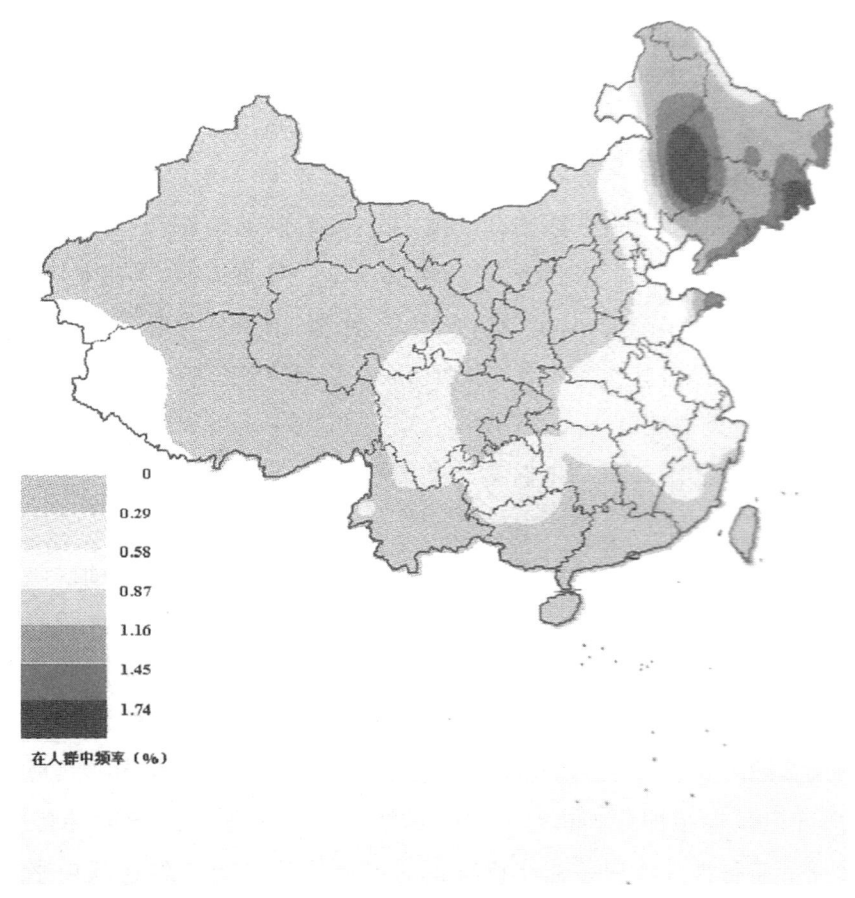

姜姓在中国各地人群中的频率地图

第七节 炎帝后裔岳、申、吕姓氏地理与山西

炎帝后裔的地理分布也能证明炎帝是山西人,除了上文说过的焦、姜,还有岳、申、吕等姓可以证明。

岳姓出自姜姓四岳,根据袁义达统计,明代岳姓集中在陕西、山西、河南、山东,当今中国岳姓主要分布在四川、河南、山东、河北、山西等地,川陕和晋冀鲁豫地区是岳姓的两大密集区,另外还有东北、西南等密集区。① 现代四川岳姓较多,来自陕西。但是原来岳姓分布最多的四省陕西、山西、河南、山东,中心是山西,而非陕西,这也说明炎帝不是出自陕西,而是山西,炎帝不是出自羌族。

申姓出自姜姓,上古在西北有申戎,主要在今陕北的东部,邻近山西,这是流入戎人的姜姓后裔。据统计宋代申姓第一大省是山西,其次是陕西、山东。明代申姓主要分布在甘肃、山西、河北、河南,中心仍然是山西。现代申姓第一大省是河南,其次是河北、山西、山东。② 现在申姓仍然是山西大姓,申姓地理证明炎帝是山西人。

山西《壶关县志》记载《申君墓志铭》说:"君讳瑒,字仁礼,金城人,神农之苗裔。"

值得注意的是,高平神农镇就是炎帝后裔申、焦等姓的聚居地,而且炎帝陵所在的庄里村,大姓就是申、焦,所以明清到民国时期,修缮炎帝陵的捐资者多是申、焦等姓。现存明代嘉靖五年(1536年)的《续修炎帝后妃像增制暖宫记》捐资者中,申姓在16人以上,焦姓在2人以上。万历三十九年(1611年)的炎帝陵碑是生员申道统所立,天启七年(1627年)的《补修神农炎帝庙三峻殿碑记》、崇祯四年(1631年)的《重修炎帝庙太子殿碑记》、1941年的《重修炎帝庙各神殿禅房并补修桥梁扩大舞楼彩绘工竣及叙述款项来源碑记》记载的捐资者中,申、焦二姓最多。③

炎帝行宫所在的故关村,申也是最大姓氏,明代成化十一年(1475年)的《重修神农炎帝行宫》碑记载捐资者有申景彰、申方、申朗,崇祯十六年(1643年)的《重修炎帝行宫碑记》记载本村信士,除郭姓一名,都是申姓。同年的《创建演奇楼碑记》、清代康熙十年(1671年)的《创炼大石坡碑记》、嘉庆十八年(1813年)的《神明整理祀事志》碑记、咸丰元年(1850年)的《补修神殿暨

---

① 袁义达主编:《中国姓氏·三百大姓》中册,上海:华东师范大学出版社,2007年,第150页、彩图127。
② 袁义达主编:《中国姓氏·三百大姓》中册,上海:华东师范大学出版社,2007年,第144页、彩图125。
③ 高平市炎帝文化研究会编:《炎帝古庙》,北京:文物出版社,2011年,第24~39页。

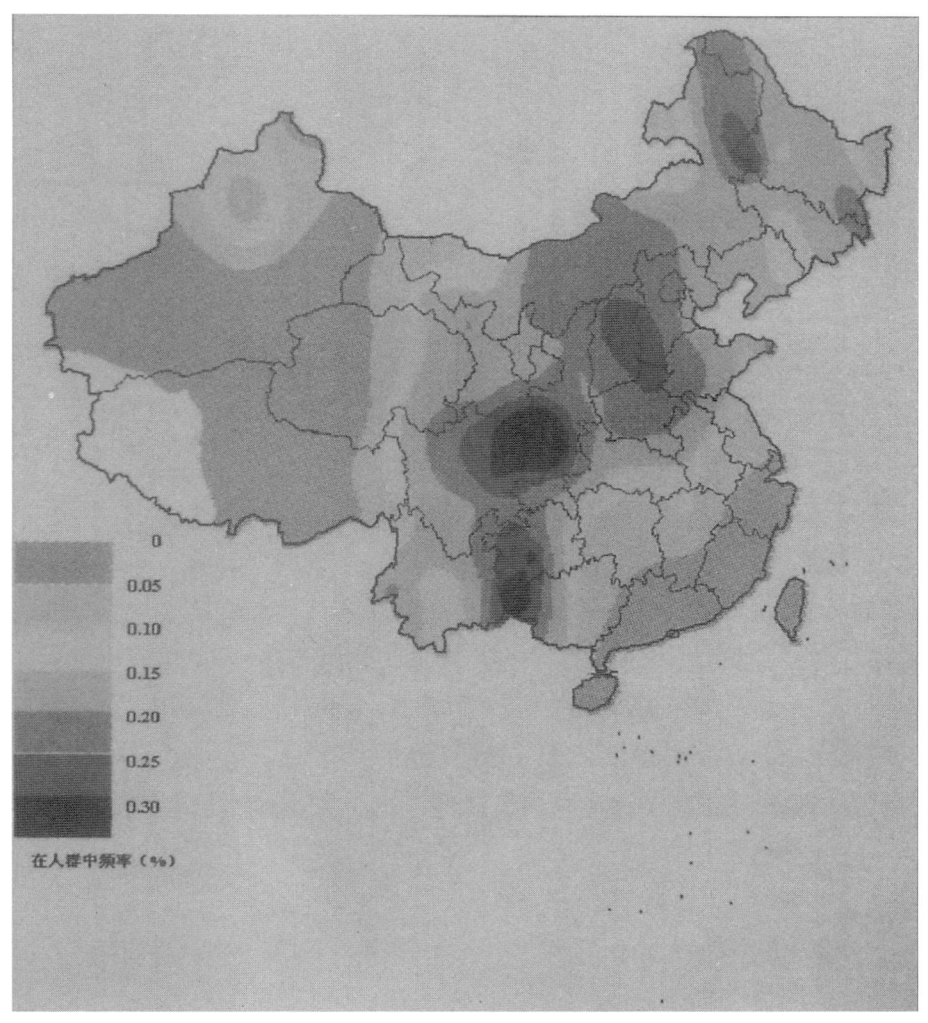

岳姓在中国各地人群中的频率地图

陪房碑记》、光绪十年(1884年)的《改修炎帝行宫碑记》、光绪三十四年(1908年)的《重修演奇楼碑记》,捐资者基本都是申姓。[1]

吕姓出自姜姓,原来中心是山西,古有吕国,在太岳山之西,《太平寰宇记》卷四十三晋州霍邑县:"吕坡,在县西南十里。《古今地名记》曰:永安县有吕乡,晋大夫吕甥之邑也,吕州取名于此。"

---

[1] 高平市炎帝文化研究会编:《炎帝古庙》,北京:文物出版社,2011年,第42~57页。

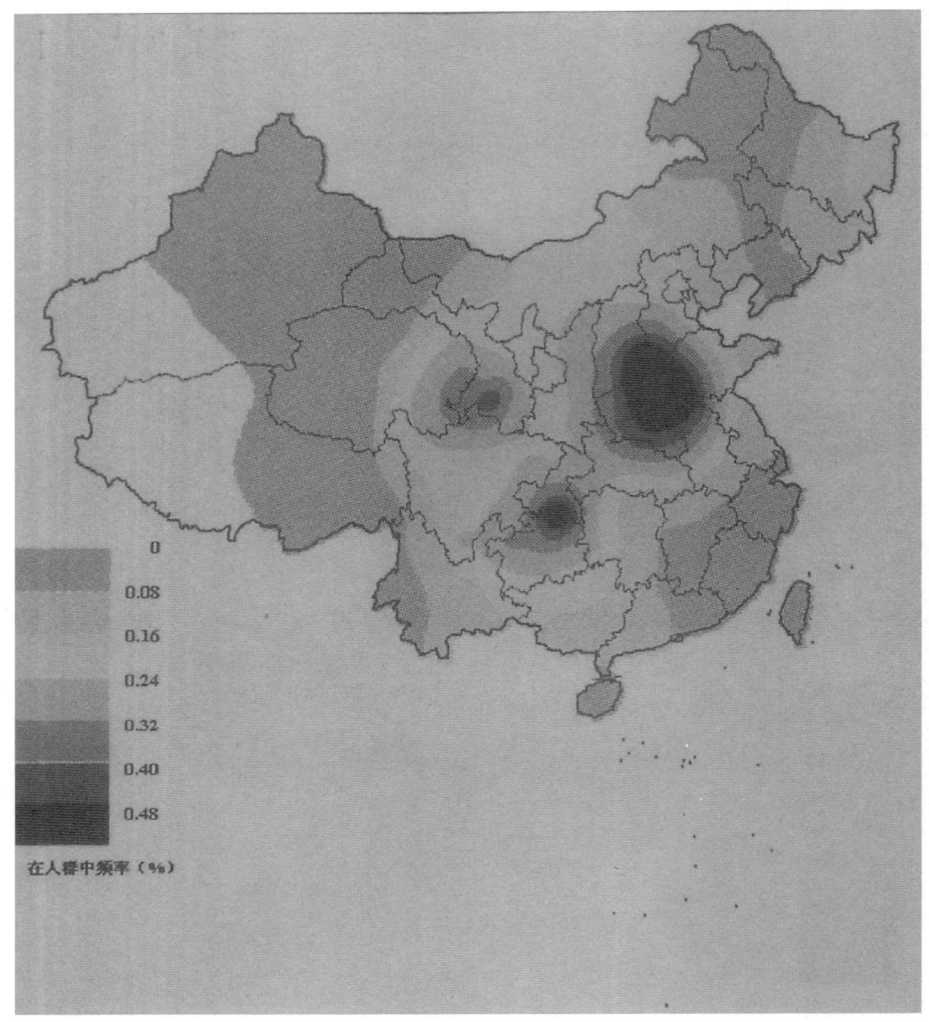

申姓在中国各地人群中的频率地图

古有吕梁山,源自吕姓。古代吕梁山在离石西北的黄河岸边,《水经注》卷三:"河水左合一水,出善无县故城西南八十里。其水西流,历于吕梁之山,而为吕梁洪。其岩层岫衍,涧曲崖深,巨石崇竦,壁立千仞,河流激荡,涛涌波襄,雷奔电泄,震天动地。昔吕梁未辟,河出孟门之上。盖大禹所辟以通河也。司马彪曰:吕梁在离石县西。今于县西,历山寻河,并无遏岨,至是乃为河之巨崄,即吕梁矣。在离石北以东,可二百有余里也。"吕国与姜戎都在太岳山下,说明太岳山是姜姓聚居地,这就是太岳之名的由来。

因为吕姓在商周时代外迁到河南和山东,南阳有吕国,所以今天吕姓人口最多的是山东、河南两省。但是山西、陕西、内蒙古交界处也有一个吕姓密集区,[①]这个吕姓密集区无疑来自山西的吕姓原居民,这就证明山西原来多有吕姓,炎帝是山西人。

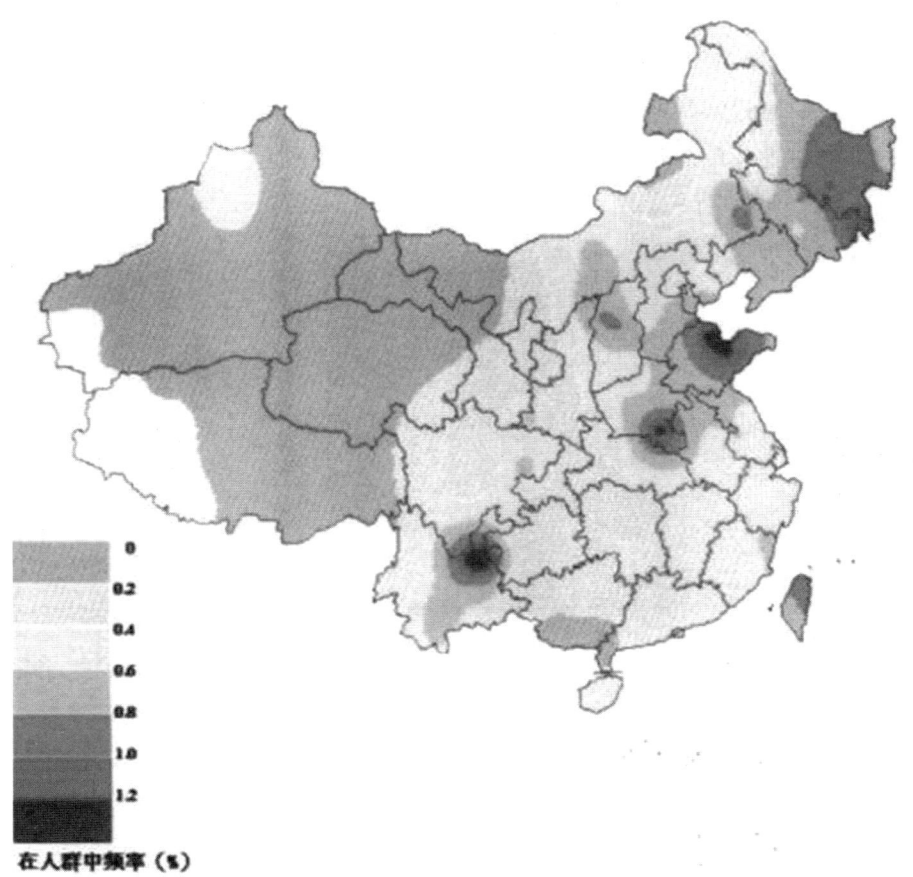

吕姓在中国各地人群频率地图

另外,紧邻山西晋城的太行山南麓河南沁阳有神农坛,这是山西神农传说向周边扩散的产物。

[①] 袁义达主编:《中国姓氏·三百大姓》中册,上海:华东师范大学出版社,2007年,第165页、彩图43。

总之,综合上两章诸多论点,炎帝神农氏的家乡无疑是在今山西省南部。炎帝部族的中心在晋东南,最有可能在羊头山。环绕羊头山,东有淇阳、宿沙氏,南有王屋、神农坛,西有焦山、稷山、黍葭谷,北有绛水、发鸠山,山西煤火是烛龙、祝融的原型,附近还有很多炎帝后裔居住地,这些都是上古史书记载的炎帝神农氏活动遗迹。附近还有农业起源考古遗址,有文献记载的草药分布集中地。很早就有记载说羊头山有神农城,又得到了最新考古发现仰韶文化遗址的佐证。所以羊头山的炎帝陵才是真正的炎帝陵,炎帝部族从山西开始发展壮大,从山西开始走向世界。

第五章

炎帝、蚩尤、黄帝的战争

炎帝部族在今山西,黄帝部族在今陕西,太暤部族在今黄淮平原,少暤部族在今山东半岛。源自西北的涿鹿大战把中原华夏的这四大支系拉到了一起,加速了中华民族大融合的进程。涿鹿大战发生在中原,自始至终与炎帝部族密切相关,发生地点也靠近山西省的东南部。

第一节　精卫填海的真相是炎帝东征海滨

涿鹿之战是中国历史上的第一次大战,司马迁把涿鹿之战列在《史记》之首。这场战争非常惨烈,《庄子·盗跖》说:"然而黄帝不能致德,与蚩尤战于涿鹿之野,流血百里。"

涿鹿之战的地点,过去学者多以为在今河北涿鹿县,但也有学者对此质疑。因为河北涿鹿县远离中原,位置偏北,不太可能是中原各大部族混战之地。吕思勉认为涿鹿在徐州,理由是《太平御览》引《帝王世纪》说:"《世本》云涿鹿在彭城南。"[1]徐旭生推测可能在巨鹿县一带,因为音近涿鹿,不过他也说巨、涿不同声部。[2] 二者都是孤证,难以成立。有学者认为河北涿鹿的

---

[1] 吕思勉:《先秦史》,上海:上海古籍出版社,2005年,第57页。
[2] 徐旭生:《中国古史的传说时代》,桂林:广西师范大学出版社,2003年,第110页。

传说最多,①其实这些晚近传说的形成也有民间文人参与因素,不足为据。下文将论证涿鹿之战的地点是今河南修武县的李固村,也即汉献帝晚年所住的涿鹿城。

前人都没有发现涿鹿之战的根源其实是炎帝部落从山西向河北、山东的扩张,先来看炎帝东扩的过程。

《山海经·北次三经》发鸠山:

> 有鸟焉,其状如乌,文首、白喙、赤足,名曰精卫,其鸣自詨。是炎帝之少女名曰女娃,女娃游于东海,溺而不返,故为精卫。常衔西山之木石,以堙于东海。漳水出焉,东流注于河。

发鸠山在今山西长子县,西山即太行山。《禹贡》最后说导河:"至于大伾,北过降水,至于大陆。"郑玄说降水是淇水,郦道元说是漳水。降水(漳水)得名于姜姓,降、姜皆为见母阳部[kiang],双声叠韵。

炎帝部族曾经大举东扩,有两大铁证:

第一,炎帝征服宿沙氏。《吕氏春秋》卷十九《用民》:

> 夙沙之民,自攻其君而归炎帝。

《左传》襄公十八年(前555年)齐有夙沙卫,《国语·晋语九》鼓国(在今河北省晋州市)有臣夙沙釐,夙沙氏后裔散布于齐、晋二国,说明夙沙氏古国在二国之间。夙沙氏又作宿沙氏,顾名思义是住在沙滩上的,所以古籍记载夙沙氏善于煮盐、捕鱼,《后汉书》马融传李善注引《鲁连子》:

> 古善渔者,昔宿沙渠子。使渔山侧,虽十宿沙子不得鱼焉。宿沙非暗于渔道也,彼山者,非鱼之所生也。

《水经注·涑水》:

> 吕忱曰:宿沙煮海谓之盐。②

《北堂书钞》卷一四六引《鲁连子》:

> 宿沙瞿子善煮盐。

---

① 李学勤主编:《中国古代文明与国家形成研究》,昆明:云南人民出版社,1997年,第222页。

② (北魏)郦道元撰,杨守敬、熊会贞疏,段熙仲点校:《水经注疏》,南京:江苏古籍出版社,1989年,第584页。

第五章 炎帝、蚩尤、黄帝的战争

《太平御览》卷八六五引《世本》：

> 宿沙作煮盐。

宿沙氏在齐地海边，朱芳圃已有考证。① 此地有丰富鱼盐，对内地部落很有吸引力，因此炎帝无疑是向此地扩张。

考古发现在今沧州到潍坊长达 250 千米的范围内有很多商周时期盐业遗址，集中在黄河三角洲和莱州湾两个地区，其中有龙山时期遗址 4 处，可能也是盐业遗址，② 很可能与宿沙氏有关。

第二，发鸠山的精卫填海的传说也有历史原型，真相是炎帝部落有一支东迁到了今天的山东沿海，这一支即薄姑国。薄姑即发鸠，薄是并母铎部[bak]，发是非母月部[piuat]，非并旁纽，月铎通转，姑[ka]、鸠[kiu]见母双声，鱼幽旁转，所以发鸠就是薄姑。《左传》昭公二十年（前 520 年）晏子说：

> 古而无死，则古之乐也，君何得焉？昔爽鸠氏始居此地，季萴因之，有逢伯陵因之，蒲姑氏因之，而后大公因之。古者无死，爽鸠氏之乐，非君所愿也。

薄姑之前的有逢伯陵也是姜姓，《国语·周语下》说伶州鸠说：

> 星与日辰之位，皆在北维。颛顼之所建也，帝喾受之。我姬氏出自天鼋，则我皇妣大姜之侄，伯陵之后，公之所凭神也。

有逢伯陵也是姜姓，而且是周人祖妣所出。亦即姜太公之国，1979 年，山东济阳县姜集乡刘台子村发现了西周早期逢国墓地，有十余件带夆字的青铜器，其中一件铜鼎上铭文是"王姜作羴姒宝尊彝"，说明逢是姜姓。上引《国语》说齐、许、申、吕这四个国家的分封因为姜姓外戚，可见姜太公分封到齐，不完全是因为他的辅佐之功，而是有西周和东海的姜姓历来通婚的基础在前。《史记·齐太公世家》：

> 太公望吕尚者，东海上人。其先祖尝为四岳，佐禹平水土甚有功。虞夏之际封于吕，或封于申，姓姜氏。

东海（此指今渤海）的姜姓不是源自西部的姜姓，而是远古炎帝部族的

---

① 朱芳圃：《中国古代神话与史实》，郑州：中州书画社，1982 年，第 115～116 页。
② 燕生东、兰玉富：《2007 年鲁北沿海地区先秦盐业考古工作的主要收获》，《古代文明研究通讯》第 36 辑，第 2008 年。

东迁。上古时期的山东沿海,还有纪(在今山东寿光东南)、州(在今山东安丘东北)、向(在今山东莒南东北)、黄(在今山东龙口市)等姜姓国家,不可能都是西周初年分封。以往学者认为这些国家多是西周分封,①现在看来还缺乏证据。

《水经注》卷八《济水》:

> 济水又径薄姑城北。后汉《郡国志》曰:博昌县有薄姑城。《地理书》曰:吕尚封于齐郡薄姑。薄姑故城在临淄县西北五十里,近济水,史迁曰:胡公徙薄姑。城内有高台。

此处说吕尚初封在薄姑,又说胡公才迁到薄姑,杨守敬认为二说并存,其实二说并不矛盾。因为《齐太公世家》虽然说武王封吕尚在营丘,但是又有吕尚夜行到营丘,与莱人争地的传说,说明吕尚定都营丘很可能是受局势所迫而临时决定,因为营丘地接莱人,所以立国之初,需要在此防卫。原都很可能就是薄姑,所以到胡公又迁回。薄姑古城在今山东省博兴县湖滨镇北部,古代正是海滨,所以和精卫填海的传说可以吻合。

在发鸠山和薄姑之间,还有一个博固城和一个发干城,《太平寰宇记》卷五十四博州聊城县说:"博固城,《隋图经》云:或谓之布鼓城,即石勒时筑,在大河之曲。"博州堂邑县说:"发干故城,汉为县,废城在今县西南。"此时的堂邑县在今聊城市西部的堂邑镇,所以发干城在今聊城市西部。博固城应即博州之名由来,说明也比较重要。

博固、布鼓、发干其实都是一音之转,其语源也就是布谷鸟。少皞氏以鸟名官,其中说道:"鸤鸠氏,司空也。"《尔雅·释鸟》云:"鸤鸠,鵠鵴。"郭璞曰:"今之布谷也。"陆机《毛诗义疏》云:"今梁宋之间谓布谷为鵠鵴。"扬雄《方言》卷八说:"布谷,自关东西、梁楚之间谓之结诰,周魏之间谓之击谷,自关而西,或谓之布谷。"②关西的秦晋方言称为布谷鸟,所以发鸠是炎帝族人的称呼,博固、布鼓、发干、薄姑都是炎帝对鸤鸠氏的称呼,也就说明这些地方有东迁的炎帝族分布。东迁的炎帝族人变成了鸟,也就是指加入了东方的夷人社会,因为炎帝族人把鸤鸠称为布谷,所以叫薄姑。我已论证,少皞

---

① 杨宽:《西周史》,上海:上海人民出版社,2003年,第390页。
② (汉)扬雄著、周祖谟校笺:《方言校笺》,北京:中华书局,1993年,第52页。

部落的司空为高辛氏,就住在聊城一带。①

炎帝部落即考古学的后冈二期文化,分布于晋东南、冀南、豫北,此文化早期集中在漳河流域,晚期迅速向四周扩张,东北抵今沧州市,②正是文献记载的精卫填海及夙沙臣服炎帝的地域范围。

韩建业认为黄帝对应考古学中的庙底沟文化,蚩尤对应仰韶文化的后冈类型。后冈类型的遗存出现在江汉平原东部,反映了涿鹿之战后蚩尤族人南逃到江汉平原。③ 若如此,黄帝的年代就过早了,因为黄帝和夏朝之间只隔着几代,不会离夏朝太远。而且没有早期史料表明蚩尤逃往南方,后世把蚩尤和南方联系起来的说法不足为据。张学海认为聊城地区的龙山文化城群是蚩尤族,涿鹿之战在冀、鲁、豫交汇地区。④ 这是受了徐旭生的影响,认为蚩尤属于少昊集团,所以把蚩尤归属于龙山文化。

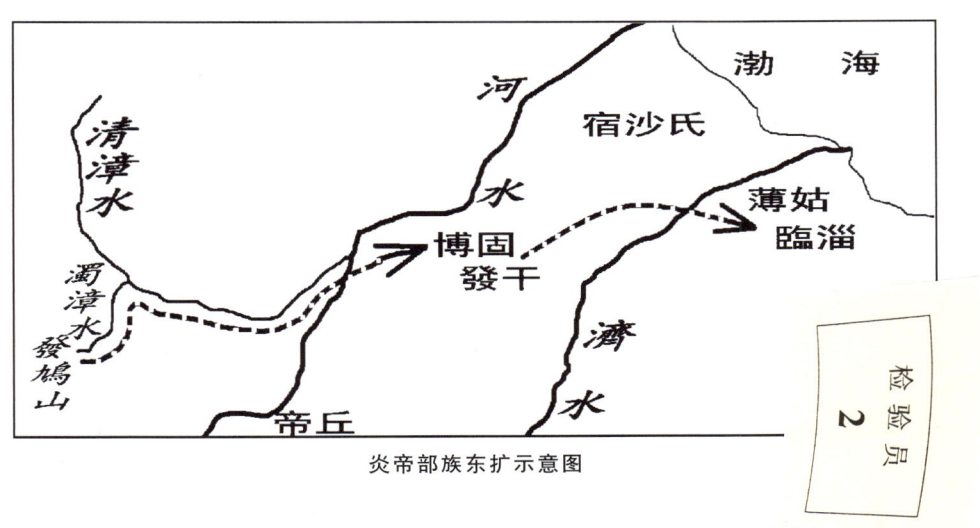

炎帝部族东扩示意图

炎帝是后冈二期文化,赤帝命下属蚩尤进攻少昊的说法,和鲁西少昊氏的古城群不矛盾。正是因为西面的炎帝"用兵无已,诛战不休,并兼无亲",

---

① 周运中:《中国文明起源新考》,新北:花木兰文化出版社,2015年,第267~280页。
② 董琦:《虞夏时期的中原》,北京:科学出版社,2000年,第42页。
③ 韩建业:《涿鹿之战探索》,《五帝时代——以华夏为核心的古史体系的考古学观察》,北京:学苑出版社,2006年,第23~33页。
④ 张学海:《鲁西两组龙山文化城址的发现及几个古史问题的思考》,《华夏考古》1995年第4期。

所以少昊族人要在鲁西、鲁北筑起很多城池自卫。据研究,山东龙山文化西北的尚庄类型在与后冈二期文化的关系中,后者处于强势,所以有学者认为尚庄类型人群不得不筑城防御,造成鲁西地区是龙山文化城址最密地区,[①]考古发现完全符合文献记载。

第二节　从中亚来到山西的共工

古代传说的奇肱国,其实就是鬼方突厥人。《海外西经》:"一臂国在其北,一臂、一目、鼻孔。有黄马虎文,一目而一手。奇肱之国在其北。其人一臂三目,有阴有阳,乘文马。有鸟焉,两头,赤黄色,在其旁。"所谓三目,就是正中多出一目,也即一目,也即《山海经》所说一目的鬼国,即鬼方。

其实奇肱就是一臂,因为奇是畸、只、单的意思,扬雄《方言》卷二:"倚、踦,奇也。自关而西,秦晋之间,凡全物而体不具,谓之倚,梁楚之间谓之踦。雍梁之西,凡兽支体不具者,谓之踦。"肱是上臂,所以奇肱就是一臂,一臂人无非是从奇肱两个字望文生义而编造出来,这样的例子在《山海经》中非常多,笔者另有专书论证。奇肱即鬼鬼的音讹,也即《王会》附录《伊尹四方令》中正北的其龙,在东胡之前,居庸、空同疑也是此字音转。

奇肱国人乘文马,即野马,此国人即驯化野马的高手,而且发明了马车。《山海经》末篇《海内经》说:"番禺生奚仲,奚仲生吉光,吉光是始以木为车。"其实吉光即奇肱,奇是见母歌部[kiai],肱是见母蒸部[kuəng],吉是见母质部[kiet],光是见母阳部[kuang],音近。

《海内北经》:"犬封国曰犬戎国,状如犬……有文马,缟身朱鬣,目若黄金,名曰吉量,乘之寿千岁。"吉量是吉黄之误,《王会》:"犬戎文马,文马赤鬣缟身,目若黄金,名吉黄之乘。"吉黄无疑就是吉光、奇肱,也即从鬼方输入的马。

令人惊叹的是,古人居然有另外一则传说,说奇肱国人能做飞车。《太平广记》引《博物志》说:

[①] 李伊萍:《龙山文化:黄河下游文明进程的重要阶段》,北京:科学出版社,2005 年,第 138 页。

奇肱国,其民善为机巧,以杀百禽。能为飞车,从风远行。汤时,西风久下,奇肱人车至于豫州界中。汤破其车,不以示民。后十年,东风复至,乃使乘车遣归。其国去玉门西万里。

鬼方正是在商代被征服,商代也是和卡拉苏克文化密切交流的时期。卡拉苏克文化就是鬼方,而奇肱人正是善于驾车骑马的民族,说明这则传说必有所本,可见古人绝不会乱编典籍。

一、共工氏从草原南迁晋南

共工、奇肱读音很近,传说共工氏之子喜欢远游,《风俗通义》卷八:"共工之子曰修,好远游,舟车所至,足迹所达,靡不穷览,故祀以为祖神。"不知是否与奇肱人的飞车有关。

共工与康居,读音很近,康居是中亚草原游牧民族,现代学者认为康居即突厥语车 kangli 的音译,所以又名高车,高车是音译兼义译。松田寿男提出唐代突厥的弓月部就是康居,弓月城在伊犁河谷,其北是车岭,印证了康居是突厥语车的音译。① 共工的语源就是突厥语的车,也即康居,所以共工氏能造飞车。造车需要精湛工艺,所以共工是音译兼义译。中国的造车技术来自中亚游牧民族,最初从西北传入。②

共工有另外一个名字:康回,读音更近鬼,屈原《楚辞·天问》:"康回凭怒,地何故东南倾?"王逸注:"康回,共工名也。"《淮南子》说共工怒而触不周山,说明康回确实是共工。

共工就是鬼族,还有一个证据,就是《大荒北经》说:"有系昆之山者,有共工之台,射者不敢北向。"上文说,系昆即坚昆,则共工确实是坚昆人。而所谓共工台,其实就是阿尔泰山卡拉苏克文化的石堆墓,正是台状。《海内北经》说:"帝尧台、帝喾台、帝丹朱台、帝舜台,各二台,台四方,在昆仑北。"这是后人误衍,其实也是中亚的封堆墓。

---

① [日]松田寿男:《古代天山历史地理学研究》,北京:中央民族学院出版社,1987年,第425页。
② 林梅村:《青铜时代的造车工具与中国战车的起源》,《古道西风:考古新发现所见中西文化交流》,北京:三联书店,2000年。

共工氏之名可能是音译兼意译,因为共工氏和工程有关,《左传》昭公十七年(前525年)郯子说共工氏以水为纪,水在五行之中对应冬官司空,昭公二十九年(前513年)蔡墨说:"共工氏有子曰句龙,为后土,此其二祀也。后土为社。"《国语·鲁语上》:"共工氏之伯九有也,其子曰后土,能平九土,故祀以为社。"平整土地,正是农业基本工程。《左传》昭公元年(前536年)子产又说:

> 昔金天氏有裔子曰昧,为玄冥师,生允格、台骀。台骀能业其官,宣汾、洮,障大泽,以处大原。帝用嘉之,封诸汾川。沈、姒、蓐、黄,实守其祀。今晋主汾而灭之矣。由是观之,则台骀,汾神也。

洮水在涑水上游,浍河介于汾水、洮水之间,《水经注》卷六说浍河注入汾水之处有王泽,又说洮水注入涑水之后:"涑水西径董池陂南,即古董泽,东西四里,南北三里。"又说:"司马彪曰:洮水出闻喜县,故王莽以县为洮亭也。然则涑水殆亦洮水之兼称乎?"金天氏所障的大泽无疑就是王泽、董泽之类,而并举汾、洮,不提涑水,可能确实是把涑水称为洮水。

休屠王有祭天金人,即金天氏,因此允格即浑邪。汉代金城郡有允吾县、允街县,在今兰州市西北一带,其实吾、街、格音近,吾是疑母鱼部[nga],街是见母支部[ke],格是见母铎部[keak]。允是以母文部[ʎiuən],浑是匣母文部[ɤuən],牙是疑母鱼部[ngea],所以浑邪和允吾、允街读音很近,此地也是浑邪人所居。

由此我们又想到上古祝融八姓第一的昆吾,传说也是鬼方之子,《史记·楚世家》说:"帝乃以庚寅日诛重黎,而以其弟吴回为重黎后,复居火正,为祝融。吴回生陆终。陆终生子六人,坼剖而产焉。其长一曰昆吾。"《索隐》引《系本》云:"陆终娶鬼方氏妹,曰女嬇。"

昆吾为夏人冶炼,《墨子·耕柱》说:

> 昔者夏后开使蜚廉折金于山川,而陶铸之于昆吾,是使翁难、雉乙卜于白若之龟,曰:"鼎成三足而方,不炊而自烹,不举而自臧,不迁而自行。以祭于昆吾之虚,上乡!"乙又言兆之由曰:"飨矣!逢逢白云,一南一北,一西一东,九鼎既成,迁于三国。"夏后氏失之,殷人受之。殷人失之,周人受之。

昆吾也是戎狄,《太平寰宇记》卷十二楚丘县说:"古之戎州,即己氏之邑城也。《九州记》云：己氏本戎君之姓，盖昆吾之后，别居戎翟中。周衰入中国，故此有己氏之邑焉。汉为己氏县。"

昆吾即浑邪，属于突厥一系，而突厥恰好就是世代冶炼的民族，《周书》卷五十《突厥传》说："狼遂逃于高昌国之北山……臣于茹茹。居金山之阳，为茹茹铁工。"关于突厥祖先在高昌北山，笔者另文论证可信，而突厥人在此冶炼的历书可以追溯到上古。

根据英国的德国裔伊朗学家瓦尔特·布鲁诺·亨宁（Walter Bruno Henning，1903—1967）研究，汉谟拉比碑刻中提到四个边疆民族：Elam、Gutium、Subartu、Turkris，Turkis 地域邻近 Gutium，也即 Guti，这两个民族离开了波斯，东迁到了中国西北，Guti 是月氏，而 Turkis 是突厥。另有学者指出，突厥人在古巴比伦时期便是灵巧的手艺人，制造金属器皿和绚丽的织物，手工业者分布在各地。在阿卡德语中还有一个著名的术语 tukraš hu，意思是突厥人的风格。①

这说明从上古时期开始，突厥人的祖先还在西亚时，就是著名的手工艺者，善于冶炼金属，所以他们东迁到新疆，仍然以锻冶为业。其中又有一支突厥人昆吾氏族，把高超的锻冶技术传到了中原，大概就在夏代初年，或许可以追溯到五帝时代。可能正是因为黄帝是西北民族，得到了先进的金属技术，所以才打败蚩尤和炎帝，征服中原，开创了五帝时代。

现在最早的铜器发现于公元前 6000 年的土耳其，中国最早的青铜器仅见于西北地区，而且公元前两三千年以西北的铜器最多。李水城指出："中国西北地区早期冶铜业的发达是与中亚地区保持文化互动为前提的。"②梅建军认为可以从中国西北齐家文化、四坝文化看到来自中亚多种金属器物共存，郭物认为："在考虑甘青地区冶金术来源时，其实要考虑到诸如南西伯利亚阿凡纳羡沃文化、奥库涅夫文化等直接沿阿尔泰山东麓、居延海南下河西走廊，甚至东达内蒙古东南地区的可能性，这些文化早于或与现在新疆最

---

① [俄]T. V. 加姆克列利则、V. V. 伊凡诺夫著，杨继东译，见徐文堪校《历史上最初的印欧人：吐火罗人在古代中东的祖先》，徐文堪：《吐火罗人起源研究》，北京：昆仑出版社，2005 年，第 412 页。

② 李水城：《西北与中原早期冶铜业的区域特征及交互作用》，《考古学报》2005 年第 3 期。

早的切木尔切克文化同时。"①所以来自阿尔泰山附近的突厥人祖先很可能把冶金术直接传入黄河上游,即便是经过河西走廊间接传播,也是黄河上游首先接纳,其次才是中原。

共工氏擅长冶金,《左传》昭公十五年(前527年)周景王说:"阙巩之甲,武(王)所以克商也。"定公四年(前506年)子鱼说周初分封晋国时:"分唐叔以大路、密须之鼓、阙巩、沽洗。"周人在西方,所以能得到阙巩氏制造的铠甲。西北的阙巩氏就是共工氏,因为上古音的阙是群母月部[giuat],所以阙巩音近共工,共工氏的地域也在西北。下文还要说蚩尤也是擅长制甲,蚩尤又是共工之臣,所以完全吻合。

因此允格也是擅长工艺,所以能兴修水利,平整土地,擅长冶金。共工氏都是能工巧匠,所以任司空,共工是音意兼译。

徐旭生定共工氏在河南辉县,靠近河洛。其实山西南部的涉共地名更多,《山海经》的《中山经》首篇说:"薄山之首,曰甘枣之山。共水出焉,而西流注于河。"此山即今中条山最西端,共水在今芮城县,《水经注》卷四《河水》还记载了共水。在芮城、平陆一带,还有一个共池,《左传》桓公十年(前702年):"遂伐虞公,故虞公出奔共池。"虞国在今平陆县,共池在附近。

共工氏总是和西北联系在一起,《山海经·大荒西经》:"西北海之外,大荒之隅,有山而不合,名曰不周……有禹攻共工国山。"商代的西北就有共国,在今甘肃省泾川县。

其实共工也就是穷奇,《左传》文公十八年(前609年)记载舜流四凶族时说:"少皞氏有不才子,毁信废忠,崇饰恶言,靖谮庸回,服谗搜慝,以诬盛德,天下之民谓之穷奇。"《尧典》说驩兜曰:"都!共工方鸠僝功。"帝曰:"吁!静言庸违,象恭滔天。"靖谮庸回即静言庸违,庸违、庸回即康回,即共工。所谓舜流四凶是后世的附会,因为共工在西北,少皞在晚出的五行体系中对应西方,所以东周人编造说共工是少皞之子。《史记·五帝本纪》说舜流共工于幽陵,以变北狄,即把共工赶往西北。

---

① 郭物:《新疆史前晚期社会的考古学研究》,上海:上海古籍出版社,2012年,第299~300页。

二、共工与陶寺文化

张琨认为山西南部的陶寺文化是共工氏,最重要的证据就是陶寺遗址出土的彩绘蟠龙纹陶盘,《左传》昭公二十九年(前 513 年)说:"共工氏有子曰句龙,为后土。"句龙即蟠龙,句即弯曲。

陶寺文化最重要的来源就是河套地区的老虎山文化。苏秉琦论述中国文明起源的进程时,强调了河套地区文化在 4000 多年前对陶寺文化的重要影响,并认为这是中国文明的直根系。他说距今 6000—4000 年间,内蒙古岱海周围的雨量充沛,水源充足,人口稠密,此地的人发明了最原始的斝、鬲,"成为影响四五千年间从中原直至长江中下游地区又一次规模、幅度空前的大变化的风源所在"。①

襄汾陶寺出土蟠龙纹陶盘

韩建业研究认为,距今 4300—4200 年前有一次强烈的降温,导致内蒙古岱海周围的老虎山文化人群南下到山西南部,征服临汾,导致陶寺文化的完全更迭。从河套地区发源的双鋬鬲影响到了整个北方,成为北方三大文化系统之一的鬲文化系统进入临汾盆地、黄河沿岸以至伊洛流域,影响河北、山东,不但替代了陶寺类型,还对王湾三期文化、雪山二期文化、后岗二期文化以至于龙山文化后期都产生了不同程度的影响。中国北方地区作为鬲文化系统的核心,在早期中国文化共同体中具有举足轻重的地位,对中国文明的起源与发展产生了深远影响。②

董琦认为陶寺文化的第一期属于仰韶文化晚期,第二期属于庙底沟二

---

① 苏秉琦:《中国文明起源新探》,北京:三联书店,1999 年,第 137 页。
② 韩建业:《中国北方地区新石器时代文化研究》,北京:文物出版社,2003 年,第 265~268 页。

期文化的晚期,第三期文化发生质变,第三期、第四期文化属于龙山文化。①

这场大南征中的北方族群就包括共工、蚩尤,晋南原来是华夏的地盘,所以史书说神农氏日益衰落,蚩尤打败炎帝。山西南部还有蚩尤的传说,太原人还祭祀蚩尤。而山东西部的蚩尤后裔,可能原来是炎帝的俘虏,炎帝东扩时东迁,详见下文。苏秉琦认为陶寺遗址的圆腹底斝、鬲的原型追溯到内蒙古中南部和冀西北,彩绘龙纹与红山文化有关,扁陶壶序列的近亲只能到山东大汶口文化寻找,俎刀更要到远方的浙北去攀亲。② 陶寺文化的综合性,可能因为蚩尤四处征战,掠取了很多宝物。

有学者认为,陶寺文化早期建起城墙,约在公元前 2300 年。中期开始修建大城,约在公元前 2100 年。大城约在公元前 2000 年废弃,贵族居住区被平民占据,贵族墓地被毁坏,陶寺社会发生了剧烈震荡。③

根据考古学家研究,在陶寺文化早期,中心是陶寺遗址,统治范围可以 3300 平方千米,但是陶寺文化晚期,陶寺遗址的城墙不存,居民分散在 300 平方千米的地域内。山南却出现了一个新的中心方城——南石遗址,这是一股新兴的力量,正是因为山南的这个新兴势力导致陶寺古国的衰弱。④

方城——南石遗址紧邻天马——曲村遗址,后者是晋国的初封地,也就是唐,现在南石村的南面紧邻唐城村,这个唐城见于史书,《太平寰宇记》卷四十七绛州翼城县:"故唐城,在县西二十里。《都城记》:唐国,帝尧之裔子所封也……然则唐是叔虞初封之处。"唐城村之西就是天马——曲村遗址,也即晋国早期墓地,与文献完全符合。《水经注》卷六《汾水》说天井水:"西径尧城南,又西流入汾。"天井水就是曲沃县的滏阳河,尧城即唐城。

《逸周书》卷八《史记》说:

> 久空重位者危。昔有共工,自贤,自以无臣,久空大官,下官交乱,民无所附,唐氏伐之,共工以亡。

---

① 董琦:《虞夏时期的中原》,北京:科学出版社,2000 年,第 51~53 页。
② 苏秉琦:《中国文明起源新探》,北京:三联书店,1999 年,第 123 页。
③ 何驽:《陶寺文化谱系研究综论》,《古代文明》第 3 卷,北京:文物出版社,2004 年,第 81~82 页。
④ 刘莉:《中国新石器时代:迈向早期国家之路》,北京:文物出版社,2007 年,第 159 页。

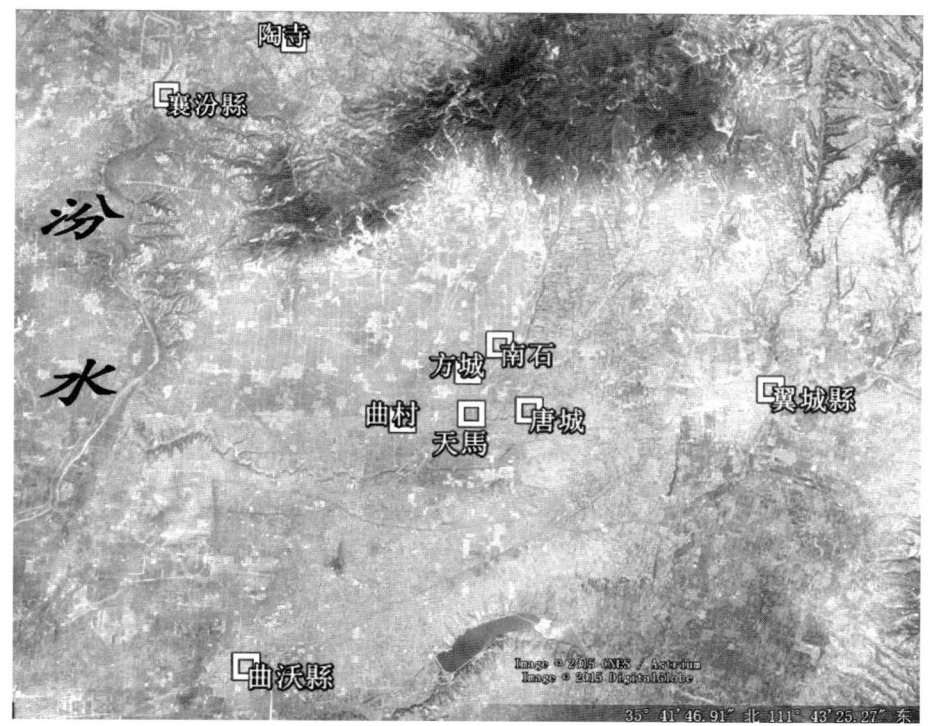

陶寺文化晚期的中心南移示意图

文武不行者,亡。昔者西夏性仁非兵,城郭不修,武士无位,惠而好赏,屈而无以赏,唐氏伐之,城郭不守,武士不用,西夏以亡。

此处的唐氏即陶唐氏,唐氏曾经攻灭共工氏、西夏氏。《孙膑兵法》说:"神农战斧遂,黄帝伐蜀禄,尧伐共工,舜伐厨管,汤放桀,武王伐纣。"[1]这就对应了陶寺文化中心的转移,新的中心南石遗址就是尧征服共工之后的唐,说明陶寺文化就是共工氏所居。而西夏邻近,则是晋豫陕交界处的三里桥文化。

三、共工与石峁古城

陕北神木县高家堡镇石峁村,发现了中国最大的史前城址,有三重石

---

[1] 李均明译注:《孙膑兵法》,《新注新译兵家宝鉴》,石家庄:河北人民出版社,1991年,第109页。

墙，城内面积多达425万平方米，可能是内蒙古中南部、山西北部、陕西北部的中心聚落。石峁遗址出土大量玉器，国内有4000多件，流散国外的有2000多件，说明石峁古城的等级很高。①

沈长云认为，石峁城是黄帝所居。因为黄帝所葬的桥山就在白于山，《汉书·地理志》上郡肤施县："有五龙山、帝原水、黄帝祠四所。"《郊祀志》说宣帝立五龙山仙人祠及黄帝、天神、帝原水凡四祠于肤施，钱大昕说四祠是五龙山、帝（天神）、原水、黄帝，王先谦说《水经注》说到帝原水，②则四祠应是五龙山仙人、黄帝、天神、帝原水。帝原水是今榆溪河，榆林市附近的黄帝祠、帝原水祠说明此处有黄帝传说。

我认为，陕北的黄帝遗迹很多，但是石峁古城不是黄帝所建，而是共工氏南迁晋南之前的都城。共工氏住在幽都，《韩非子·外储说右上》："尧不听，又举兵而诛，共工于幽州之都。"都通渚，渚又通州，于是有幽州之误，《舜典》作幽洲，本即幽都。幽都本为山，故名幽陵，《五帝本纪》说舜流共工于幽陵。《山海经》末篇《海内经》说："北海之内，有山，名曰幽都之山，黑水出焉。其上有玄鸟、玄蛇、玄豹、玄虎、玄狐蓬尾。有大玄之山。有玄丘之民。有大幽之国。有赤胫之民。"

幽都即休屠，上古音的幽都是[yu][ta]，休屠是[xiu][da]，基本相同。商末有翳徒戎，《竹书纪年》殷文丁十一年："周公季历伐翳徒之戎，获其三大夫，来献捷。"上古音翳徒是[yei][da]，也即休屠、幽都。

幽都山之所以有黑水，也不是讹传，陕北就有黑水，《水经注》卷三《河水》说："清水又东，径高奴县，合丰林水，《地理志》谓之洧水也。故言：高奴县有洧水，肥可然。水上有肥，可接用之。"丰林水在延安市东部，可以燃烧的水是石油，今延长县有石油矿，因为河水很油，所以称为油水，音转为洧水。又名腻水，即油腻之意。陕北石油或即黑水，所以《山海经》说幽都山有黑水，万物皆黑，还说有赤胫人，其实是指人过河时，小腿被石油染黑。

郭物指出，龙山时代晚期的欧亚草原社会，已经会畜养牛、羊、马，栽种小麦、制造铜器，特别是乌拉尔山南部东侧的辛塔什塔文化拥有大型的聚

---

① 考古与文物编辑部：《神木石峁遗址座谈会纪要》，《考古与文物》2013年第3期。
② 周振鹤编著：《汉书地理志汇释》，合肥：安徽教育出版社，2006年，第376页。

落,发明了轮辐式的马车。这些新技术均可能影响到中国,但是现在还缺少比较直接的证据,石峁古城恰好能填补其中的环节。石峁古城最中心的皇城台发现20多件石人,石人流行于南西伯利亚的奥库涅夫文化(约公元前2500—前1700年)和新疆北部的切木尔切克文化(约公元前2500—前1500年),石峁古城的石人和这两个文化石人接近。石人文化,可以追溯到黑海北部的密卡洛伏喀下层文化和凯米—奥巴文化、颜那亚文化。①

这和我上文所说共工是来自阿尔泰山的突厥人又营建石峁古城的看法完全吻合。《国语·鲁语上》说:"共工氏之伯九有也,其子曰后土,能平九土,故祀以为社。"九有即九域、九州,伯通霸,说明共工氏曾经称霸天下。

有学者以为陶寺文化衰落才北迁到石峁,所以两地文化有很多共同点。② 我以为当时是大降温年代,历史上在中原战败的部族不太可能战胜北方部族,而且石峁古城的面积更大,不太可能是共工氏败北之后修建。石峁古城始建的年代也早于陶寺文化变异的中期,所以应是共工氏南征之前的都城。共工氏征服陶寺文化,故都石峁更加繁荣,来自东南的器物被运到此处,所以石峁古城有不少来自东南的珍宝。

第三节　蚩尤在山西南部冶金起兵

蜥蜴人是蜘蛛侠故事里出现的怪物,其实蚩尤的本义就是蜥蜴。《说文》卷一三上:"蚩,虫也。"汉字的虫是蛇的象形字,蚩尤是一种爬行动物吗?

西汉扬雄《方言》卷八说:

　　守宫,秦、晋、西夏谓之守宫,或谓之蠦𧌒,或谓之蜥易。其在泽中者谓之易蜴。南楚谓之蛇医,或谓之蝾螈。东齐、海岱谓之蠑侯。北燕谓之祝蜒。桂林之中,守宫大者而能鸣,谓之蛤解。

山东人把蜥蜴称为蠑侯,郭璞注:"似蜥易,大而有鳞,今所在通言蛇医

---

① 郭物:《从石峁遗址的石人看龙山时代晚期中国北方同欧亚草原的交流》,甘肃省文物考古研究所等编《早期丝绸之路暨早期秦文化国际学术研讨会论文集》,北京:文物出版社,2014年,第56～65页。

② 徐峰:《石峁与陶寺考古发现的初步比较》,《文博》2014年第1期。

耳。斯侯两音。"这种蜥蜴读为斯侯，瘊、疣是同源字，音近义通，所以这种鳞片突出的大蜥蜴也可以读作斯尤[sie][ʎiɔ]，也即蚩尤[tɕhiə][ɔiʎ]。其实蜥蜴、蚩尤的读音很近，蜥蜴的上古音是[syek][ʎiek]，还有一些表示水虫的字都与之同源。比如蛞蝓，现在有些南方人称为[tian][lo]，蛞字应读为恬[dyam]，也即廛蠪，上古音是[dian][la]，蠪廛是倒误，现在闽南语的蜗牛还说成廛螺。守宫是守间之误，守间的上古音是[ɕiu][lia]。

蚩尤即秦晋人所说的蜥蜴，但是齐鲁人称为蝘侯，即蚩尤。因为蚩尤后裔聚居在今山东巨野、东平一带，所以传世的蚩尤之名源自齐鲁话，而不是关西话的蜥蜴。

传说蚩尤是铜头铁额，头上有角，《太平御览》卷七十九引《龙鱼河图》说："蚩尤兄弟八十一人，并兽身人语，铜头铁额，食沙石子。"《述异记》卷上说："轩辕之初立也，有蚩尤兄弟七十二人，铜头铁额，食铁石……有蚩尤神，俗云，人身牛蹄，四目六手。今冀州人掘地得髑髅，如铜铁者，即蚩尤之骨也。今有蚩尤齿，长二寸，坚不可碎。秦汉间说，蚩尤氏耳鬓如剑戟，头有角，与轩辕斗，以角抵人，人不能向，今冀州有乐名《蚩尤戏》，其民两两三三，头戴牛角而相抵。汉造角抵戏，盖其遗制也。太原村落间祭蚩尤神，不用牛头。"这显然是因为蚩尤身有盔甲。

之所以把蚩尤称为蜥蜴，因为蜥蜴全身有鳞片，而蚩尤也是全身有盔甲，当时的中原刚刚进入铜器时代，来自西北的蚩尤用铁器做成盔甲，令中原人大开眼界，所以称为蚩尤。无独有偶，在中亚北部有萨尔马西安（Sarmatians）人，据说此名来自希腊语的蜥蜴 Saura，因为此族人穿着盔甲，形似蜥蜴。有趣的是，蜥蜴的拉丁文名 Saruos，居然也接近汉语蚩尤的上古音。这其实不奇怪，世界上还有很多语言的蜥蜴读音近似，亚非语系的阿拉伯语是 siḥlíyya，乌拉尔语系的爱沙尼亚语是 sisalik，南岛语系的马来语是 cicak，阿尔泰语系的图瓦语是 seleske。

蛇与蜥蜴都是爬行动物，蜥蜴又名四脚蛇。蛇的读音也很近，藏语是 sbrul，加里曼丹岛的巴瑶（Bajau）语是 soo，马来语是 cewe，柯尔克孜语是 cilan，原始印欧语的蛇可能是 snog- 或 sneg-。因为蛇与蜥蜴爬行很快，所以两名可能源自同源字根，也即表示快速的拟声 slu，或写成嗖、倏。

第五章 炎帝、蚩尤、黄帝的战争

《山海经·海外北经》说：

> 共工之臣曰相柳氏，九首，以食于九山。相柳之所抵，厥为泽溪。禹相柳，其血腥，不可以树五谷种。禹厥之，三仞三沮，乃以为众帝之台。在昆仑之北，柔利之东。相柳者，九首人面，蛇身面青。不敢北射，畏共工之台。台在其东。台四方，隅有一蛇，虎色，首冲南方。

《大荒北经》基本一样的故事是：

> 共工臣名曰相繇，九首蛇身，自环，食于九土。其所欧所尼，即为源泽，不辛乃苦，百兽莫能处。禹湮洪水，杀相繇，其血腥臭，不可生谷；其地多水，不可居也。禹湮之，三仞三沮，乃以为池，群帝因是以为台。

共工氏的臣子相柳是蛇身，住在水中。相柳[siang][liu]的读音很近蚩尤，所以相柳就是蚩尤。

共工氏在山西，而蚩尤的传说也在山西，除了上述冀州、太原地名，还有证据。宋初《太平寰宇记》卷四十六解州安邑县："蚩尤城在县南十八里……其城今摧毁。"在今盐池附近，《梦溪笔谈》卷三说解州盐泽："卤色正赤，在阪泉之下，俚俗谓之蚩尤血。"

蚩尤之所以有中原人没有见过的盔甲，因为蚩尤出自善于冶炼的民族。《太平御览》卷八三三引《尸子》："造冶者，蚩尤也。"《世本·作篇》："蚩尤以金作兵器。"《吕氏春秋·荡兵》："人曰蚩尤作兵，蚩尤非作兵也，利其械也。未有蚩尤之时，民固剥林木以战矣。"可见在蚩尤之前，中原没有金属兵器。

蚩尤是共工之臣，又能制造铜器，则一定是来自西北草原的游牧民族，而新出的鱼鼎匕完全证实了我的看法！罗振玉

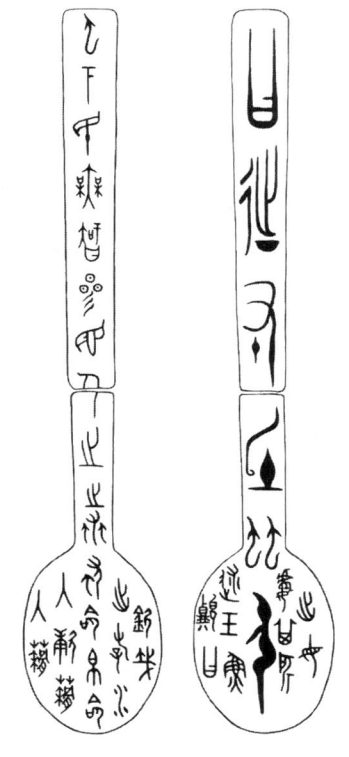

山西鱼鼎匕拓片

收藏的一件鱼鼎匕,据说出自山西省浑源县,现藏于辽宁省博物馆。王国维提出此匕之柄断为三截,中间缺失一截,所以铭文明显有缺字。2010年,山西又发现一件鱼鼎匕,风格类似,铭文相同,而且此件之柄完整,吴镇烽释文是:"曰诞有是昆夷,坠王鱼颠。曰:钦哉!出游水虫,下民无智,三目人之蚩尤命,薄命入鬵,柔入柔出,无处其所。"①浑源县的东北不远就是河北涿鹿县,此处说蚩尤是三目人,必有所本。此匕属代国,代人本是戎狄,所以熟悉西北民族。上文说过,三目人正是来自阿尔泰山的奇肱人,也即共工族,这就证明了《山海经》说相柳(蚩尤)是共工之臣的说法。

蚩尤冶炼兵甲之地其实也有记载,《管子·地数》:"而葛卢之山发而出水,金从之。蚩尤受而制之,以为剑、铠、矛、戟,是岁相兼者诸侯九。雍狐之山发而出水,金从之。蚩尤受而制之,以为雍狐之戟、芮戈,是岁相兼者诸侯十二。"山东半岛有葛卢地名,②不过此处的葛卢不是山东的葛卢,否则太远。葛卢应是皋落之音讹,在今山西垣曲县皋落乡,春秋时有皋落氏居此。而雍狐即阳狐之音讹,也在今垣曲县。③ 或即今垣曲县著名的南关遗址,在今亳清河和黄河交汇处。《管子》是齐国人的经世大典,特别注重调查矿产,此书记载蚩尤利用垣曲县的皋落(葛卢)、阳狐(雍狐)的铜矿,征伐天下,尤其宝贵!

中国铜矿分布不均,主要分布在四个地区:长江中下游、云贵高原的东川和易门地区、中条山区和甘肃的金川、白银地区。中条山区的铜矿分布在

---

① 吴镇烽:《鱼鼎匕新释》,《考古与文物》2015年第2期。可惜吴先生把三目人释为三苗,蚩尤不是苗族。

② 《续汉书·郡国志》说东莱郡有葛卢县,《汉书·地理志下》胶东国有邹卢县,邹通邹,邹、曷形近,所以邹卢可能是葛卢之误。又《左传》僖公二十九年(前641年):"冬,介葛卢来,以未见公,故复来朝,礼之,加燕好。介葛卢闻牛鸣,曰:是生三牺,皆用之矣,其音云。问之而信。"介国距离鲁国不远,也有葛卢之名。

③ 《太平寰宇记》卷四十七绛州垣曲县:"古阳壶城,南临大河。《左传》襄公元年春:晋围宋彭城,晋人以宋五大夫在彭城者归,寘诸瓠丘。杜注:瓠丘,晋地,河东东垣县东南有壶丘。《水经注》云:清水又东南经阳壶城东,即垣县之壶丘亭也。"《读史方舆纪要》卷十六大名府元城县:"阳狐城,《括地志》:在元城县东北三十里。《史记·齐世家》:宣公四十三年,田庄子伐晋,围阳狐。盖晋邑也。又《魏世家》:文侯二十四年,秦伐我至阳狐。胡氏曰:是时,秦兵未得至元城,盖在河东境内。今山西垣曲县有阳胡城,是也。"顾说是。

垣曲县、闻喜县等地,垣曲县的铜矿储量居中国第二位,而且在中原的中心,所以是夏、商两代主要的铜矿来源地。垣曲县西 7 千米的大含沟,发现二里头文化和商文化的绳文陶器及炼铜遗迹,运城市、垣曲县发现东周和汉代的铜矿。运城市的盐池为黄河中游和淮河流域西部提供食盐,运城市东下冯遗址为中心发现 7 处二里头文化遗址,垣曲县南关遗址为中心发现 15 处二里头文化遗址。东下冯和南关在二里头三期发展为手工业中心,东下冯、南关是盐、铜运输中心。①《水经注》卷四说垣(今垣曲)县皋落城上游有矿谷,又说冶官城:"世人谓之鼓钟城。城之左右,犹有遗铜及铜钱也。"

山西的盐池是中原最重要的盐场,也是兵家必争之地,所以蚩尤占据了晋南,就是占据了盐、铜两项最重要的资源,成为中原最强大的部族。传说盐池的水是蚩尤血,说明蚩尤在盐池附近也有遗迹。1983 年在陶寺遗址发现了一枚红铜铃,这是中国现存最早的复合范铜器。② 2001 年又在陶寺遗址发现一件铜齿轮形器,用途不明。③

蚩尤之所以善于冶炼,可能因为他来自西北的共工氏,也即善于冶炼的突厥人。因为初来中原时,臣属炎帝,所以《逸周书》说蚩尤是炎帝的臣子,其实不是一族。蚩尤获得了垣曲县的铜矿,自然要东出太行,走向中原,下文将要论证阪泉在今河南济源西北的中樊、古泉二村之间,而涿鹿在今河南修武的李固村,三地邻近!

《逸周书·尝麦》:"赤帝分正二卿,命蚩尤于宇少昊,以临四方,司□□上天未成之庆,蚩尤乃逐帝,争于涿鹿之阿,九隅无遗。赤帝大慑,乃说于黄帝,执蚩尤,杀之于中冀。"徐旭生认为,于宇少昊就是说蚩尤原来居住在少昊的地方。他说,汉代关于蚩尤的遗迹全在今山东省西部,《汉书·地理志上》东郡寿良县记"蚩尤祠在西北涑上",涑上指济水边。《史记·五帝本纪》裴骃《集解》引《皇览》说:"蚩尤冢在东平郡寿张县阚乡城中,高七丈,民常十

---

① 刘莉、陈星灿:《中国早期国家形成——从二里头和二里岗时期的中心和边缘之间的关系谈起》,《古代文明》第 1 卷,北京:文物出版社,2002 年,第 83~103 页。
② 中国社会科学院考古研究所山西工作队、临汾市文化局:《山西襄汾陶寺遗址首次发现铜器》,《考古》1984 年第 12 期。
③ 梁星彭、严志斌:《山西襄汾陶寺文化城址》,《2001 中国重要考古发现》,北京:文物出版社,2002 年。

月祀之。有赤气出,如匹绛帛,民名为蚩尤旗。肩髀冢在山阳郡巨野县重聚,大小与阚冢等。传言黄帝与蚩尤战于涿鹿之野,黄帝杀之,身体异处,故别葬之。"寿张(即寿良)在今山东省东平县,巨野即今巨野县。东汉高诱、马融说蚩尤是九黎君长,而根据地名,九黎在山东、河北、河南接界处。《盐铁论·结和》说:"黄帝战涿鹿,杀两皞、蚩尤而为帝。"蚩尤与太皞、少皞在同一战线上。所以蚩尤与太皞、少皞属于东夷集团。①

其实赤帝命蚩尤居住到少昊的地方去,说明蚩尤原来没有住在少昊之地。《逸周书·史记》说:"武不止者亡。昔阪泉氏用兵无已,诛战不休,并兼无亲,文无所立,智士寒心,徙居至于独鹿,诸侯畔之,阪泉以亡。"对照《尝麦》,阪泉氏即赤帝,赤帝让蚩尤住到少昊的地盘去,正是命令蚩尤侵略少昊族,所以说用兵无已。

离石马茂庄汉墓画像石

蚩尤驱逐赤帝,在涿鹿之阿大败赤帝,即《逸周书》说阪泉氏亡于独鹿。独鹿即涿鹿,《孙膑兵法·见威王》说:"黄帝战蜀禄。"蜀禄也是涿鹿异写。② 蚩尤是九黎之君之说,出自汉代,先秦典籍没有证据。《国语·楚语》说九黎乱德,致使少皞衰落,我提出九黎在胶东,所谓九黎乱德,其实是因为九黎改宗

---

① 徐旭生:《中国古史的传说时代》,桂林:广西师范大学出版社,2003年,第55～61页。

② 银雀山汉墓竹简整理小组:《银雀山汉墓竹简》,北京:文物出版社,1985年,第264页。

良渚文化,不听命于少皞。①

山西离石马茂庄汉墓画像石还有人手牛身形象,下方有一株植物。有学者认为也是神农,符合《帝王世纪》神农人首牛身的说法,②说明汉代山西、陕西一带有这类传说。这种传说的源头不知,或许是羊身的讹传,或许因为牛头蚩尤有炎帝臣子的说法,或许是其他原因。

第四节　涿鹿之战在修武县涿鹿城

《史记》对涿鹿之战的描述很简单,《逸周书·尝麦》的记载最详:

> 昔天之初,诞作二后,乃设建典命,赤帝分正二卿,命蚩尤于宇少昊,以临四方,司□□上天未成之庆,蚩尤乃逐帝,争于涿鹿之阿,九隅无遗。赤帝大慑,乃说于黄帝,执蚩尤,杀之于中冀,以甲兵释怒。用大正顺天思序,纪于大帝。用名之曰绝辔之野。乃命少昊清司马鸟师,以正五帝之官,故名曰质。天用大成,至于今不乱。

此处说赤帝让蚩尤住到少昊之地,但是蚩尤攻打炎帝,在涿鹿之阿大胜赤帝,赤帝惨败,只好求救于黄帝。黄帝抓住蚩尤,杀之于冀州之地的绝辔之野。黄帝命少昊管理鸟师,以正五帝之官,所以称之为质。这个质,显然就是《左传》昭公十七年(前525年)郯子所说的少皞名挚。马字与鸟字形似,所以是衍字。③ 少皞以鸟名官,可是黄帝战胜了蚩尤,照理不应用少皞来

---

① 周运中:《中国文明起源新考》,新北:花木兰文化出版社,2015年,第249～265页。还有人误以为蚩尤是苗族,根源是误解《国语·楚语下》观射父说:"及少皞之衰也,九黎乱德……颛顼受之,乃命南正重司天以属神,命火正黎司地以属民,使复旧常,无相侵渎,是谓绝地天通。其后,三苗复九黎之德,尧复育重、黎之后,不忘旧者,使复典之。"三苗部分接受了九黎的文化,原非一族,而且三苗晚于九黎,已到尧舜时期,蚩尤显然不是三苗首领。《山海经·大荒南经》:"有宋山者,有赤蛇,名曰育蛇。有木生山上,名曰枫木。枫木,蚩尤所弃其桎梏,是为枫木。"有人说苗族崇拜枫树,所以蚩尤是苗族,其实即使蚩尤族人有与苗族相同的风俗,也不能证明蚩尤是苗族,因为风俗可以在民族间流传,或者有一些蚩尤的残部逃入三苗,自然也不能说明蚩尤是苗族。

② 黄剑华:《略论炎帝神农的传说与汉代画像》,《重庆文理学院学报(社会科学版)》2013年第1期。

③ 《淮南子·修务》:"皋陶马喙,是谓至信,决狱明白,察于人情。"《白虎通·圣人》:"皋陶鸟喙,是谓至诚,决狱明白,察于人情。"马、鸟形近而讹。

正五帝之官。《史记》等书说到黄帝任用风后、力牧,都出自太皞、少皞部落,所以《逸周书》所说也没错,其实是因为涿鹿之战后,炎黄部落和少皞部落融合。

关于《逸周书》作者的地域问题,有周人、晋人、齐人、魏人等说,陈梦家认为《汲冢周书》是战国时魏人编缀,但是他认为今本《逸周书》是刘向所编。罗家湘认为《逸周书》是在魏文侯时期编定,编辑者是子夏一派的儒家,王连龙认为《逸周书》出于魏人。① 笔者另文论证此书确实出自晋人,所以此书所说涿鹿之战应有所本。

一、阪泉和涿鹿的位置

《史记·五帝本纪》说黄帝战胜炎帝于阪泉,《逸周书·史记》说:"武不止者亡。昔阪泉氏用兵无已,诛战不休,并兼无亲,文无所立,智士寒心,徙居至于独鹿,诸侯畔之,阪泉以亡。"对照《尝麦》,阪泉氏即赤帝,赤帝让蚩尤住到少昊的地盘去,正是命令蚩尤侵略少昊族,所以说用兵无已。蚩尤驱逐赤帝,在涿鹿之阿大败赤帝,即《逸周书》阪泉氏亡于独鹿。

《太平御览》卷七十九引《归藏》说:"黄帝与炎帝争斗涿鹿之野。"《淮南子·兵略》说:"炎帝为火灾,故黄帝擒之。"《汉书·律书》:"黄帝有涿鹿之战,以定火灾。"贾谊《新语》两次提到黄帝与炎帝战于涿鹿之野,但是《逸周书》则说阪泉氏亡于下臣,而非外敌,说明涿鹿之战是蚩尤攻炎帝,黄帝与炎帝是另外一战,司马迁所说不误。黄帝、炎帝先战于阪泉,或许在晋西南,因为晋西南的阪、坂地名集中,有蒲坂、虞坂、盐坂等。② 神农氏原在晋西南,可能因为衰落,逐步东迁。

阪是山坡,汉简《孙子兵法》说黄帝南伐赤帝:"战于反山之原。"或许是两个地名,阪泉或是樊泉。《水经注》卷七《济水》:

> 今济水重源出温城西北平地。水有二源,东源出原城东北,昔晋文公伐原,以信而原降,即此城也。俗以济水重源所发,因复谓之济源城。

---

① 王连龙:《〈逸周书〉研究》,北京:社会科学文献出版社,2010年,第24~26页。
② 《山海经·北次三经》第10山景山,南望盐贩之泽,北望少泽,《山海经》卷六《涑水》引郭璞曰:盐贩之泽即解县盐池也。景山是今闻喜县唐王山,贩应是坂。

第五章 炎帝、蚩尤、黄帝的战争

其水南径其城东故县之原乡。杜预曰：沁水县西北有原城者，是也。南流与西源合，西源出原城西……其一水，枝津南流，注于湨。湨水出原城西北原山勋掌谷，俗谓之为白涧水。南径原城西。《春秋》会于湨梁，谓是水之坟梁也。《尔雅》曰：梁莫大于湨梁。梁，水堤也。湨水又东南，径阳城东，与南源合。水出阳城南溪，阳亦樊也，一曰阳樊。

阳樊即今济源南樊、北樊、中樊村，西北有勋掌古泉村，即原山，樊地之泉即樊泉，也即阪泉。古无轻唇音，樊的上古音是并母元部[bian]，与阪[bean]双声叠韵。

《国语·晋语四》说到春秋时期的阳国有夏、商以来的嗣典，阳国即樊，说明此地非常重要。原还做过夏的都城，《太平御览》卷八十二引《竹书纪年》说帝扃居原。樊、原二地扼守山西、河南交通要道，济源南面有轵城镇，西北有轵关，《史记·货殖列传》："温、轵，西贾上党，北贾赵、中山。"轵城向南，直对孟津的天然渡口，所以此地在蚩尤来攻之前可能就是商业中心了。

在济源之东的博爱县、温县，五帝时代出现了好几座很大的古城，博爱西金城古城的面积达 28 万平方米，温县徐堡古城的面积达 30 万平方米，是中原地区较大的两个城。① 徐堡在西金城正南，扼守沁水南岸渡口。很可能正是这一带人因为抵抗炎帝、蚩尤的东征而修筑，因为东方还没有先进冶炼技术，所以只能修筑大城。修建城池是中原汉族抵抗北方游牧民族的有效方法，南宋就大造山城，抵抗蒙古骑兵。

史书中至少还有三个涿鹿：

1. 上谷的涿鹿

《史记集解》引服虔曰："涿鹿，山名，在涿郡。"又引张晏曰："涿鹿在上谷。"自汉代以来，学者主要认为涿鹿之战在今河北省的涿鹿县，《史记·五帝本纪》后太史公曰："余尝西至空桐，北过涿鹿。"这个涿鹿就是汉代上谷郡的涿鹿县（在今涿鹿县）。徐旭生说："蚩尤不过同炎帝氏族争地，未必远出到今河北省的北境。"我认为这个看法很高明，《逸周书·尝麦》说黄帝"执蚩尤，杀之于中冀"，就是冀州中部，黄帝、赤帝、蚩尤应该都是中原人，他们没

---

① 许宏：《公元前 2000 年：中原大变局的考古学观察》，《东方考古》第 9 集，北京：科学出版社，2012 年。

有理由跑到那么远的涿鹿县去打仗!《述异记》说:"今冀州有蚩尤川,即涿鹿之野。"任昉是萧梁人,今河北省涿鹿县汉代之后就不在冀州,而在幽州。所以蚩尤川一定是在汉晋时期的冀州,不在幽州。当时的冀州是今河北省南部,涿鹿应在此附近。

2. 涿郡的涿鹿

服虔所说涿郡的涿鹿山长期被埋没,《水经注·滱水》:

> (博水)东南径三梁亭南,疑即古勺梁也。《竹书纪年》曰:燕人伐赵,围涿鹿,赵灵王及代人救涿鹿,败燕师于勺梁者也。今广昌东岭之东有山,俗名之曰涿鹿罗。城地不远,土势相邻,以此推之,或近是矣,所未详也。

熊会贞指出:"《汉书·武帝纪》,元封四年,历浊鹿鸣泽。服虔谓独鹿,山名,在遒县北界,正在广昌东岭之东。独与浊形声并近,独鹿即浊鹿也。"① 广昌县治在今河北涞源县,遒县治在今涞水县,涿鹿山在今涞水、涞源、易县北部一带,和涿鹿县相连。几县交界处是山区,上古人口极其稀少,山区更甚,一个山名所指范围往往很大,所以涿鹿县的涿鹿和涿郡的涿鹿原来是一个涿鹿。《水经注·灅水》:

> (连水)又西径王莽城南,又西,到剌山水注之,水出到剌山西山,甚层峻,未有升其巅者。《魏土地记》曰:代城东五十里有到剌山,山上有佳大黄也。

到剌山在代城(治今河北蔚县)东五十里,今涿鹿县西部的大堡镇倒拉嘴村即得名于到剌山,主峰即今小五台山,到剌山水即今涿鹿县和蔚县的定安河,②到剌山实即涿(独)鹿山之音转。

3. 河内的涿鹿

河南修武县也有浊鹿城,《水经注·清水》:

> 山阳县东北二十五里,有陆真阜,南有皇母、马鸣二泉,东南合注于吴陂也。次陆真阜之东北,得覆釜堆。堆南有三泉,相去四五里,参次

---

① (北魏)郦道元注,杨守敬、熊会贞疏:《水经注疏》,南京:江苏古籍出版社,1989年,第1075页。

② 河北省测绘局:《河北省地图集》,内部发行,1981年,第122~125页。

合次,南注于陂泉。陂在浊鹿城西,建安二十五年,魏封汉献帝为山阳公,涿鹿城即是公所居也。

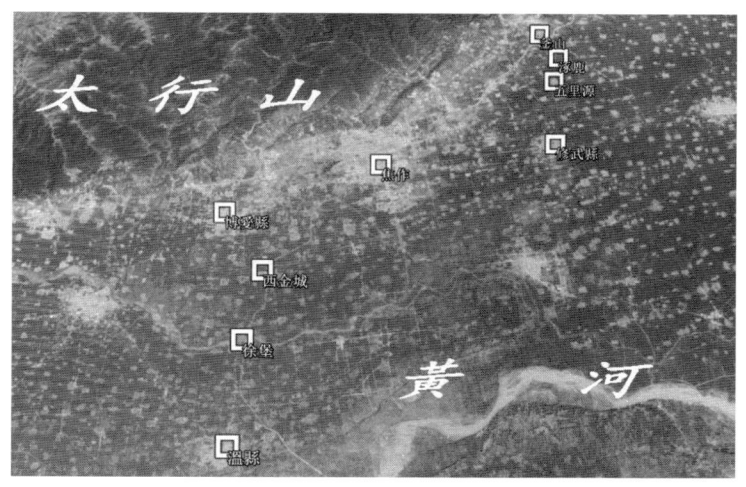

涿鹿(李固村)、釜山(古汉山)、西金城、徐堡位置图

又据《清水注》上文,浊鹿城西的吴泽陂即《左传》定公元年(前509年)魏献子所田的大陆泽,在今焦作市九里山乡大陆村一带。浊鹿城在今修武县五里源乡李固村,熊会贞说五里源即指《水经注》堆南有三泉。覆釜堆今名古汉山,因为汉献帝葬于西得名。《史记·五帝本纪》说黄帝:"合符釜山,而邑于涿鹿之阿。"其实就是这个釜山。浊鹿、涿鹿音近,有学者认为河南的浊鹿没有黄帝的遗迹,所以不是涿鹿之战的涿鹿,他没有提及河南的浊鹿之旁也有釜山。① 但是他又

釜山卫星图

---

① 王北辰:《黄帝史迹涿鹿、阪泉、釜山考》,《王北辰西北历史地理论文集》,北京:学苑出版社,2003年,第302页。

指出今河北涿鹿县的有些遗迹也是后世伪造出的,现在陕西黄陵就不是汉代记载的黄帝陵,而是出自唐代人的伪造。① 其实我们对于文献中的很多遗迹不必太相信,很多后世的遗迹也是很晚才编造出的。

修武县的李固村恰好是龙山文化时代豫北地区的主要中心,②这也证明此地就是涿鹿之战的涿鹿。修武之名很可能与涿鹿之战有关,涿鹿之战是中国历史上的第一场大战,所以地位最为重要,传说很多,后人因而称此地为修武。

二、涿鹿的本义

上述涿鹿县的涿鹿和修武县的涿鹿都在山麓有泉水的地方,从地图上可以看出,今蔚县、涞源县古涿鹿山附近也有很多泉水。③ 其实涿鹿就是流泉之地的通名,《说文》卷十一上:"涿,流下滴也。"笔者认为是涿的本字是豖,《说文》:"豖,豕绊足行。"这是许慎根据后世字形推测,绊足无法行,甲骨文的此字中,一横没有画在猪脚上,而是在猪的下方。猪喜欢在烂泥塘活动,所以笔者认为此字的原意是浑浊之地,猪身下的一横即泥水。

鹿、漉可以通假,漉有渗出的意思,还有湿的意思,所以涿、漉的意思接近,涿是水往下流,漉是往外渗,涿鹿即泉流。多水的地方如果在自然状态下一般比较污浊,所以又写作浊鹿,上古音的知、端合一,所以又写作独鹿。此字即后世的沮洳,古音沮为精母鱼部[tsia],洳为日母鱼部[nia],浊为定母屋部[deok],涿为端母屋部[teok],鹿为来母侯部[lok],前字为舌齿音邻纽,后字鼻边音邻纽,前后字皆为旁对转,沮洳、涿鹿皆为联绵字。扬雄《方言》卷七说:"泷涿谓之霑渍。"④泷涿即涿泷,亦即涿鹿。

涿鹿为北方民族的水泽通名,《新唐书》卷一四四奚:"其国西抵大洛泊。"大洛即涿鹿,此湖即今达来诺尔。《元和郡县图志》卷四灵州回乐县:

---

① 王北辰:《桥山黄帝陵地理考》,《王北辰西北历史地理论文集》,北京:学苑出版社,2003年,第280~290页。
② 刘莉:《中国新石器时代:迈向早期国家之路》,北京:文物出版社,2007年,第166页。
③ 河北省测绘局:《河北省地图集》,内部发行,1981年,第116、125页。
④ (汉)扬雄著、周祖谟校笺:《方言校笺》,北京:中华书局,1993年,第49页。

"长乐山,旧名达乐山,亦曰铎洛山,以山下有铎洛泉水,故名。旧吐谷浑部落所居,今吐蕃置兵守之。"① 铎洛、达乐即涿鹿,即泉水。《水经注》卷十四《鲍丘水》:"(沟河)西北流径平谷县,屈西南流,独乐水入焉。水出北抱犊固,南径平谷县故城东。"今平谷仍有独乐河,平谷东南的蓟县有独乐寺,平谷、蓟县一带多泉。河北涿鹿县在春秋战国时期本是北方游牧民族居地,秦汉才逐渐汉化。

蒙古国的土拉河,唐代称为独乐水,土拉、独乐对转,类似铎洛即达乐。现代汉语方言俗字旮旯的本字是入声词角落,也是同理。土拉原义即草原,《春秋》昭公元年(前541年):"晋荀吴帅师,败狄于大卤。"《左传》:"晋中行穆子败无终及群狄于大原。"《穀梁传》:"中国曰大原,夷狄曰大卤。号从中国,名从主人。"大卤是戎狄语太原,前引郑张尚芳之文指出其语源即突厥语的草原dala,可备一说。大卤、土拉也即涿鹿,因为游牧民族要选择水泉较多的草原,所以草原、泉泽有关。《逸周书·王会》说北方有族名独鹿,其后所附伪托伊尹《四方献令》说到北方有族名旦略,独鹿即旦略,旦为端母元部[tan],略为来母铎部[liak]。此篇独鹿在孤竹、令支、屠何、东胡、山戎之前,应在今燕山附近,这可能就是后世涿鹿县的由来。但是《王会》是战国文献,伪托周公,所以不足为黄帝涿鹿之据。关于《王会》,笔者另有专文详考。

世界上现存所有语言同源,其实涿鹿不仅是一个华北与蒙古高原词,也是印欧语词。山谷,古英语是dæl,俄语是dolina,古斯拉夫语是dolŭ,德语是tal,冰岛语是dalur,其实就是涿鹿,山谷即多水的洼地。日语山谷是tani,或许也有关。蒙古语的达赖(dalai)是湖、海,音义皆近,不知是否同源。

山西的屯留,其实也是涿鹿,《左传》襄公十八年(前555年):"晋人执卫行人孙蒯于纯留。"宣公十六年(前593年):"晋灭赤狄甲氏及留吁。"吁是纯、屯的形讹。《太平寰宇记》卷四十五潞州屯留县:"鹿渎山,《冀州图》云:屯留县有鹿渎山,即绛水源出此山。"鹿渎山疑为渎鹿山之讹,因为是河源,所以称为涿鹿。

《尧典》:"内于大麓。"《汉书·乌孙传》说乌孙官制有相大禄,章太炎认

---

① (唐)李吉甫撰、贺次君点校:《元和郡县图志》,北京:中华书局,2008年,第94页。

为大麓是因为大禄之官得名。① 章说甚为新颖,可惜未能完善。其实乌孙的大禄如果解释为草原则比较贴近,但是舜所入的大麓是大陆泽,也是从草原之义而来,所以二者同源,但没有因果关系。

程发轫认为上谷的涿鹿是因为匈奴的独鹿官名得名,《晋书·匈奴传》说匈奴有左独鹿王、右独鹿王,汉朝驱逐匈奴,所以在上谷留下了涿鹿地名,被误以为是远古涿鹿之战之地,因为拓跋鲜卑自称是黄帝之裔,所以附会出涿鹿县的黄帝遗迹。② 笔者认为程说虽然发现匈奴的独鹿王名号,但是不知独鹿为草原水泽的通名,也不知上谷在战国时已经是燕赵国土,不是汉朝新得的匈奴地,涿鹿县的涿鹿之战传说在司马迁之前就有了,不始于北魏人的附会。

《乐府诗集》卷五十五《独禄辞》:

《南齐书·乐志》曰:"晋《独鹿歌》六解,齐乐所奏,是最前一解。"独禄独禄,水深泥浊。泥浊尚可,水深杀我!

李白《独漉篇》:

独漉水中泥,水浊不见月。不见月尚可,水深行人没。

王建《独漉歌》:

独独漉漉,鼠食猫肉。乌日中,鹤露宿,黄河水直人心曲。

独鹿(独禄、独漉)是污浊的意思,所以诗中说水深泥浊、鼠食猫肉。《荀子·成相》说:

欲衷对,言不从,恐为子胥身离凶。进谏不听,到而独鹿弃之江。

就是说伍子胥的尸体狼藉一片,被丢在江里。太行山麓是泉水集中地区,著名的有河北邢台百泉、河南卫辉百泉等,③所以几个涿鹿都在太行山麓。

其实河南修武县的涿鹿就在大陆泽旁,上古有两个大陆泽,还有一个是

---

① 章太炎:《膏兰室札记》,《章太炎全集》第一册,上海:上海人民出版社,1982年,第266页。

② 程发轫:《古地斠注》,中国语文学会编《文教论丛》,台北:正中书局,1971年,第8~14页。

③ 河北省地方志编纂委员会:《河北省志·自然地理志》,石家庄:河北科技出版社,1993年,第233页。

第五章 炎帝、蚩尤、黄帝的战争

巨鹿泽,巨鹿就是大陆。因为都是地势低洼、水流汇集的湖沼,所以也可以称为涿鹿,讹为大陆。可见,涿鹿是一个广泛见于河北西部和河南西北部的地名。

涿鹿的意思与阪泉相通,或许阪泉就是涿鹿?或许是涿鹿旁的一个地名?涿鹿东北 24 千米的辉县云门镇凡城村有凡国,① 凡、阪可通,附近又有百泉,也可称为阪泉。

三、绝辔之野及附近的蚩尤冢

《逸周书》明确地说黄帝杀蚩尤是在冀州中部的绝辔之野,不是涿鹿之阿。几千年来,没有学者详细研究过绝辔之野的位置,大概他们都认为这则传说过于久远,不一定能考证清楚。其实中国的历史记载极为悠久,这个绝辔之野其实有迹可考。

马王堆帛书《十大经》说:"黄帝身遇蚩尤,因而擒之。剥其□革以为干侯,使人射之,多中者赏。剪其发而建之天,名曰蚩尤之旌。充其胃以为鞠,使人执之,多中者赏。腐其骨肉,投之苦醢,使天下噍之。"② 黄帝肢解蚩尤,令人想到上古的两个地名:列人、乾侯,列人即裂人,就是肢解,乾侯即干侯。《太平寰宇记》卷五十八肥乡县:"列人故城,在今县东北十五里。按《汲冢记》:梁惠成王八年,伐邯郸,取列人。"③ 列人之名,很早就有,列人古城在今肥乡县东北 15 里的城西村。《春秋》昭公二十八年(前 514 年)说:"公如晋,次于乾侯。"杜预注:"乾侯在魏郡斥丘县。"斥丘县在今魏县,乾侯在今魏县一带。

西汉时,列人县西南还有个即裴县,古音绝是从母月部[dziuat],即是精母职部[tsiək],从、精旁纽,辔是帮母物部[piət],裴是并母微部[byəi],帮、并旁纽,物、微对转,绝辔、即裴读音相近。

---

① 《水经注·清水》:"司马彪、袁山松《郡国志》曰,共县有凡亭。周凡伯国,《春秋·隐公七年经》书,王使凡伯来聘是也。杜预曰:汲郡共县东南有凡城。"又说附近有很多泉水,此即今河南辉县百泉。《元和郡县图志》卫州共城县:"故凡城在县西二十里。"
② 李零:《考古发现与神话传说》,《李零自选集》,桂林:广西师范大学出版社,1998 年,第 79 页。
③ (宋)乐史撰、王文楚等点校:《太平寰宇记》,北京:中华书局,2007 年,第 1196 页。

笔者认为即裴县就是绝辔之野,还有一个铁证,《太平寰宇记》卷五十四成安县说:"蚩尤冢,在邑界。"成安县的这个蚩尤冢,前人几乎没有注意,其实北宋的成安县正是汉代即裴县所在。《水经注·浊漳水》说:"漳水又东,右径斥邱县北,即裴县故城南,王莽更名之曰即是也。《地理风俗记》曰:列人县西南六十里,有即裴城,故县也。漳水又东北,径列人县故城南。"即裴县在列人县西南六十里,即今成安县西南部。谭其骧主编《中国历史地图集》误把即裴县定在成安县东北部,其实不足六十里,所以应在今成安县西南部,可能在商城镇的商城村或横城村一带。

成安县的东部地处漳河和黄河故道的夹角处,古代河道很宽,所以蚩尤的部队很可能就是行进到这一绝地,无处逃脱,最终被歼。

蚩尤冢,今已无处可寻,笔者认为可能是今成安县李家疃镇、柏寺营乡交界处的重村,今分为常重村、程重村、李重村、安重村、师重村、赵重村。据说当地人把重读成[zhong]或[zhang],①可能是冢村的讹误。上古时期人口极少,荒野很大,所以古代的地名范围很广。列人、即裴虽然在后世是两个地名,但在远古时期是一个地区。列人、即裴正是冀州中部,符合《逸周书》的记载。然后黄帝在列人、即裴一带杀了蚩尤,留下蚩尤墓。蚩尤残部东迁到巨野泽地区,留下古寿张县、巨野县的蚩尤墓。

《山海经·大荒东经》:"大荒东北隅中,有山名凶犁土丘。应龙处南极,杀蚩尤与夸父,不得复上,故下数旱。旱而为应龙之状,乃得大雨。"所谓的凶犁丘是蚩尤战死之地,令人想到河南省浚县的黎阳。此地处在修武县涿鹿和成安县蚩尤冢之间,所以可能就是凶犁丘所在。

还有一种可能,黄帝把蚩尤带到山西盐池附近杀死,上引《梦溪笔谈》说盐池有蚩尤血的传说,《太平寰宇记》说安邑县南有蚩尤城,稷山县原为冀国,《逸周书》说黄帝杀蚩尤于中冀。解州源自解县,原在今临猗县西南,《元和郡县图志》卷十二河中府临晋县(今临猗县临晋镇):"故解城,本春秋时解梁城,又为汉解县城也。在县东南十八里。"②其东有剖首城,《太平寰宇记》卷四十六蒲州猗氏县(今临猗县猗氏镇):"令狐城……在县西十五里。又有

---

① 成安县地名办公室:《成安县地名志》,1983年,第93、105页。
② (唐)李吉甫撰、贺次君点校:《元和郡县图志》,北京:中华书局,2008年,第326页。

第五章 炎帝、蚩尤、黄帝的战争

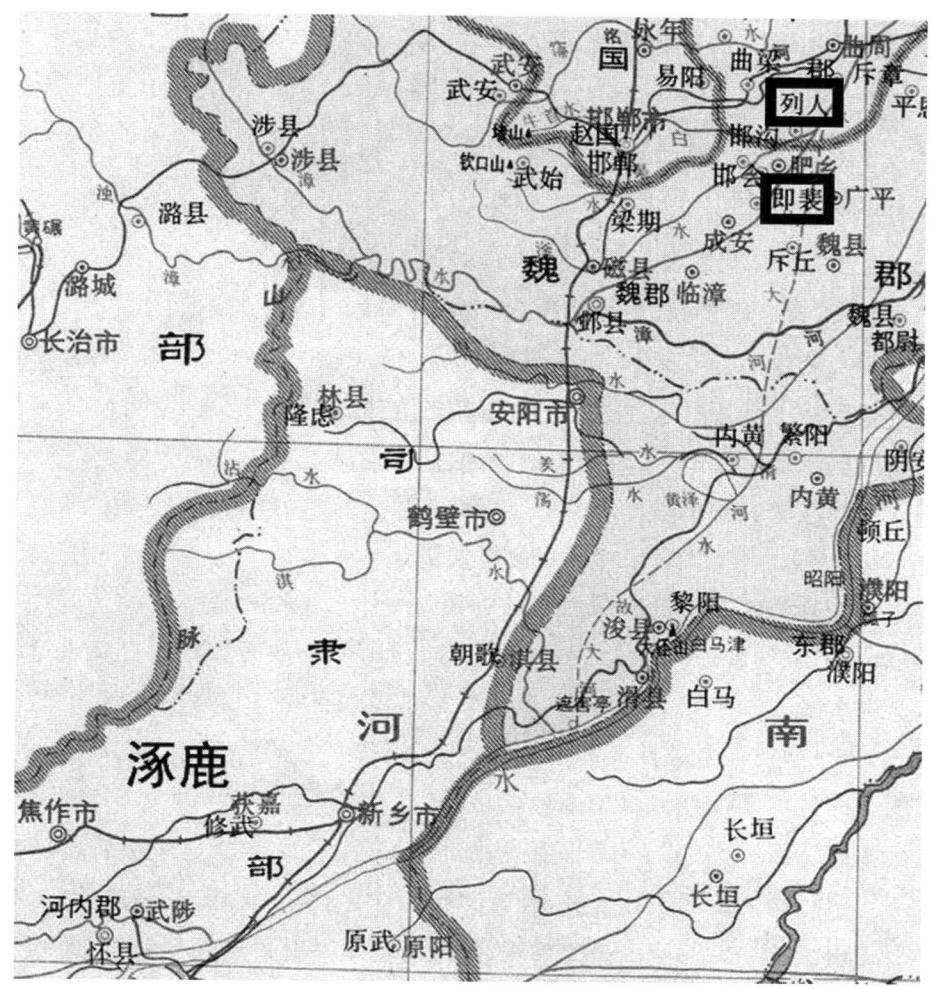

列人、即裴（绝辔）与涿鹿

资料来源：谭其骧主编：《中国历史地图集》第二册，第 26 页。方框及涿鹿一个地名为笔者所加。

刭首梁，在令狐西三十里。"解、刭首令人想到黄帝对蚩尤的酷刑，猗氏令人想到奇肱（共工），《史记·货殖传》："猗顿用盬盐起。"《集解》引《孔丛子》说猗顿："乃适西河，大畜牛羊于猗氏之南，十年之间其息不可计，赀拟王公，驰名天下。以兴富于猗氏，故曰猗顿。"说明此地原为戎狄畜牧之地，奇肱即游牧民族。或许山西南部有蚩尤传说因为此地是蚩尤故地，而非蚩尤的法场。

四、涿鹿之战的自然地理背景

《山海经·大荒北经》载：

> 蚩尤作兵伐黄帝，黄帝乃令应龙攻之冀州之野。应龙畜水。蚩尤请风伯雨师，纵大风雨。黄帝乃下天女曰魃，雨止，遂杀蚩尤。魃不得复上，所居不雨。叔均言之帝，后置之赤水之北。叔均乃为田祖。魃时亡之，所欲逐之者，令曰："神北行！"先除水道，决通沟渎。

黄帝从西部来救援赤帝，所以驻扎在蚩尤上游。山区河道狭窄，容易筑坝拦截，所以"应龙畜水"指应龙拦截河流，切断蚩尤水源，必要时候开坝放水，可以造成洪水冲垮蚩尤的军队，类似关羽水淹七军。有学者用距今5000年前后的气候变化来解释传说中风雨和干旱，[①]但气候变化是一个长期的过程，不是一次事件，所以这种解释值得怀疑。

华北的暴雨主要出现在山脉的迎风坡，太行山东麓和南部是暴雨集中的地区，而且暴雨的时间集中。据河北省统计，一次暴雨过程的日降水量常达月降水量的一半以上，这是华北洪水的重要原因。华北暴雨强度之大、时间之长，在国内甚至世界上都很少见。[②] 河南省西北部的太行山前地区是一个明显的多雨区，[③]修武县的涿鹿就在其中。

涿鹿之战时，突发暴风雨，引发山洪，黄帝的军队驻扎在海拔较高的地区，受灾较小，蚩尤部驻扎下游，成为洪水的受害者。即使河流没有筑坝，暴雨后的山洪也足以冲垮蚩尤的部队，何况河流本来就被应龙拦截了，溃坝后的山洪强度更大。

前引《山海经·大荒东经》说应龙杀蚩尤之后，迁往南方，所以南方多雨，其实历史真相是应龙之部南迁到河南省西北部，不再回到汾河下游，这也说明黄帝一定住在蚩尤部落的西北部。暴风雨帮助了黄帝，所谓蚩尤纵大风雨、黄帝下天女魃等都是古人对气象的神化。既然是黄帝从暴风雨中

---

① 李学勤主编：《中国古代文明与国家形成研究》，昆明：云南人民出版社，1997年，第226～227页。
② 陶诗言等：《中国之暴雨》，北京：科学出版社，1980年，第115页。
③ 常剑峤、朱友文：《河南省地理》，郑州：河南教育出版社，1985年，第60页。

第五章 炎帝、蚩尤、黄帝的战争

受益,为何后人不编造黄帝纵大风雨的传说以夸耀黄帝的本领呢?因为造成风雨的气流从东方来,正是蚩尤的方向。魃是旱神,黄帝下旱神的神话解释了暴风雨的迅速结束,这对于黄帝军队来说也是十分重要的,如果风雨持续,黄帝不能迅速进军,蚩尤就撤退了,黄帝不能获得战果。《山海经》之言不是凭空编造,符合太行山东麓地理。因此涿鹿县不太可能是涿鹿之战的发生地,因为其所处的桑干河、洋河盆地是河北省三个少雨中心之一,[①]而冀西南和豫西北可能是涿鹿之战的发生地。

河南省辉县市孟庄镇发现的龙山文化古城毁于洪水就是一例。[②] 孟庄城址在海拔100米的台地上,应该是毁于山洪,而非黄河洪水。孟庄古城距离涿鹿城只有34千米,原来的涿鹿之野的范围很大,接近孟庄古城,所以蚩尤败于洪水之时,蚩尤的大本营很可能就是孟庄古城。蚩尤从此地败逃,黄帝乘胜追击,直到今成安县。

太行山区不仅是自然地理上的界线,更是中国古代政治地图上的一道重要界线。源自西北高原的政治势力和山东的政治势力往往在附近发生恶战,并由此产生太行山东麓中山(今河北定州市)、襄国(今河北邢台市)、邯郸(今河北邯郸市)、邺(今河北磁县南)、安阳(今河南安阳市)等一列古都。涿鹿之战是这一系列战争史的开端,由此不仅拉开了华夏民族形成的序幕,而且促发了颛顼时代的政治制度改革和部族大融合,因此具有非常重要的意义。

[①] 河北省地方志编纂委员会:《河北省志·自然地理志》,石家庄:河北科技出版社,1993年,第132页。

[②] 袁广阔:《关于孟庄龙山文化城址毁因的思考》,《考古》2000年第3期。

第六章

炎帝后裔外迁与五岳演变

炎帝后裔分迁四方，形成五岳。历史上的五岳也有变化，古南岳在今安徽，古北岳是在今河北曲阳县与山西灵丘县交界处。本书首次指出，炎帝后裔祝融八姓在尧舜大洪水时期南迁嵩山，形成中岳。古南岳源自炎帝后裔皋陶族人南迁形成的六国，在今六安。古南岳又名霍山，源自山西霍山。炎帝后裔继续南迁，到江西、湖南，所以很早就出现了炎帝葬在长沙的传说，这也是南岳南迁到湖南衡山的原因，也是炎帝陵出现在江西与湖南之间的原因。本书首次指出，古北岳最迟在春秋已经形成，名为逆，又名䍃，即岳字的通假。《山海经·北山经》还有一个北岳山，在今内蒙古，这是历史上最北的北岳。炎帝后裔在远古时期就东迁山东，形成很多姜姓古国，所以泰山成为东岳。

第一节 祝融八姓避水南迁嵩山

因为发生了大洪水，河南、山东、河北、安徽交界处的大平原一片泽国，于是原来的五行部落联盟各族纷纷迁出，主要迁出方向是东西两个方向，也即到豫西、山西与山东丘陵地区。上文说过尧时高辛氏与尧族的分迁，其实还有很多部族参与了此次大迁徙，其中有著名的祝融八姓。

第六章 炎帝后裔外迁与五岳演变

一、祝融八姓

《史记·楚世家》说：

> 共工氏作乱,帝喾使重黎诛之而不尽。帝乃以庚寅日诛重黎,而以其弟吴回为重黎后,复居火正,为祝融。吴回生陆终。陆终生子六人,坼剖而产焉。其长一曰昆吾,二曰参胡,三曰彭祖,四曰会人,五曰曹姓,六曰季连,芈姓,楚其后也。昆吾氏,夏之时尝为侯伯,桀之时汤灭之。彭祖氏,殷之时尝为侯伯,殷之末世灭彭祖氏。

祝融八姓在《世本》有详细记载：

1. 昆吾。《索隐》引虞翻:"昆吾名樊,为己姓,封昆吾。"又引《系本》:"陆终娶鬼方氏妹,曰女嬇。"又:"其一曰樊,是为昆吾。昆吾者,卫是。"又引《左传》:"收侯梦见披发登昆吾之观。"按:"今濮阳城中有昆吾台。"《正义》引《括地志》:"濮阳县,古昆吾国也。昆吾故城在县西三十里,台在县西百步,即昆吾墟也。"《左传》哀公十七年(前478年):"卫侯梦于北宫,见人登昆吾之观。"昆吾故地在濮阳附近,南迁之后在许昌附近,《左传》昭公十二年(前530年)楚灵王:"昔我皇祖伯父昆吾,旧许是宅。"

2. 参胡。《集解》引《世本》:"参胡者,韩是也。"《索隐》引《系本》:"二曰惠连,是为参胡。参胡者,韩是。"又引宋忠:"参胡,国名,斟姓,无后。"

3. 彭祖。《集解》引虞翻:"名翦,为彭姓,封于大彭。"引《世本》:"彭祖者,彭城是也。"《索隐》引《系本》:"三曰籛铿,是为彭祖。彭祖者,彭城是。"《正义》引《括地志》:"彭城,古彭祖国也。"

4. 会人。《集解》引《世本》:"会人者,郑是也。"《索隐》引《系本》:"四曰求言,是为邬人。邬人者,郑是。"宋忠:"求言,名也。妘姓所出,邬国也。"《正义》引《括地志》:"故郐城在郑州新郑县东北二十二里。"引《毛诗谱》:"昔高辛之土,祝融之墟,历唐至周,重黎之后妘姓处其地,是为郐国,为郑武公所灭也。"《水经注》卷二十二《洧水》引《世本》:"陆终娶于鬼方氏之妹,谓之女嬇,是生六子,孕三年,启其左胁,三人出焉,破其右胁,三人出焉。其四曰求言,是为邬人,邬人者,郑是也。"

5. 曹姓。《集解》引《世本》:"曹姓者,邾是也。"《索隐》引《系本》:"五曰安,是为曹姓。曹姓,邾是。"

6.《索隐》引《系本》:"六曰季连,是为芈姓。季连者,楚是。"

其实还有两个姓,只不过因为没有后代,所以《史记》略去,《国语·郑语》史伯对郑桓公说:

> 祝融亦能昭显天地之光明,以生柔嘉材者也,其后八姓于周未有侯伯。佐制物于前代者,昆吾为夏伯矣,大彭、豕韦为商伯矣。当周未有。己姓昆吾、苏、顾、温、董,董姓鬷夷、豢龙,则夏灭之矣。彭姓彭祖、豕韦、诸稽,则商灭之矣,秃姓舟人,则周灭之矣。妘姓邬、郐、路、偪阳,曹姓邹、莒,皆为采卫,或在王室,或在夷、狄,莫之数也。而又无令闻,必不兴矣。斟姓无后。融之兴者,其在芈姓乎?芈姓夔越不足命也。蛮芈,蛮矣,唯荆实有昭德,若周衰,其必兴矣。

此处多出秃姓、董姓。董姓在夏朝被灭,《左传》昭公二十九年(前513年)蔡墨说:

> 昔有飂叔安,有裔子曰董父,实甚好龙,能求其耆欲以饮食之,龙多归之,乃扰畜龙,以服事帝舜,帝赐之姓曰董,氏曰豢龙,封诸鬷川,鬷夷氏其后也。故帝舜氏世有畜龙。及有夏孔甲,扰于有帝,帝赐之乘龙,河、汉各二,各有雌雄。孔甲不能食,而未获豢龙氏。有陶唐氏既衰,其后有刘累,学扰龙于豢龙氏,以事孔甲,能饮食之。夏后嘉之,赐氏曰御龙,以更豕韦之后。龙一雌死,潜醢以食夏后。夏后飨之,既而使求之。惧而迁于鲁县,范氏其后也。

董姓在夏朝时没有养好龙(鳄鱼),所以南逃到鲁县(今河南省鲁山县),其后又有范氏,《左传》襄公二十四年(前549年)范宣子说:

> 昔匄之祖,自虞以上为陶唐氏,在夏为御龙氏,在商为豕韦氏,在周为唐杜氏,晋主夏盟为范氏,其是之谓乎?

范宣子的祖先在夏朝为御龙氏,在商朝为豕韦氏,与昭公二十九年(前513年)的"以更豕韦之后"吻合。

己姓最后的董,即董姓的董,李零指出董姓是己姓的分支,韦昭说秃姓、斟姓都是彭姓之别,彭祖也是由氏得姓,笔者认为参胡读音接近篯铿,所以斟姓可能确实是彭姓的分支。李零制作的祝融八姓表,把董姓始祖写作惠连,把董姓的故墟写成韩,笔者认为董姓的始祖应是董父,惠连是斟姓始祖。董姓的故地是鬷川,鬷的上古音是精母东部[tsong],董的上古音是[tong],

第六章 炎帝后裔外迁与五岳演变

所以䵣就是董。李零对祝融八姓有详细考证,在其制作的祝融八姓表基础上,[1]经过笔者修正的祝融八姓表如下:

表 6-1 祝融八姓表

族姓	始祖	后裔国家	故墟
己姓	樊	昆吾、苏、顾、温	卫
董姓	董父	䵣夷、豢龙	董
彭姓	篯铿	彭祖、豕韦、诸稽	彭
秃姓		舟人	
妘姓	求言	邬、郐、路、偪阳	郐
曹姓		邹、莒	邹(邾)
斟姓	惠连	参胡	韩
芈姓	季连	夔越、蛮芈、荆	楚

李零认为郑是祝融集团的中心,濮阳是颛顼集团的中心,所以各姓的分布大抵都在中心四周。笔者认为此说不确,首先,祝融就是颛顼氏,其次,我们看到后世的祝融八姓其实已经从濮阳分迁四方,芈姓都在江汉地区,可能是后来攀附。即使是中原,也极为分散:

1.昆吾在濮阳县西三十里,苏在今河南温县,苏公盘可以证明苏国是己(妃)姓,[2]顾在今山东郓城县,《太平寰宇记》卷十四濮州范县:"故顾城,在县东南二十八里。夏之顾国也。《诗》曰:韦、顾既伐,昆吾、夏桀。注云:三国党于桀,皆为汤所诛。"

2.董原在今山东定陶县东北,《元和郡县图志》卷十一曹州定陶县:"三䵣亭,古国也,在县东北四十九里。汤伐桀,遂伐三䵣,俘厥宝玉。注曰:三䵣,国名,今定陶是也。"[3]这个䵣从鬲,说明是来自西北的部族,因为祝融来

---

[1] 李零:《楚国族源、世系的文字学证明》,《李零自选集》,桂林,广西师范大学出版社,1998年,第216页。

[2] 张懋镕:《苏公盘鉴赏》,《古文字与青铜器论文集(第三辑)》,北京:科学出版社,2010年,第69~71页。

[3] (唐)李吉甫撰、贺次君点校:《元和郡县图志》,北京:中华书局,2008年,第293页。

自北方。其实三骏就是戎,定陶县西南原有戎国。《水经注》卷七《济水》:"(南济)东径戎城北,《春秋》隐公二年,公会戎于潜。杜预曰:陈留济阳县东南有戎城是也。"济阳县在今兰考县北,《元和郡县图志》卷十一曹州冤句县:"济阳故城,在县西南五十里。"①戎也即娀,前引《史记·殷本纪》、《吕氏春秋·音初》、楚简《子羔》都说殷人先祖契之母为有娀氏之女,《商颂·长发》:"有娀方将,帝立子生商。"其南不远就是商丘。因为来自西北,所以称为戎。

董姓之所以出现在晋国,因为上文说过尧、舜时期东方部族大举西迁到山西南部。《水经注》卷四《河水》引汲冢《竹书纪年》曰:"晋武公元年,尚一军。芮人乘京,荀人、董伯皆叛。"《水经注》卷六《涑水》:"西过周阳邑南……涑水西径董池陂南,即古董泽,东西四里,南北三里。《春秋》文公六年,蒐于董,即斯泽也。"

3. 彭城即今徐州市,豕韦在今河南省滑县东南,《太平寰宇记》卷九滑州韦城县:"古殷伯豕韦之地也。"《国语·吴语》有越人诸稽郢,陈梦家认为越国铜剑上的者旨就是诸稽,②1979 年江西省靖安县出土徐令尹者旨荆炉盘,李学勤认为是诸稽氏。③ 诸稽应源出徐地,吴灭徐,徐人南逃吴之敌国越、楚,所以诸稽氏名为郢、荆。因为徐人南迁,所以当今中国的徐姓主要分布在江苏、山东、浙江、安徽,徐姓在江浙地区最为密集。④ 徐人南迁江西,形成涂姓,当今中国的涂姓主要分布在江西。⑤

4. 舟人似在舟地,李学勤指出《郑语》郑国在郐国、虢国之间开拓的十个城邑之中有舟、邬,在今河南新郑附近。

5. 邹在今河南新郑,偪阳在今山东枣庄市,《太平寰宇记》卷二十三沂州承县有偪阳城。

6. 邹即今山东邹城市,李零认为在今山东莒县的是己姓的莒,不是曹姓

---

① (唐)李吉甫撰、贺次君点校:《元和郡县图志》,北京:中华书局,2008 年,第 293 页。
② 陈梦家:《六国纪年》,上海:上海人民出版社,1957 年。
③ 李学勤:《从新出青铜器看长江下游文化的发展》,《文物》1980 年第 8 期。
④ 袁义达主编:《中国姓氏·三百大姓》上册,上海:华东师范大学出版社,2007 年,第 42 页、彩图 11。
⑤ 袁义达主编:《中国姓氏·三百大姓》中册,上海:华东师范大学出版社,2007 年,第 226 页、彩图 153。

的莒。

7.韩国应该是战国时期东迁的韩地,斟姓在斟鄩,在今河南偃师。

二、祝融八姓南迁

可见,祝融八姓有的向西远到山西南部,有的则在今山东南部,还有从濮阳向西南迁到温县,有的南迁到新郑附近。后世把郐当成祝融的故墟,这是祝融八姓南迁的结果,不是祝融的原居地。最关键的一条证据就是《国语·周语上》内史过对周惠王说:

> 昔夏之兴也,融降于崇山。其亡也,回禄信于聆隧。
> 商之兴也,梼杌次于丕山。其亡也,夷羊在牧。
> 周之兴也,鸑鷟鸣于岐山。其衰也,杜伯射王于鄗。

此处说,夏朝兴起之前,祝融降临崇山(嵩山),这个传说的本质其实是祝融八姓的一些部族南迁到嵩山周围。如果没有祝融八姓的南迁,不可能有这个传说。或许祝融降临嵩山,就是祝融八姓南迁的讹传。

因为祝融八姓南迁经过荥阳,所以在荥阳之南留下了祝融、高阳的地名,《水经注》卷七《济水》:"济水右合黄水,水发源京县黄堆山,东南流,名祝龙泉,泉势沸涌,状若巨鼎扬汤。西南流谓之龙项口,世谓之京水也……黄水又北,径高阳亭东。"

在郐国之东不远,还有烛城,《水经注》卷二十二《洧水》:"又南历烛城西,即郑大夫烛之武邑也。又南流注于洧水也。"在今新郑之东。

因为祝融八姓的一支南迁到新郑、新密一带,所以出现了大騩山一名。《世本》说:"陆终娶鬼方氏妹,曰女嬇。"祝融八姓的母亲来自鬼方氏,所以大騩山一名也南迁了。

《水经注》卷二十二《溱水》:"溱水出河南密县大騩山。大騩即具茨山也。黄帝登具茨之山,升于洪堤之上,受《神芝图》于黄盖童子,即是山也。溱水出其阿。流而为陂,俗谓之玉女池。"大騩山又名具茨山,其实具茨是阿尔泰语系的语言,因为鬼方氏是西北民族,属于阿尔泰语系。具茨的意思就是公主,因为祝融八姓的母亲是鬼方氏的公主。匈奴人就把公主称为居次,《汉书·匈奴传下》说:"复株絫单于复妻王昭君,生二女,长女云为须卜居次,小女为当于居次。"注引李奇曰:"居次者,女之号,若汉言公主也。"同书

《匈奴传上》又说汉宣帝本始二年（前72年）："校尉常惠与乌孙兵至右谷蠡庭，获单于父行及嫂、居次、名王、犁汗都尉、千长、将以下三万九千万余级。"居次排在单于的嫂子之后，就是公主。笔者另文论证，匈奴与鬼方同源，所以居次就是具茨，玉女的传说也由此而来。鬼、异两字的意思与构形都相通，所以发源于大騩山的溟水其实也因民族得名。

近年来在具茨山区发现了很多岩画。① 中国的岩画主要分布在北方草原地区，多数是游牧民族所为，笔者认为中原地区的一些具茨山岩画很可能是南迁的炎黄集团部族所画。郭物指出，南西伯利亚的奥库涅夫文化（约公元前2500—前1700年）和新疆北部的切木尔切克文化（约公元前2500—前1500年）都有在石头上凿刻凹窝的现象，具茨山也有类似石刻。② 这更加证明具茨山岩画确实源自北方草原民族，根源就在鬼方。

《唐开元占经》卷一一八引《随巢子》说："夏后之兴，方泽出马。"③方泽应在中原，疑即孟诸泽，马本来生在北方，中原出马说明气温下降，北方游牧民族南下中原，其背景就是祝融等族的南迁。

祝融八姓的南迁，使得夏族所在之地的人口增加，这为夏朝崛起奠定了最重要的基础。此时东部大平原已经为洪水冲毁，而豫西地区没有受灾，所以夏朝的崛起势所必然。

三、新砦文化的产生

《左传》昭公十七年（前525年）梓慎说："郑，祝融之虚。"在东周之前，郑国还没有东迁，所谓的祝融之墟其实是指郐，郐是祝融之后，嵩山南部正是祝融部族南迁的聚集地。新密市古城寨龙山时代古城最初被认为是郐国都城，后来发现是龙山时代的古城，采用的是小板筑法，堆砌而成。在其东北

---

① 刘五一编著：《具茨山岩画》，郑州：中州古籍出版社，2010年。
② 郭物：《从石峁遗址的石人看龙山时代晚期中国北方同欧亚草原的交流》，甘肃省文物考古研究所等编《早期丝绸之路暨早期秦文化国际学术研讨会论文集》，北京：文物出版社，2014年，第64页。
③ （清）马国翰：《玉函山房辑佚书》，《续修四库全书》编委会《续修四库全书》第1204册，上海：上海古籍出版社，2002年，第337页。（唐）瞿昙悉达：《唐开元占经》，《影印文渊阁四库全书》第807册，台北：商务印书馆，1986年，第1021页。

部有夯土高台和廊庑建筑遗址,应是宫殿。① 已有学者提出古城寨古城就是祝融之墟,②笔者认为邻国都城和龙山时代古城并不矛盾,因为现在这个古城居然还有16米高的城墙耸立在地面,三代应该更加壮观,沿用到东周时期没有问题。现在除了西墙为河流改道冲毁,其他三面保存完好,并有护城河,而且南北城墙各有一个开口,应该是原来的城门。

考古学家发现在嵩山周围有一种新砦类型的文化,不同于周围的河南龙山文化,其中心新砦古城在别的龙山古城衰亡时依然繁荣,而且面积达到70万平方米,在中原独一无二。新砦遗址在河南省新密市刘寨镇新砦村西北的台地上,有三重环壕,内壕面积6万平方米,中壕面积70万平方米,外壕面积100万平方米。遗址发现类似二里头遗址的大型建筑和高规格器物,可能具备王都性质。③

新砦文化的时间上限是公元前2050—前1900年间,下限在公元前1850—前1750年间,约有100多年。新砦文化含有大量东方礼乐文化因素,单目符、饕餮纹、玉钺、牙璋等源自东方,青铜鬶类似山东龙山文化同类陶器。④ 1999年在新砦遗址发现一块陶器上有兽面纹饰,很接近二里头遗址贵族墓出土的绿松石龙形器图案。2000年在新砦遗址又发现一件铜片,有学者认为是鬶或盉的流部残片。巩义市花地嘴遗址还发现新砦文化的墨玉璋,时空介于山东龙山文化玉璋与二里头文化玉石璋之间。饕餮纹最早出自良渚文化玉器,再传入山东龙山文化。鬶、璋等礼器都是从山东传入中原,显然经过新砦文化的环节。有学者说新砦文化的周围还是龙山文化的汪洋大海,二里头文化的源头就在新砦文化孕育。⑤

有学者认为新砦文化是继承河南中部王湾三期文化基础上,大量吸收

---

① 蔡全法、马俊才、郭木森:《河南省新密市发现龙山时代重要城址》,《中原文物》2000年第5期;蔡全法:《古城寨龙山城址与中原文明的形成》,《中原文物》2002年第6期。

② 马世之:《新密古城寨城址与祝融之墟问题探索》,《中原文物》2002年第6期。

③ 李宏飞:《关于中国广域王权国家形成年代的思考》,中国社会科学院考古研究所夏商周考古研究室编《三代考古》(四),北京:科学出版社,2011年,第76页。

④ 顾问:《试论新砦陶器盖上的饕餮纹》,《华夏考古》2000年第4期。顾问:《〈新砦期研究〉增补》,《中国上古史研究专刊》第三期,台北:兰台出版社,2003年,第109~128页。

⑤ 许宏:《何以中国》,北京:三联书店,2014年,第74~93页。

东方文化、西北文化、南方文化三大文化系统因素产生。① 有学者认为新砦文化是在王湾三期文化基础上,大量吸收东方文化系统的造律台文化、后冈二期文化因素产生。有些学者认为新砦文化介于二里头文化和王湾三期文化之间,而且有很多东方因素,就是后羿代夏时的文化。

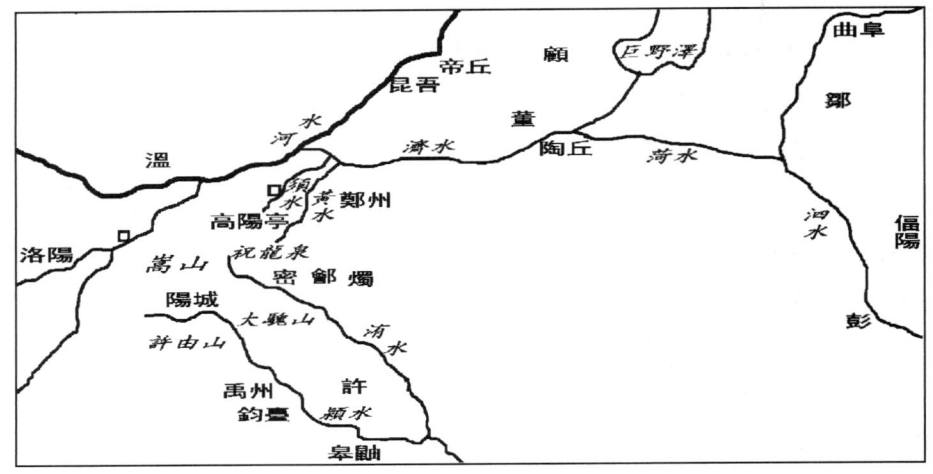

祝融与皋陶南迁地图

笔者认为新砦类型应是南迁的祝融部族,因为是从东北方南迁而来,所以不同于周围的王湾三期文化,而融入了很多东方文化系统的造律台文化和后冈二期文化因素,也即五帝联盟文化。祝融部族非常强盛,所以能够建造巨大的古城。至于新砦古城一直繁荣的原因,其实是因为祝融部族南迁之后仍然非常强势,所以才有后羿代夏,后羿就是祝融一族。

上文说过郑州之西的须水有祝龙泉、高阳亭等地名,应是祝融南迁所经。恰好考古工作者在2012—2014年发掘了郑州西郊须水西岸的东赵村古城址,发现一座新砦期小城,二里头文化时期扩展为中城,而且是二里头文化早期最大古城,有卜骨坑与儿童奠基,商代早期大型建筑基址是目前发现的规模仅次于偃师商城建筑基址的遗存。这就证明新砦文化经过须水南迁,符合地名证据。

---

① 张海:《公元前4000至前1500年中原腹地的文化演进与社会复杂化》,北京大学博士学位论文,2007年。

第二节　许由、皋陶、神羊獬豸与南岳霍山

祝融八姓的南迁还比较清楚,许由一族的南迁则非常晦暗。《史记·伯夷列传》:"而说者曰尧让天下于许由,许由不受,耻之逃隐。"《正义》引皇甫谧《高士传》云:

> 许由,字武仲,尧闻致天下而让焉,乃退而遁于中岳颍水之阳,箕山之下隐。尧又召为九州长,由不欲闻之,洗耳于颍水滨。时有巢父牵犊欲饮之,见由洗耳,问其故。对曰:"尧欲召我为九州长,恶闻其声,是故洗耳。"巢父曰:"子若处高岸深谷,人道不通,谁能见子?子故浮游,欲闻求其名誉。污吾犊口。"牵犊上流饮之。许由殁,葬此山,亦名许由山。在洛州阳城县南十三里。

尧要把位置让给许由,许由却逃到了嵩山与颍河之间,后世的许由山在阳城县南十三里,即今登封市东南。这段故事被后世学者大加发挥,其实多数人都忘记了这个传说的历史真相是皋陶部族南迁。

一、皋陶与许由的崛起

在今河南省许昌市东部,原有许国。《史记·夏本纪》的《索隐》说:"许在颍川。"《正义》引《括地志》云:"许故城在许州许昌县南三十里,本汉许县,故许国也。"《吕氏春秋》卷十四《慎人》:"故许由虞乎颍阳。"颍水之阳,正是许昌、登封一带。

巢父其实就是许由,因为上文说过神农即烈山氏,烈山氏之子为农神,名为柱,也即神农氏之后的焦氏,焦、巢可通。

《国语·周语中》富辰说:

> 齐、许、申、吕由大姜。

许是姜姓,《左传》隐公十一年(前712年):

> 夫许,大岳之胤也。

许是炎帝之后,也是从黄河以北南迁的,南迁的时间就在尧时,无疑也是因为大洪水。就在许昌市东南的临颍县,古代还有一个地名叫皋鼬,有些学者看出这个地名和皋陶有关,但是没有看出其实也就是许由。因为上古

音许是晓母鱼部[xia],皋是见母幽部[ku],读音很近,现在闽南话的许字读为[khə],读音极近皋,就是上古音的遗存。䌛、由同音,所以许由其实就是皋陶。尧要把位置让给皋陶(许由),其实是因为炎帝部族的势力也很强大,部落联盟的领袖是轮流担任,所以才有此举动。但是皋陶、尧都是金正,所以皋陶自然不能继任,只能改由木正的舜继任。

章太炎看出许由就是皋陶,他说《汉书·古今人表》的许由是许繇,则即咎繇、皋陶。但是他误以为许由是因为封在许才得名,《太平御览》卷八十一引《尸子》说舜:"其游也,得六人,曰雒陶、方回、续牙、伯阳、东不识、秦不空,皆一国之贤者也。"章太炎没有看出雒陶就是咎陶之误,伯阳即伯益。①

舜的时代,皋陶一族有人担任司法官。《论语·颜渊》:"舜有天下,选于众,举皋陶,不仁者远矣。"《管子·法法》:"舜之有天下也……皋陶为李。"《诗经·鲁颂·泮水》:"淑问如皋陶,在泮献囚。"原来的司法职能由蓐收一族担任,也即尧族。此时却改为由皋陶担任,可能是因为尧族大举西迁山西,所以东方的部族选用皋陶担任秋官。虽然有许由南迁,皋陶一族还有一些人留在大平原的五行联盟之中。所以《吕氏春秋》卷二《当染》列举历代名臣时说:"舜染于许由、伯阳,禹染于皋陶、伯益。"其实许由就是皋陶,伯阳就是伯益。同书卷四《尊师》列举历代帝王之师时说:"帝舜师许由。"原来任冬官玄冥的是高辛氏,但是由于高辛氏南迁商丘与西迁唐地,所以冬官司空之职也改由大禹担任。

史书里还有一个伯成子高,《吕氏春秋》卷二十《长利》说:"尧治天下,伯成子高立为诸侯。尧授舜,舜授禹,伯成子高辞诸侯而耕。禹往见之,则耕在野。"伯成子高可能就是柏高,《山海经》末篇《海内经》说:"华山、青水之东有山名肇山,有人名曰柏高,柏高上下于此,至于天。"伯高之名可能就来自皋陶,也有可能因为炎帝崇拜山岳。伯成子高从尧、舜到禹都是有名的贵族,很可能就是南迁的皋陶之族。

《荀子·大略》说:"尧学于君畴。"君畴很可能也是皋陶(许由)之音讹,上古音君是见母文部[kiuən],畴是定母幽部[diu]。《新序·杂事五》:"尧学

---

① 章太炎:《菁兰室札记》,《章太炎全集》第一册,上海:上海人民出版社,1985年,第297~298页。

于尹寿。"尹寿即君畴,尹是君的形讹。《庄子·让王》:"尧让天下于子州支父。"子州支父可能就是君畴、巢父,因为尹、子形近,州、畴音近,所以尹寿讹为子州。而支、友形近,所以巢父讹为友父,又讹为支父。

二、皋陶是来自北方的羊

皋陶又名伯夷,伯夷也是掌管刑法之官,《吕氏春秋》卷四《尊师》说:"帝颛顼,师伯夷父。"《尚书·吕刑》:"伯夷降典,折民惟刑。"《墨子·尚贤中》引作:"伯夷降典,哲民维刑。"《太平御览》卷六三六引《世本》:"伯夷作五刑。"《山海经》末篇《海内经》:"伯夷父生西岳,西岳生先龙,先龙是始生氐羌,氐羌乞姓。"此句可能有所本,四岳是炎帝之后,与皋陶(许由)为四岳之后吻合。羌、姜皆从羊,源自牧羊。

因为皋陶出自炎帝,炎帝是姜姓,原是牧羊一族,所以皋陶传说中最神奇的就是一种叫作廌的神羊,汉字中最初的法字写成灋,《说文》卷十上:"灋,刑也。平之如水,从水。廌,所以触不直者,去之,从去。"古代司法用廌兽的角去抵触罪犯,古书记载廌如下:

1.《说文》卷十上:"廌,解廌,兽也,似山牛,一角。古者诉讼,令触不直。象形。"

2.《论衡·是应》:"儒者说云:觟𧣾者,一角之羊也,性知有罪。皋陶治狱,其罪疑者令羊触之,有罪则触,无罪则不触。斯盖天生一角圣兽,助狱为验,故皋陶敬羊,起坐事之。此则神奇瑞应之类也。曰:夫觟𧣾则复屈轶之语也。羊本二角,觟𧣾一角,体损於群,不及众类,何以为奇?鳖三足曰能,龟三足曰贲。案能与贲,不能神於四足之龟鳖;一角之羊何能圣于两角之禽?"

3.《续汉书·舆服志下》:"法冠……或谓之獬豸冠。獬豸神羊,能别曲直,楚王尝获之,故以为冠。"

4.萧梁任昉《述异记》卷上:"獬豸者,一角之羊也。性知人罪。皋陶治狱,其罪疑者,令羊触之。"

獬豸是羊,皋陶敬羊,其实因为皋陶本来就是姜姓的牧羊人。楚王获得獬豸冠也不是乱说,因为皋陶之后的六国、英国为楚所灭。

羊为何叫獬豸呢?

有人说獬豸之名来自犀兕,此说大谬。羊和犀牛差别太大,何况獬、犀的上古音差别很大,绝不可通。

《史记·货殖列传》说:"杨、平阳,西贾秦、翟,北贾种、代。种、代,石北也,地边胡,数被寇。人民矜懻忮,好气,任侠为奸,不事农商。然迫近北夷,师旅亟往,中国委输时有奇羡。其民羯羠不均,自全晋之时固已患其僄悍,而武灵王益厉之,其谣俗犹有赵之风也。"

《集解》引徐广曰:"羠音兕,一音囚几反,皆犍羊名。"《说文》卷四上说:"羯,羊羖犗也。"又:"羖,夏羊牡曰羖。"又:"犗,騬牛也。"又:"羠,騬羊也。"騬即騸,郑玄注《周礼·夏官·校人》颁马攻特,引郑司农曰:"攻特谓之騬。"颜师古注《急救篇》说:"羖之犗者为羯,谓之也。"阉割过的公羊叫羯羠,就是獬豸。羯羠、獬豸读音相近,解是见母支部[ke],羯是见母月部[kiat],豸是定母支部[de],羠是邪母支部[ziei]。

《国语·周语上》说:"商之兴也,梼杌次于丕山。其亡也,夷羊在牧。"所谓夷羊,不是东夷的羊,而是羠。商亡于周,周人来自西北,所以来自西北的羠是灭亡之兆。

《尸子》辑本卷下说:"皋陶择羝之裘而御之。"《说文》卷四上:"羝,牡羊也。"此句也和獬豸有关。

义字原形,上面是羊,下面是我。《说文》卷十二上说:"义,己之威仪也,从我、羊。"杨树达认为上面的羊读为象,原意是我之象,也即威仪的由来。①但是每个人都有形象,每个人却不能都有威仪,所以此说必然有误。有学者认为下面的我是兵器,上面的羊就是獬豸,②也有学者认为上面的羊头是仪仗的装饰。笔者认为獬豸之说似较可信,否则无法解释为何选择羊头而非别的动物。

其实皋陶就是祝融八姓中南迁嵩山以南的求言,因为上古音的求是群母幽部[giu],言是疑母元部[ngian],而皋陶是[ku][ʎiu],读音很近。

《左传》文公十八年(前609年)记舜流混敦、穷奇、梼杌、饕餮四凶族,说:"昔帝鸿氏有不才子,掩义隐贼,好行凶德,丑类恶物,顽嚚不友,是与比

---

① 杨树达:《积微居小学金石论丛》,上海:上海古籍出版社,2007年,第41页。
② 杨琳:《汉字形义与文化》,天津:南开大学出版社,2012年,第445页。

第六章 炎帝后裔外迁与五岳演变

周,天下之民谓之浑敦。"《史记·五帝本纪》说舜流的是共工、驩兜、三苗、鲧,《五帝本纪》说:"讙兜进言共工,尧曰不可而试之工师,共工果淫辟。四岳举鲧治鸿水,尧以为不可,岳彊请试之,试之而无功,故百姓不便。三苗在江淮、荆州数为乱。于是舜归而言于帝,请流共工于幽陵,以变北狄。放驩兜于崇山,以变南蛮。迁三苗于三危,以变西戎。殛鲧于羽山,以变东夷:四罪而天下咸服。"

驩兜、混敦读音很近,驩兜南迁崇山,令人想到《国语·周语上》"昔夏之兴也,融降于崇山"。上文说祝融、皋陶(许由)都出自炎帝,驩兜应即皋陶,驩、皋都是牙音,陶、兜都是舌音。

《大荒东经》:"有白民之国。帝俊生帝鸿,帝鸿生白民。"白民是皮肤较白的部族,应是来自北方,帝鸿来自北方,则其子浑敦(驩兜)也应是北方部族,其实就是荤粥,读音很近。① 所以驩兜(浑敦、皋陶)不是出自正宗的炎帝一族,而是涿鹿之战后被炎帝收编的戎狄,留在北方戎狄之中的皋陶族人就是春秋时期的仇由部,《吕氏春秋·权勋》:"中山之国有夙繇者。"夙是夗之误,《史记·樗里子传》作仇犹,《韩非子·说林》作仇繇,在今山西盂县。仇由即皋陶,上文已说皋陶即仇言、许由。

其实皋陶的原义就是羊。《逸周书·王会》:"北方台正东,高夷嗛羊,嗛羊者,羊而四角。"上古音的嗛是溪母谈部[khyam],疑即古突厥语的羊qoyn,② 音译即皋陶、仇言。

驩兜与共工同出自戎狄,同样被炎帝收编,所以《尧典》记载驩兜要推荐共工。祝融是炎帝的正传,《楚世家》说帝喾要祝融去攻打共工,因为祝融与共工是同族,当然不可能全力以赴。

《山海经·大荒南经》说:"鲧妻士敬,士敬子曰炎融,生驩头。"驩头即驩兜,其父是炎融,其实就是炎帝部族。其祖是鲧,这是后人附会,因为鲧是有崇氏首领,驩兜南迁于此,所以有此误会。

---

① 关于上古的荤粥一族及皋陶与荤粥的关系,笔者将在另书论证。
② 突厥人源自印欧人,所以突厥语的羊与印欧语同源,原始印欧语的羊或拟为ghaitos,即现代英语goat的来源。

三、六国与南岳霍山的出现

近年发现的清华楚简《厚父》说:"启惟后,帝亦弗巩启之经德,少命咎繇下为之卿事。"①此句说天帝降下咎繇(皋陶)为启之卿事,反映了皋陶迁入河南中部的历史。

皋陶的后代有六、蓼两国,《左传》文公五年(前622年)说:"冬,楚子燮灭蓼。臧文仲闻六与蓼灭,曰:皋陶庭坚不祀,忽诸,德之不建,民之无援,哀哉!"注:"蓼国,今安丰蓼县。"蓼国在今河南固始县,六国在今安徽省六安市,这两国都在淮河流域,源自南迁的皋陶后裔。《史记·夏本纪》说:"帝禹立而举皋陶荐之,且授政焉,而皋陶卒。封皋陶之后于英、六,或在许。而后举益,任之政。"《集解》引徐广曰:"《史记》皆作英字,而以英布是此苗裔。"《索隐》引《地理志》:"六安国六县,咎繇后偃姓所封国。"又说:"英地阙,不知所在,以为黥布是其后也。"《正义》:"英盖蓼也。"引《括地志》云:"光州固始县,本春秋时蓼国。偃姓,皋陶之后也。左传云子燮灭蓼。《太康地志》云蓼国先在南阳故县,今豫州郾县界故胡城是,后徙于此。"《括地志》云:"故六城在寿州安丰县南一百三十二里。《春秋》文五年秋,楚成大心灭之。"《集解》又引《皇览》曰:"皋陶冢在庐江六县。"英、蓼读音不近,所以英应该在别处,可能在六附近,英布是六县人。英国或即皖国,读音较近,地域相邻。皖国在今安徽潜山县,也是古国,今安徽省简称来源于此。英国可能与今湖北英山县无关,今英山县始于元代。

皋陶的后代散布在江淮,不止在许、英、六,还继续东迁到今江苏境内,高邮其实就是皋陶,邮、繇都是以母幽部,高邮之名与邮递无关。② 在今宿迁境内,汉代有㽗犹县,其实也是得名于皋陶氏,㽗是群母幽部[giu],犹是见母幽部[kiu],读音稍近。

皋陶后裔南迁到安徽六安,附近正是古南岳衡山,即今安徽霍山县与岳西县之间的白马尖。白马尖高达1774米,矗立在江淮平原,炎帝子孙南迁

---

① 赵平安:《〈厚父〉的性质及其蕴含的夏代历史文化》,《文物》2014年第12期。
② 今人有把高邮误解为邮驿,其实江苏、浙江、安徽至今仍有大量地名出自原住民语言,还有如皋、句容、丹徒、无锡、姑苏、诸暨、桐庐、歙、黟、芜湖等,自然不能用汉语解释。

第六章 炎帝后裔外迁与五岳演变

至此,称之为岳。

古南岳名霍山,这个霍山之名,无疑就是来自山西的太岳霍山。《尔雅·释山》:"霍山为南岳。"郭璞注:"即天柱山,潜水所出。"霍山又名潜山,《汉书·郊祀志》说:"南岳潜山于潜。"汉代的潜县在今霍山县,潜本为潜山之名,潜水发源于霍山,移用到了潜水的发源地霍山。

在今霍山县南部的古南岳霍山,又名衡山。衡山即行山,来自太行山之名。不仅如此,潜水之名也来自王屋山南的湛水,湛水即今河南济源的蟒河,源自阳城县王屋山,东南流入黄河。上古音,潜是从母谈部[dziam],湛是端母侵部[təm],读音很近。潜、湛都指水深,是同源字。《山海经·北次三经》王屋山:"联水出焉,而西北流注于泰泽。"联是朕之误,朕水即湛水,朕也是澄母侵部。湛水东南流,此处方向颠倒。因为《北次三经》前段方向颠倒,首山是太行山,应是向西北到王屋山,但是误为向东。山名、水名都相同,不可能是巧合,正是因为炎帝子孙从山西南迁到此。

古南岳是霍山,在今霍山县,本来不是今潜山县的天柱山。今潜山县的天柱山,高1485米,不及霍山南部的白马尖高。但是从汉代开始,就有人混淆二者了,《汉书·地理志》庐江郡潜县:"天柱山在南,有祠。"这个祠即南岳祠,不过汉武帝祭祀南岳的地方,其实距离真正的南岳霍山很远,不在汉代的潜县,而在汉代的皖县,也即今潜山县。

汉武帝顺道祭祀南岳,使得南岳误在今天柱山。《史记·封禅书》说:"上巡南郡,至江陵而东,登礼潜之天柱山,号曰南岳。浮江,自寻阳出枞阳,过彭蠡,礼其名山川。"汉武帝从湖北江陵(今荆州)向东,自然是通过长江水路,到达今潜山县,不可能先向北到今霍山县,再向南到寻阳县(在今湖北武穴),再向东到枞阳(今安徽枞阳)。自寻阳出枞阳这一句话,是总论其行程,也包括天柱山的行程。所以汉武帝登上的天柱山,就是今潜山县的天柱山,不是在今霍山县的古南岳霍山。

因为潜山县天柱山与霍山县之间是茫茫大山,那时人烟稀少,所以汉武帝顺道在今天柱山祭祀南岳。从此开始,南岳天柱山就错在今潜山县天柱山了。因此潜山县之西又有岳西县,1936年从周边四县析置,取古南岳之名。不过汉武帝只是顺道在今潜山县祭祀南岳,书面记载的南岳还在古潜县,直到《隋书·地理志下》,衡山还是在庐江郡开化县(今霍山县南)下,而

古南岳天柱山

不在同安郡怀宁县(今潜山县)下。

今潜山县的原名不是潜山,汉代称为皖县,今天柱山原名皖山。南宋景定元年(1260年),为了防卫蒙古,在今安庆建城,原来在今潜山县的怀宁县也迁到此处,原来的怀宁县在元代至治三年(1323年)恢复为县城,但是怀宁之名已到今安庆,所以改名潜山县。潜山县取名为潜山,是借用了汉代在今霍山县的潜县之名。

而原来的潜县早已在南北朝的战乱中被改头换面,《隋书》卷三十一《地理志下》庐江郡霍山县:"梁置霍州及岳安郡、岳安县。后齐州废。开皇初郡废,县改名焉。"萧梁设岳安县、岳安郡,仍是源自南岳。但是隋代改湖南衡山为南岳,所以这个岳安自然要改名。从此霍山县的地名完全与南岳无关了,潜县之名在元代也为潜山借用,真正的古南岳为大家忘记了。

北宋时期又想起古南岳霍山,给予特殊优待,《宋史》卷一〇二《礼志五》记载宋真宗封禅泰山,秘书丞董温其言:"汉以霍山为南岳,望令寿州长吏春秋致祭。"礼官言:"虽前汉尝以霍山为南岳,缘今岳庙已在衡山,难于改制。

其霍山如遇水旱祈求及非时,准别敕致祭,即委州县奉行。"

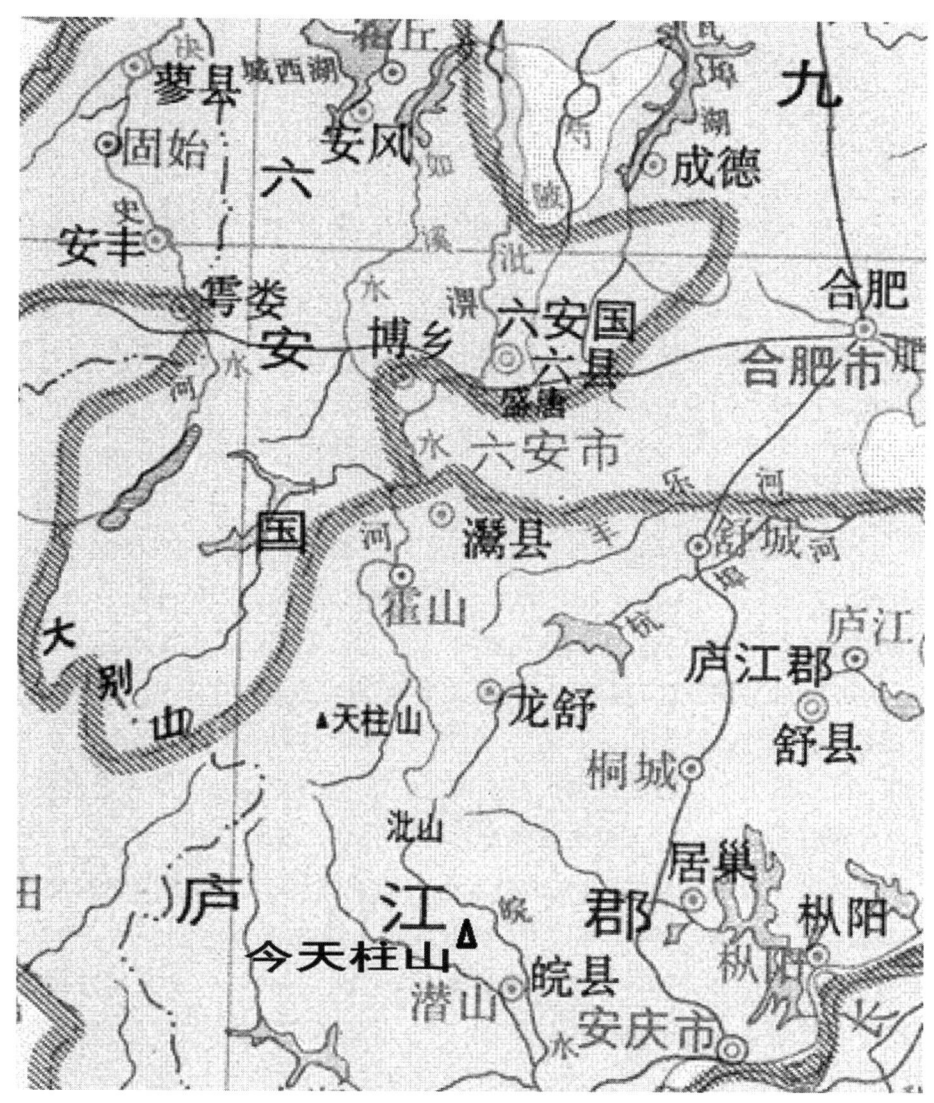

汉代古南岳霍山与今天柱山地图

资料来源:谭其骧主编:《中国历史地图集》第二册,北京:中国地图出版社,1982年,第24页。今天柱山标志与地名为笔者添加。

不过今天柱山成为南岳,也不全是因为汉武帝的顺道经过,到过天柱山的人都能领略此山的雄奇壮丽。天柱山突出在皖河平原上,靠近长江,历史上往来的人多,所以也有取代南岳的资格。历史上在天柱山修道的道士很多,道教誉其为第十四洞天,天柱山在南宋末年还有抗元的山寨,历史文化资源丰富。现在天柱山是著名风景名胜区,拥有很多绝美的风景。2011年,天柱山被联合国教科文组织批准成为世界地质公园。

第三节　炎帝后裔南迁与湖南衡山

第一章说过,魏晋时期出现了炎帝葬在长沙的传说,这是南岳从安徽南迁到湖南的一个重要原因。炎帝后裔南迁湖南,是这个传说出现的重要原因。其中最重要的一支就是楚人,楚人自称炎帝之后。除了楚人,祝融八姓中的很多姓氏都南迁到江西、湖南一带。湖南的炎帝陵在江西、湖南交界处,源自南迁的祝融八姓子孙。

熊姓源自楚王,楚国灭亡后,南迁到江西。据统计,宋代、明代熊姓第一大省都是江西,现代主要分布在湖北、江西、四川、湖南、贵州等省。[①] 因为历史上江西填湖广、湖广填四川,所以熊姓分布重心从江西向西移动。

尹姓源自楚国贵族,据统计,明代尹姓第一大省是江西,现代江西吉安到湖南是尹姓分布最密集地区之一。[②] 历史上有江西填湖广的移民大潮,谭其骧的研究指出江西填湖广的人群主要来自吉安,[③]造成现在很多姓氏分布在江西吉安到湖南一带。炎帝陵正是在吉安与湖南交界处。

刘姓出自祝融八姓,刘姓是湘赣大姓。唐代林宝《元和姓纂》卷五刘姓:"庐陵,汉长沙定王后,生安成侯仓,子孙徙焉。梁安成内史刘元偃,代居吉州,云其后也。"[④]庐陵即今吉安,刘姓很早就是吉安大姓,后来又西迁湖南,所以在中国前五大姓中,唯独刘姓在南方分布广泛,而且吉安到湖南是现代刘姓在南方最密集之地。据统计宋代刘姓第一大省是江西,明代主要分布

---

① 袁义达主编:《中国姓氏·三百大姓》上册,上海:华东师范大学出版社,2007年,第268页,彩图72。

② 袁义达主编:《中国姓氏·三百大姓》中册,上海:华东师范大学出版社,2007年,第48页,彩图95。

③ 谭其骧:《湖南人由来考》,《长水集》上册,北京:人民出版社,1987年。

④ (唐)林宝撰、岑仲勉校记:《元和姓纂》,北京:中华书局,1994年,第692页。

第六章 炎帝后裔外迁与五岳演变

在江西、山东、河北、山西等省。①

彭姓源自祝融八姓，很早就是江西、湖南的大姓，江西有彭泽县，鄱阳湖原名彭蠡泽。东汉末年，彭姓就是江西大姓。《三国志·吴志·董袭传》说到鄱阳贼彭虎等众数万人；《贺齐传》说到建安十八年（213年）豫章东部民彭材等起为贼乱，众万余人；《周鲂传》说到黄武年中（225年）鄱阳大帅彭绮作乱，攻没属城；《孙权传》说到嘉禾五年（236年）鄱阳贼彭旦等作乱，可见彭在东汉就是江西北部大姓。据统计，宋代、明代的彭姓人口最多之地都是江西，现代彭姓人口最多的省依次是湖南、四川、湖北、广东、江西。② 显然这是因为江西填湖广、湖广填四川的移民大潮，使得彭姓分布重心从江西移到湖南、四川。

廖姓出自祝融八姓，据统计，宋代廖姓第一大省是湖南，明代廖姓第一大姓是江西，现代廖姓主要分布在广东、江西、湖南、四川、广西、台湾、福建、河南等省。③ 华南的廖姓是从湘赣南迁，四川的廖姓来自湖广填四川，河南是廖姓的祖居地。

邹姓源自祝融八姓，历史上一直是湘赣大姓，据统计，宋代、明代邹姓第一大省都是江西，现代主要分布在江西、湖北、湖南、四川、广东、福建、江苏、重庆、吉林、贵州等地。④ 显然，两湖与西南的邹姓源自江西填湖广、湖广填四川，广东与福建的邹姓是从江西南迁。

祝融南迁到河南，中心是邻国，形成会姓，南迁到湖南，今湖南、重庆等地有会姓，西南的会姓多是从湖南西迁。

湖北随州的厉国，又作赖国。形成厉、赖二姓，持续南迁。赖在六朝时期就是赣南大姓，《南齐书》卷三十九《刘绘传》记载南齐初年南康郡（今赣州市）就有赖某。《新谱》记载唐代南康郡姓是赖、叶、银、寻，说明赖在唐代就

---

① 袁义达主编：《中国姓氏·三百大姓》上册，上海：华东师范大学出版社，2007年，第15页、彩图4。
② 袁义达主编：《中国姓氏·三百大姓》上册，上海：华东师范大学出版社，2007年，第135页、彩图35。
③ 袁义达主编：《中国姓氏·三百大姓》上册，上海：华东师范大学出版社，2007年，第229页、彩图61。
④ 袁义达主编：《中国姓氏·三百大姓》上册，上海：华东师范大学出版社，2007年，第261页、彩图70。

赣南第一大姓。据统计,明代赖姓第一大省是江西,现代赖姓主要分布在广东、福建、江西、台湾,[①]华南的赖姓是从江西迁出。

第四节　北岳恒山与逆畤、曲逆、噩丘

北岳恒山在今山西省浑源县,但是古代北岳在今河北富平县、曲阳县、唐县北部与山西省交界处的大茂山,又名神仙山。战国已经出现,《周礼·职方氏》并州:"其山镇曰恒山。"《尔雅·释地》:"恒山为北岳。"《汉书·地理志》常山郡上曲阳县:"上曲阳,恒山北谷在西北,并州山。"常山郡原名恒山郡,避汉文帝刘恒之讳改名。

其实前人未曾指出,北岳恒山最迟在春秋时期已经形成。今按《左传》哀公四年(前491年)说:"国夏伐晋,取邢、任、栾、鄗、逆畤、阴人、于、壶口。"此处说曲逆是逆畤,既然是畤,一定是祭祀名山。其实逆畤就是祭祀北岳恒山,岳是疑母屋部[ngok],逆是疑母铎部[ngiak],读音很近,所以逆畤就是岳畤。这说明最迟在春秋就有北岳祭祀,或许可以追溯到西周。

曲逆县即今河北顺平县,汉章帝巡行北岳时,以为曲逆之名不雅,把曲逆改名蒲阴,他根本不知道逆即岳,改名蒲阴,反而把岳字隐去了。《水经注》卷十一《滱水》:"《春秋左传》哀公四年,齐国夏伐晋,取曲逆,是也。汉高帝击韩王信,自代过曲逆,上其城,望室宇甚多,曰:壮哉!吾行天下,惟洛阳与是耳。诏以封陈平为曲逆侯……《竹书纪年》曰:魏殷臣、赵公孙袞伐燕还,取夏屋城曲逆者也……其水又东南流,径蒲阴县故城北。《地理志》曰:城在蒲水之阴。汉章帝元和三年,行巡北岳,以曲逆名不善,因山水之名,改曰蒲阴焉。"曲逆是大县,可能因为恒山正在要道,也即倒马关。

古恒山高度不及五台山,之所以成为北岳,可能因为地处要道。现在曲阳县北部的大茂山仅有1870米,所以最初的古北岳很可能包括其北灵丘县南部的太白山,太白山高达2234米,是一座高山。古代县界在山地不明,后世又不加深考,所以后人误以为古北岳完全在曲阳县北部了。《太平寰宇

[①] 袁义达主编:《中国姓氏·三百大姓》中册,上海:华东师范大学出版社,2007年,第32页、彩图90。

记》卷六十一镇州真定县(今河北正定):“大茂山,《隋图经》曰:大茂山,恒山之异名也。山南俗谓之太白山是。”此条证明恒山以南的人心目中的恒山包括太白山,这才是恒山的原貌。

顺平县今有曲逆河,《太平寰宇记》卷六十二定州北平县:“后魏孝昌中于今县东北二十里北平城置北平郡……高齐省北平郡及蒲阴县,以北平县属中山郡。”金宣宗贞祐二年(1214 年)升北平县为完州,洪武二年(1369 年)降为完县,1993 年改名顺平县。据说改名因为是有人觉得完县之名不好,表示完结。其实完字本是褒义词,完好、完美,很晚才有完结之义。两千多年了,顺平县的曲逆河仍在,也未影响百姓生活。

北京故宫藏有一方战国晋系官玺:貘鄗噩丘郻昌里府,郻即县,古音相同,噩丘县,地名。貘,通貊、貉,赵国人称北方诸族为貉,东北也有貊,上古有鄚县,在今任丘之北的莫州镇。《史记·赵世家》记载赵武灵王:“五年,与燕鄚、易。”说明鄚在燕、赵两国交界。

日本东京藤井斋成的会有邻馆有一方赵国官玺,印文是“莫邑疆”,即赵国鄚邑守卫疆界官印。

貘鄗噩丘郻昌里府、莫邑疆

资料来源:罗福颐主编:《古玺汇编》,北京:文物出版社,1981 年,第 61、222 页。

我以为噩丘县就是逆丘县,也即岳丘。噩是疑母铎部[ngak],读音很近。曲逆之东,就是鄚县。

因为明清定都北京,古北岳在北京之南,所以改北岳为今山西浑源县的北岳。其实新北岳距离古北岳不远,所以明代祭祀北岳仍在曲阳县北岳庙。

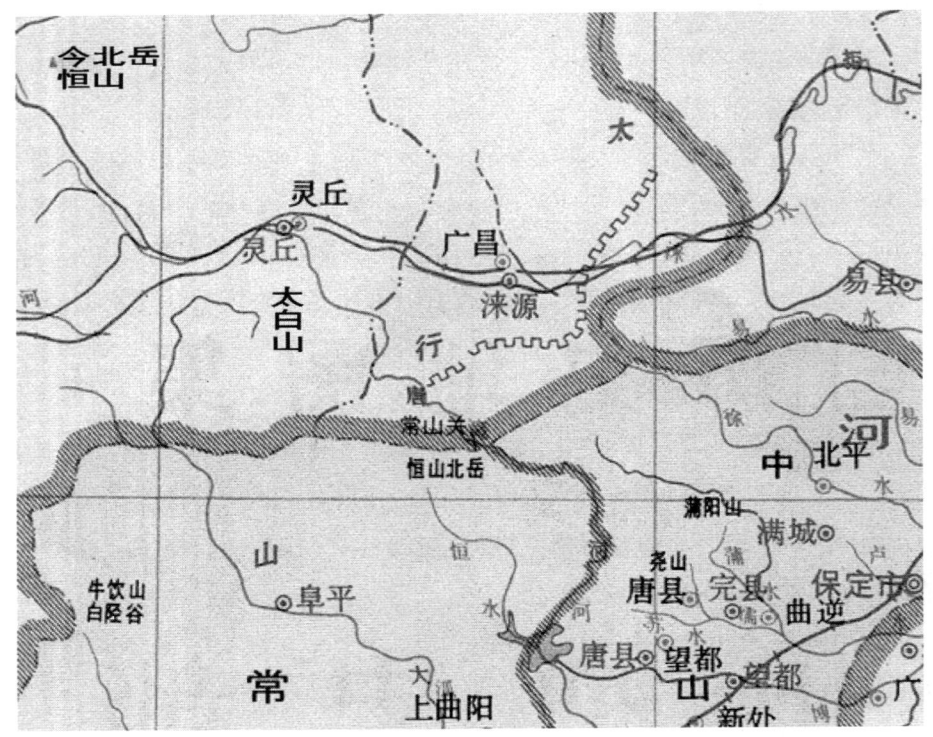

汉代北岳恒山与现代北岳恒山

资料来源:谭其骧主编:《中国历史地图集》第二册,北京:中国地图出版社,1982年,第 26 页。黑体字太白山、今北岳恒山为笔者添加。

直到清代顺治十八年(1661 年),改在浑源县。

需要说明的是,浑源县的北岳不是北朝产生,《水经注》卷十三《灅水》:"又东,崞川水注之。水南出崞县故城南,王莽之崞张也。县南面玄岳,右背崞山,处二山之中。"崞县在今浑源县,于是有人说那时的浑源县就有玄岳,也即北岳。因为北方为玄武,所以玄岳确实是北岳,但是这个玄岳不在浑源县。因为此处的玄岳仍然是指河北省北部的古北岳,因为浑源县南部距离古北岳不远,古代人口远比今日少,山区人烟稀少,一个地名涵盖的面积很大,山区的县界也未细分,加上古人是用文学修辞,所以说崞县南面玄岳。

还有一个更北的北岳,《山海经·北山经》:"又北二百里,曰少咸之山……敦水出焉,东流注于雁门之水……又北二百里,曰狱法之山。瀤泽之水出焉,而东北流注于泰泽……又北二里,曰北岳之山……诸怀之水出焉,而西流注于嚣水。"少咸山在今山西阳高县北,泰泽即《山海经·北次三经》雁门山之北的泰泽,也即《山海经·海内西经》雁门之北的大泽。北岳山在雁门之北,今内蒙古,《北山经》首篇上文说涿光之山:"嚣水出焉,而西流注于河。"北岳山很可能是阴山,涿光即烛光,源自烛龙,也即煤矿自燃,这与烛龙在阴山吻合。嚣水很可能是今大黑河上游,西南注入黄河。

第五节　姜姓东迁山东与东岳泰山

皋陶后裔也有不少东迁山东,《水经注》卷五《河水》:"(河水)又东北,径碻磝城西。《述征记》曰:碻磝,津名也。自黄河泛舟而渡者,皆为津也。其城临水,西南崩于河。"《元和郡县图志》卷十一齐州卢县:"按济州理碻磝城,碻苦高反,磝音敖。"①碻磝城在今茌平县韩集镇高垣墙村,碻磝因为皋陶得名。

皋陶之后有一支有鬲氏,《水经注》卷五《河水》说大河故渎:"西流径平原鬲县故城西。《地理志》曰:鬲,津也,王莽名之曰河平亭,故有穷后羿国也。应劭曰:鬲,偃姓,咎繇后。"有鬲氏在今山东省德州市,距碻磝不远。咎繇即皋陶,《北堂书钞》卷十七引《竹书纪年》作咎陶。这可能是皋陶未南迁的一支,可能就是皋陶的故地。鬲发源于河套地区,而后扩展到黄河下游地区,所以有鬲氏是一定来自山西,这和皋陶源出炎帝吻合。

上文说过,炎帝族人在远古时期就有不少东迁山东,除了上文所说远古的逢国与最大的齐国,山东还有不少姜姓的纪国、向国。

纪国原来与齐国并驾齐驱,《史记·齐世家》:"哀公时纪侯谮之周,周烹哀公。"纪鲁联姻,而纪齐不和。齐僖公二十四年(鲁桓公五年,前707年),齐欲袭纪不成,两年后,纪与周桓王联姻。齐襄公五年(鲁庄公元年,前693年),齐夺取纪国三邑。两年后,纪侯之弟以酅地入齐。又次年,纪侯去其国,纪国衰亡。《续汉书·郡国志》北海郡剧县:"西有纪亭,故纪国。"在今寿

---

① (唐)李吉甫撰、贺次君点校:《元和郡县图志》,北京:中华书局,2008年,第260页。

泰山"五岳独尊"石刻

光县南的纪台镇,乾隆年间在此地发现纪侯钟,1983年在寿光城北20里的古城发现有己(纪)字铭文的商代晚期铜器。传世有西周纪侯貉子簋、纪侯作姜縈簋,此国姓姜。纪国在今山东寿光县,又东迁到胶东半岛。

纪国东迁到胶东半岛,1951年黄县(今龙口)东南10里南埠村出土多件西周到春秋时期的䞣伯器,也是姜姓,或据同姓以为即纪、杞,或以为杞是姒姓,䞣、纪写法不同,所以䞣不是纪、杞,䞣国原在汉代箕县(今莒县碁山镇)。① 1969年烟台上夼村出土西周晚期的己华父鼎与䞣侯鼎,或据此以为纪即䞣。② 1974年莱阳前河前村出土西周晚期的纪侯壶,而灰城(归城)很可能是莱国都城。即使䞣不是纪,也很可能是纪分出的小国。从寿光到莱阳、龙口或许都曾属纪,《左传》说鲁隐公元年,纪人伐夷。

---

① 王献唐:《黄县䞣器》,陈槃《不见于春秋大事表之春秋方国稿》,上海:上海古籍出版社,2009年,第80~85页。

② 郭沫若:《两周金文辞大系图录考释》,北京:科学出版社,1957年,第119页;杨宽:《西周列国考》,《杨宽古史论文选集》,上海:上海人民出版社,2003年,第221页。

第六章　炎帝后裔外迁与五岳演变

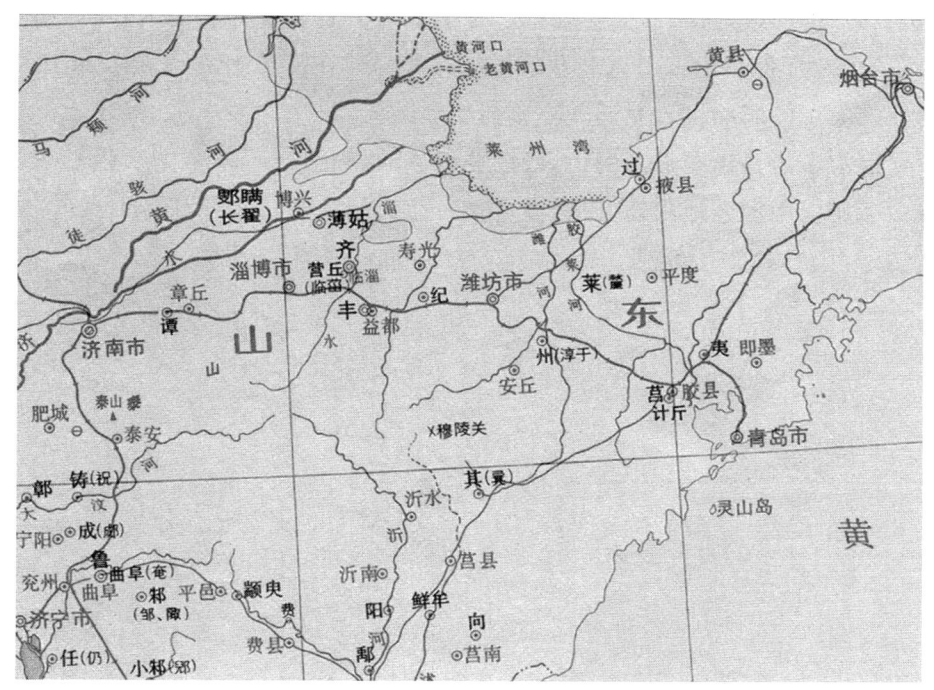

姜姓齐、纪、薄姑、向诸国地图

资料来源：谭其骧主编：《中国历史地图集》第一册，北京：中国地图出版社，1982年，第18页。

向国在今山东莒南县，《汉书·地理志》沛郡向县："故国，《春秋》曰：莒人入向，姜姓，炎帝后。"向县在今安徽怀远县，远离莒国，所以顾炎武认为向国在莒县的向城镇，此说合理。

有趣的是，在向国附近也有神农传说。《述异记》卷下："成阳山中，有神农鞭药处，一名神农原、药草山。山上有紫阳观，世传神农于此辨百药，中有千年龙脑。"城阳在今山东省东南部，就在向国附近，这里出现的神农传说是不是源自炎帝神农氏的后人呢？或许此处的城阳是阳城之误，阳城即今山西阳城县，是炎帝的家乡。

还有学者认为山东有更多的姜姓古国，西周早期的乍册卣铭文说："王姜令乍册□安夷伯。"陈梦家认为这个夷国也是姜姓，有学者认为在今山东即墨、高密之间。有学者认为还有州国，《荀子·君道》："夫文王非无贵戚也，非无子弟也，非无便嬖也，倜然乃举太公于州人而用之，岂私之也哉！以为亲邪？则周姬姓也，而彼姜姓也。"有学者提出姜太公是州国人，州国在今山东安丘。① 但是上古山东姜姓族群应比我们现在从史书上看到的多，上古姜姓在山东的影响也比我们现在所能想象的大。

因为泰山是山东最高的山，所以姜姓族人祭祀泰山，发展为后世的东岳泰山。所以中国各地出现五岳，源自炎帝后裔的外迁。

---

① 陈梦家：《西周铜器断代（二）》，《考古学报》第十册，1955年。陈梦家认为夷在河南濮阳。高广仁、邵望平：《海岱文化与齐鲁文明》，南京：江苏教育出版社，2005年，第230～231、381～382页。

第七章 炎帝对中华文化的影响

炎帝部落是中国历史上第一个打通海陆的部落,对中国大国地位的形成与中华民族的大融合产生了重要影响。炎帝神农氏还对中国的农业、畜牧业、医药学发展做出了开创性贡献,对中国拜火文化、崇山文化也产生了不可磨灭的影响。中国人被誉为农业民族,中医是世界上重要的医学,至今仍对全世界产生重要影响。炎帝至今对中国的饮食文化、宗教文化产生重要影响,炎帝信仰还从中国走向海外。

第一节 炎帝对中国政治文化的影响

据我在《中国文明起源新考》的研究,八九千年前,伏羲氏在河南中部创造了裴李岗文化,向东发展出太皞与少皞的大汶口文化,向西发展出炎帝与黄帝的仰韶文化。太皞住在山东的西部到河南的东部、安徽的北部,建都在陈(今河南淮阳),湖泊密集,所以崇拜龙(鳄鱼)。少皞住在山东半岛到江苏的北部,建都在奄(今山东曲阜),丘陵密布,所以崇拜凤(孔雀)。龙在地下水中,凤在天上林中,所以两个胞族世代通婚,神物相对。

炎帝是烈山氏,崇拜火、山,黄帝是天鼋(轩辕)氏,崇拜云、水。黄帝姓姬,即龟。炎帝姓姜,即羊。龟在水中,羊在山上。炎黄同根共祖,世代通婚,神物也是相对。炎帝部落,农业发达,又被人誉为神农氏。五六千年前,仰韶文化发展为庙底沟文化,统一华北,这就是神农氏统一天下的时代。炎黄部族的中心原来在华山,所以发展出的民族称为华夏。所以又有炎帝出自华阳的说法,华夏发展为现在的中华民族。炎帝与黄帝是中华民族最伟大最重要的两位祖先,所以中华民族又名炎黄子孙。

从神农氏发展出的帝号,称为炎帝。炎帝原来比较强大,向东扩张到黄河三角洲,征服宿沙氏。但是其西北的蚩尤得到了来自中亚共工氏的金属冶炼技术,打败炎帝。炎帝南逃到河南西北部,黄帝援助炎帝,在今河南修武县的涿鹿城打败蚩尤,统一中原。蚩尤的残部,有的东迁到山东的西部,有的留在山西。炎黄融合成的新部落首领颛顼,建都濮阳帝丘,吸纳了来自少皞氏的天官,建立了新的五行部落联盟,开启了五帝时代。

炎帝部族的中心在今山西高平北部羊头山,有神农城、神农泉、炎帝陵。其北是长子县,浊漳水的源头是发鸠山,传说是炎帝之女所居。高平东北是壶关县,传说神农氏在淇山之阳,种植五谷,即壶关县东南的淇阳川。长子县之北是屯留县,有绛水,即姜水,因为炎帝姜姓得名。高平西南是阳城县,南有王屋山,即王岳山,是五岳之首的太岳。因此王屋山被道家誉为仙山之最,洞天之首。阳城县有濩泽,即岳泽,这就是晋城古名泽州的由来。向西过沁水县,有浮山县的巢山,即北焦,河南有南焦。周武王封神农之后于焦,即在此地。又有汾河的支流浍河,别名绛水,也是源自炎帝姜姓。再向西有稷山县,说明这一带农业地位很高。这些无可置疑的证据表明,炎帝神农氏无疑是山西人。

炎帝定都在晋东南,不仅是三晋的中心,也是中原的中心。三晋从山西扩展到河北、河南,原来在地处山西边缘的晋东南就成为三晋的中心地了。晋东南的上党郡是韩、赵、魏三国的缓冲地,所以晋国最后的君主被迁到晋东南的端氏(今沁水县端氏镇)与屯留(今屯留县)。

晋东南有沁河、丹河南通河南,有漳河东通河北,是山西与华北大平原的交通要道。行字的原形就是十字路口,太行的意思就是大路口。太行山原来特指今晋城南部的一个小山,因为这里是中原的十字路口。太行扩展为现在很长的太行山脉,证明晋东南的地位重要。

尧舜时期,东方大平原发生大洪水,东方部族纷纷西迁到山西的南部,都要路过晋东南。夏朝都城在河南与山西,来往路过晋东南。晋代五胡乱华,匈奴、羯是从晋东南向外扩张,石勒是内迁到上党郡武乡县的羯人。北朝后期,尔朱荣从山西南征洛阳,也是路过晋东南。五代时期,内迁突厥人建立的后唐、后晋、后汉都从山西出发,统一华北。历史上有很多王朝是在山西建立,而最早的一个就是炎帝神农氏。

山西的东部是黄淮海大平原,西部是黄土高原,山西地处中国农业区与牧业区之间,是联结海洋与内陆的枢纽。来自中亚和西北的共工氏进入山西,开启后世诸多北方草原民族进入山西的先河。因为山西多山,而且山西的主要两条山脉太行、吕梁山脉是南北走向,所以游牧民族能通过这两条山脉迅速地进入中原。如果没有这两条山脉,游牧民族在南方难以立足。来自草原民族的文化给中原华夏以强烈冲击,不仅未能征服炎黄部族,反而使得炎黄两大部族融合,进一步融合东方的两暤部族,开创了中华民族大融合的源头。所以从这一点来看,山西是中国文明起源历史上有独一无二的重要地位。历史上又有匈奴、羯、鲜卑、突厥等多个民族先进入山西,再征服中原,但是最终都被中华民族融合。所以我们不妨认为,山西的两条山脉也是诱导北方游牧民族迅速融入中华民族大家庭的大通道。

炎帝神农氏占据中原的核心地带晋东南,所以才能够统一中原。《史记·货殖列传》:"夫山西饶材、竹、穀、纑、旄、玉石。山东多鱼、盐、漆、丝、声色……温、轵,西贾上党,北贾赵、中山。"山西、山东物产有别,所以居于其中的山麓地带形成重要市场,温在河南温县,轵在济源。炎帝部落在远古时期,就占有这样有利的位置,这是炎帝神农氏强盛的重要原因。

因为太行山是大路,不是障碍,所以历史上有山西移民到达华北大平原,最著名的是明初的大移民,又名大槐树移民。至今晋语越过太行山脉,分布在河南省西北部与河北省西部。山西晋城的方言,接近河南省西北部与河北省西南部方言,被语言学家归入晋语邯新片。

因为占据有利的地理位置,历史上的泽州、潞州商人就是晋商之中的代表群体、明代王士性《广志绎》卷三说:"平阳、泽、潞,豪商大贾甲天下,非数十万不称富。"[①]除了上文所说的潞绸、泽帕,晋东南在明清时期还以铁制品名闻天下,不少铁制品甚至远销到域外。因为晋东南有丰富的煤炭与铁矿资源,所以形成了庞大的冶铁业集团。各地商人汇聚晋东南运送铁制品,中

---

① (明)王士性撰、吕景琳点校:《广志绎》,北京:中华书局,1981年,第61页。

心是今长治县荫城镇。山西的晋商大院非常著名,高平石末乡侯庄老南院的赵家大院有300多间房屋,建于明末清初,赵家在明代中期发迹,生意远达中国东南沿海。阳城潘氏在清初开始经商,商铺远达江浙,经营范围包括丝绸、棉布、盐、铁、陶瓷、百货等多种产业。①

炎帝从内陆山地扩展到沿海平原,建立了中国历史上最早的海陆政权。陕西的黄帝部落在内陆,沿海的少皞部落在沿海,都不能兼具海陆。唯独炎帝兼具海陆之雄,由炎帝部落发展出的颛顼部落联盟更是建都在炎黄部族与两皞部族之间的濮阳帝丘,融合了两大部族,开创了中华民族大融合的先河。颛顼是五帝时代真正的开创者,所以炎帝对中华民族统一的贡献是功不可没。

炎帝部族打通海陆对中国文化产生了很大影响。愚公移山的故事发生是炎帝部族的中心太行、王屋二山,愚公移山填海的故事其实就是精卫衔西山木石以埋东海故事的翻版。这种故事都来自炎帝部落,正是因为炎帝部落打通海陆。精卫填海、愚公移山的精神感召中华民族历代儿女,艰苦奋斗。太行山东麓还有山神之女嫁给海神之子的故事,《太平寰宇记》卷六十一获鹿县(治今河北鹿泉市获鹿镇)飞龙山条说:"《赵记》云,每岁疾风电雹雨,东南而行。俗传此山神女为东海神儿妻,故岁一往来。"这个故事也很接近精卫填海故事,原型是指海上来的水汽在山前形成降雨。中国背靠世界上最高的高原,面对世界上最大的海洋,自古以来,兼具海陆,所以成就大国地位,炎帝的贡献可谓伟大。

第二节　炎帝对中国山岳文化的影响

炎帝后代有一支南迁到湖北随州,建立厉国,又作赖国,厉、赖都是烈山氏的烈。楚人自称炎帝之后,祝融八姓也有很多南迁到江西和湖南,而且炎帝在晚出的五行学说中对应南方,所以后人附会出炎帝葬在长沙的传说,又在湖南、江西交界处的茶陵县山区建造了纪念炎帝的衣冠冢。隋灭陈,改南

---

① 程原生、米东明主编:《探索发现炎帝陵》,太原:三晋出版社,2012年,第62~65页。

岳为湖南衡山。宋南征,开始祭祀湖南的炎帝陵,这些都是古代中原王朝统一南方的象征举动。南宋才从茶陵县分出酃县,1994年才改名炎陵县。唯有山西高平的炎帝陵是真正的炎帝祖陵,陕西、湖北、湖南的炎帝陵都是外迁的炎帝子孙建立的纪念分陵。神州大地上,还有很多纪念炎帝的庙宇祠堂,还有很多炎帝的传说故事,共同组成了辉煌灿烂的炎帝文化。

炎帝的后代有姜姓,还有分出的岳姓、焦姓、申姓、吕姓,东迁到山东,形成齐、纪、向等姓,泰山成为东岳。《山经》称华山、太室山为冢,有很高地位,而泰山地位普通。至于南岳衡山,在《山经》未出现,说明山岳崇拜源自西北,扩展到东方与南方。

又有祝融八姓在尧舜时期的大洪水中,南迁嵩山,又分化出刘、董、彭、邹、苏、顾、温、傅、路、邬、会、褚等诸多姓氏,嵩山成为中岳。炎帝后代皋陶,又名许由,也南迁到河南,形成许、廖、英、六诸国,六安的霍山成为南岳。霍山之名源自山西的霍山,霍山即岳山。西迁的炎帝后裔,有的融入戎狄,称为姜戎。在六盘山南部出现吴岳,华山成为西岳。炎帝部落又有北迁到河北、山西北部,所以出现了北岳恒山。

五岳文化影响深远,《礼记·王制》:"天子祭天下名山大川,五岳视三公,四渎视诸侯。"山比河的地位高,因为山是河流之源,所以更为重要。《国语·周语上》说周幽王二年(前780年),西周三川皆震。伯阳父曰:"阳伏而不能出,阴迫而不能烝,于是有地震。今三川实震,是阳失其所而镇阴也。阳失而在阴,川源必塞。源塞,国必亡。夫水土演而民用也。水土无所演,民乏财用,不亡何待?昔伊、洛竭而夏亡,河竭而商亡。今周德若二代之季矣,其川源又塞,塞必竭。夫国必依山川,山崩川竭,亡之征也。"山是阳,水是阴,所以山的地位比水高。国有高山为之主,《左传》鲁成公五年(前586年):"梁山崩,晋侯以传召伯宗。"伯宗曰:"国主山川,故山崩川竭,君为之不举,降服,乘缦,彻乐,出次,祝币,史辞以礼焉。"晋国的主山是梁山,梁山崩塌,国君要举行哀悼与祭祀仪式。《周礼·职方氏》又有九州的山镇,源自各国有主山的制度。

秦朝崇六,故改五岳为十二名山,《史记·封禅书》:"于是自殽以东,名山五,大川祠二,曰太室。太室,嵩高也。恒山,泰山,会稽,湘山……春以脯酒为岁祠,因泮冻,秋涸冻,冬塞祷祠。其牲用牛犊各一,牢具珪币各异。自华以西,名山七,名川四。曰华山,薄山。薄山者,衰山也。岳山,岐山,吴岳,鸿冢,渎山。渎山,蜀之汶山……亦春秋泮涸祷塞,如东方名山川,而牲牛犊牢具珪币各异。而四大冢鸿、岐、吴、岳,皆有尝禾。"但是汉朝又改回五岳,后世沿用。

五岳之下,又有五镇,唐代有四镇。《旧唐书》卷二十四《祭祀志四》说:"五岳、四镇、四海、四渎,年别一祭,各以五郊迎气日祭之。东岳岱山,祭于祇州。东镇沂山,祭于沂州……南岳衡山,于衡州。南镇会稽,于越州……中岳嵩山,于洛州。西岳华山,于华州。西镇吴山,于陇州……北岳恒山,于定州。北镇医无闾山,于营州……其牲皆用太牢,笾、豆各四,祀官以当界都督刺史充。"吴山即上古的吴岳。

宋代加中镇霍山,即山西太岳山。《宋史》卷一○二《礼志五》:"立春日祀东岳岱山于兖州,东镇沂山于沂州……立夏日祀南岳衡山于衡州,南镇会稽山于越州……立秋日祀西岳华山于华州,西镇吴山于陇州……立冬祀北岳恒山、北镇医巫闾山并于定州,北镇就北岳庙望祭……土王日祀中岳嵩山于河南府,中镇霍山于晋州。"医巫闾山已在辽境,所以在定州望祭。宋代最大的特色是宋真宗到泰山举行封禅大典,加号泰山为仁圣天齐王,亲谒华阴西岳庙,加号西岳神为顺圣金天王。后又加封东岳曰天齐仁圣帝,南岳曰司天昭圣帝,西岳曰金天顺圣帝,北岳曰安天元圣帝,中岳曰中天崇圣帝。

元代的岳镇祭祀大体沿用宋制。《元史》卷七十六《祭祀志五》说:"岳镇海渎代祀,自中统二年(1261年)始。凡十有九处,分五道……其封号,至元二十八年(1291年)春二月,加上东岳为天齐大生仁圣帝,南岳司天大化昭圣帝,西岳金天大利顺圣帝,北岳安天大贞玄圣帝,中岳中天大宁崇圣帝……成宗大德二年(1298年)二月,加封东镇沂山为元德东安王,南镇会稽山为昭德顺应王,西镇吴山为成德永靖王,北镇医巫闾山为贞德广宁王,中镇霍山为崇德应灵王,敕有司岁时与岳渎同祀。"

中国的五岳文化影响到了边疆与域外,新罗与李氏朝鲜都在境内定了五岳,[①]南诏也在境内封过五岳,现代又有台湾五岳。明代还封了海外山镇,

---

① 阙维民:《韩国"五岳"辨识》,徐少华主编《荆楚历史地理与长江中游开发——2008年中国历史地理国际学术研讨会论文集》,武汉:湖北人民出版社,2009年。

远到日本、东南亚与印度。永乐三年(1405年)封满刺加国西山为镇国山,满刺加即今马来西亚马六甲,镇国山在马六甲西南。四年(1406年)封日本国山为寿安镇国山,即今富士山。六年(1408年)封浡泥国后山为长宁镇国山,浡泥即今文莱国,原来包括加里曼丹岛北部,此镇国山即今加里曼丹岛的最高山基纳巴卢(Kinabalu)山,基纳巴卢山高达4101米,中国航海者称为圣山。十年(1412年)封柯枝国山为镇国山,柯枝在今印度柯钦(Cochin),此镇国山在今印度西高止(Ghats)山脉。

山岳崇拜对中国宗教信仰产生很大影响,五岳信仰中最著名的是东岳泰山与碧霞元君信仰,遍布全国。五岳信仰还使道教产生十大洞天、三十六小洞天、七十二福地等各种说法,七十二福地也是山。中国佛教还产生了中国四大名山:山西五台山、浙江普陀山、四川峨眉山、安徽九华山,类似中国传统的四岳、五岳。

中国山岳文化的第一部名著就是《山海经》中的《山经》,记载五方十四列五百多座山,还有其间的河流、生物、矿物等,是中国历史上第一部伟大的地理著作。如此宏大的山脉著作,不仅在世界罕见,在中国也很少见。直到清代,才有李诚模仿《山经》,作《万山纲目》。

中国唯一以林区命名的县级政区是湖北的神农架林区,在竹山、房县、兴山、巴东、巫山之间,面积3253平方千米,人口8万。地处大巴山东端,山高林密,是堵河、南河、香溪、神农溪等河流发源地。神农架林区南部有小神农架,高达3005米,西北有大神农架,高达3052米,东北有神农顶,高达3105米。神农顶是中国中部第一高峰,是除台湾、四川、云南之外的南方最高峰。

神农架周边看不到带架字的地名,神农架的名字很特殊。传说神农架是因为采药人爬山构建木架,因而得名。同治《兴山县志》说:"老君山,其最高处曰神农架,悬崖削立,林木蒙茸,人迹罕至。"光绪《兴山县志》卷八《山志》说:"白沙水以西之山,出自神龙山。北隶房县,西隶巴东,南隶兴山,为三邑界山。一名神龙架,高寒为一邑最。幽深险阻,多猛兽,产百药。"1943年,房县县长贾文治呈交给湖北省国民政府的《神农架探察报告》说:"神农架起于何时,殆无可考。据当地土人云,昔时神农皇帝,于其处采木建屋,工未遂而神农升天成神,空留屋架于人间,后人遂以神农架之名也。"神农架有可以入药的动植物2000多种,还有很多神奇的白化动物。神农架有百草坪、百草垭等地名,源自采药活动。又有古代神农塑像,现在神农架林区文物保管所。

有人说神农架是神龙架的讹误,我以为这也有可能,因为神农架附近有很多地名都带龙字。① 但是既然这个地名最迟在清代就已经写成神农架,已有至少数百年历史。即使是讹误,也说明神农文化的影响很大。如果不是历史上有神农氏尝百草的传说,如果神农氏的文化影响不大,如果湖北没有神农氏的后裔,即使神农架的山中有再多药材,也不会写成神农架。神农架比神龙架更有魅力,因为神农架令人想到神农氏采药,架木爬山。王维有诗云:"松下问童子,言师采药去。只在此山中,云深不知处。"神农架的名字,隐约透露的就是这首诗的意境。而神龙架则好像是赶神龙上架,失去灵气。

2012年9月,中国国家海洋局将钓鱼岛中部偏东的一座海拔约320米的山峰命名为神农峰,因为钓鱼岛盛产山茶、棕榈、仙人掌、海芙蓉等中药材而得名。② 中华民族始祖神农炎帝的伟名,从此威镇祖国神圣不可侵犯的东南海疆。

第三节　炎帝对中国饮食文化的影响

中华饮食,无疑是世界第一。炎帝对博大精深的中华饮食文化也产生了很大影响,炎帝牧羊,故而姓姜。山西是中原山丘最多的地方,适合牧羊。山西比同纬度的河北、陕北冷,对羊的需求也比较大。羊是重要的牲畜,性格温顺,易于驯化,功用很多。伦敦的纬度是北纬N51°,北京是N39°,但是伦敦的冬季气温比北京还高!中国最北部的漠河不过是N52°,大概就是伦敦的纬度,但是冬季气温比伦敦低30℃!因为欧洲受到北大西洋暖流的影响,所以冬季温度比中国高很多。取暖是中国古人面对的重要问题,羊帮助中国人解决了这个问题。

---

① 神农架东北的荆山主峰是聚龙山,神农架西北的陕西镇坪县有化龙山,神农架东北有龙口河,襄樊有神农山,宜昌有神龙村。

② 国家海洋局编:《中国钓鱼岛地名册》,北京:海洋出版社,2012年,第3~5页。

第七章 炎帝对中华文化的影响

羊肉性热,羊肉与羊毛都能助人取暖,羊肝能使人明目,羊奶是滋补佳品,羊血、羊脂、羊骨、羊胎、羊角、羊肺、羊肚、羊胆、羊心等都可以入药。羊、阳同音,说明中国先祖早就认识到羊能带来阳气。李时珍《本草纲目》说:"羊肉能暖中补虚,补中益气,开胃健身,益肾气,养胆明目,治虚劳寒冷,五劳七伤。"远古时期,人们就利用羊来取暖。山西襄汾陶寺遗址陶寺文化晚期、河南新砦遗址第二期、第三期与二里头遗址第四期发现很多羊骨,经检测主要是老羊,说明是用来剪取羊毛。① 根据本书上文考证,新砦文化是南迁的炎帝后裔祝融八姓创造,这就证明了炎帝部族确实擅长用羊。《诗》中有很多描述贵族穿羔皮衣服的诗,《召南·羔羊》云:"羔羊之皮,素丝五紽。退食自公,委蛇委蛇。"《郑风·羔裘》云:"羔裘如濡,洵直且侯。"《唐风·羔裘》云:"羔裘豹袪,自我人居居!"《桧风·羔裘》:"羔裘逍遥,狐裘以朝。"

羊也是中国人心目中最美的动物,中国的美、善、膳、义、仪、羲、祥、翔、养、着、群、徉、详、羡、鲜、馐等好的汉字,都是从羊。现代中国人最常用的祝贺用语喜气洋洋、三羊开泰等,都与羊有关。羊毛制成人们最常用的羊毫笔,黄梅戏《女驸马》唱道:"手提羊毫喜洋洋。"羊毫与喜气洋洋联系在一起,羊毫柔软,容易吸水,所以羊毫笔写出的字圆润。羊毫笔便宜,写出的字又圆润,自然也有了喜庆的气息。

羊肉是养育中国人最好的食品,所以养字由羊、食二字组成。所谓羊水,其实是养水,也即养育胎儿的液体。

羊是古人最重要的牲畜,而且羊的数量一般比牛多,所以群字从羊。羊是古代贵族财富的象征,《诗·小雅·无羊》云:"谁谓尔无羊?三百维群……尔羊来思,其角濈濈……尔羊来思,矜矜兢兢,不骞不崩。麾之以肱,毕来既升。"这首诗的主题是赞叹贵族的财富,用羊为主题,讲述羊的主人有很多羊群与牛群。

许慎《说文解字》卷四说:"美,甘也。从羊从大。羊在六畜,主给膳也。美与善同意。"意思是说六畜之中,羊肉是主要的食用肉类。美的原义是食物甘甜味美,原来特指羊肉。善字也从羊,原来也是特指羊肉美好。因为羊

---

① 李志鹏、Katherine Brunson、戴玲玲:《中原地区新石器时代到青铜时代早期羊毛开发的动物考古学研究》,《第四纪研究》2014年第1期。

肉最美,所以又有膳字,指好的食物。

古人在年终用羔羊接待贵宾。《诗·豳风·七月》最末说:"九月肃霜,十月涤场。朋酒斯飨,曰杀羔羊,跻彼公堂,称彼兕觥,万寿无疆!"冬季寒冷,而且要庆祝新年,所以才杀羔羊。

清代广东人屈大均《广东新语》说:"东南少羊而多鱼,边海之民有不知羊味者。西北多羊而少鱼,其民亦然。二者少而得兼,故字以鱼、羊为鲜。"汉字的鲜,取东南的鱼与西北的羊,都是最鲜的食物,反映了古人造字的智慧。

古人把鱼、羊看成最美的食物,《小雅·苕之华》:"知我如此,不如无生!牂羊坟首,三星在罶。人可以食,鲜可以饱!"郑玄注:"牂羊,牝羊也。坟,大也。"此诗是说不能吃饱,所以解释为母羊大头,似乎不通。我以为"三星在罶"一句指鱼篓中到夜晚也捕不到鱼,"牂羊坟首"一句指母羊仅留下头骨堆起。此诗感叹不能吃饱,想到的是最鲜美的鱼与羊。

山西羊肉汤非常有名。最著名的山西羊肉汤是晋东南的壶关县郭氏羊汤,恰好就在炎帝家乡。郭氏羊汤被誉为一碗汤中有全羊,加入多种药材,大补元气,制作技术已经列入山西省非物质文化遗产。壶关羊汤融合了炎帝神农氏崇拜的羊与发明的药,可谓是炎帝神农饮食文化的代表。

山西境内有很多优良羊种,比如太行黑山羊主要产自晋东南的太行山区,黎城大青羊主要产自黎城县,阳城白山羊主要分布在阳城县与邻近的河南济源,晋中山羊主要在山西中部,广灵大尾羊主要在广灵、灵丘、浑源等县,灵丘青背羊主要分布在灵丘县,吕梁黑山羊主要在吕梁山区,晋东南就有三四种优良羊种。

明代山西的牧羊人甚至一直把羊群赶到湖南洞庭湖。王士性《广志绎》卷三说:"晋俗勤俭,善殖利于外,即牧畜亦藉之外省。余令朗时,见羊群过者,群动以千计,止二三人执箠随之,或二三群一时相值,皆各认其群而不相乱,夜则以一木架令跳而数之,妓妇与肩酒殽者日随行,氆毛以酬。问之,则皆山以西人。冬月草枯,则麾羊而南,随地就牧,直至楚中洞庭诸湖左右泽薮度岁,春深而回。每百羊息羔若干,剪毛若干,余则牧者自得之。"①王士性在湖南亲眼所见,一定不假。山西人在洞庭湖牧羊过冬,次年春天才返回山西。一群羊多达上千头,一路上生产羊羔、羊毛,还能获利。

中国各地还有很多羊肉名点,除了我们熟悉的西北民族的各种羊肉吃法,东南很多地方也流行吃羊肉。江南平原一马平川,冬季阴湿寒冷,所以也流行羊肉,浙江湖州特产湖羊,湖州人喜欢在冬天喝羊汤,江苏苏州藏书镇羊肉是著名美食,上海、嘉兴一带流行羊肉面。海南万宁的东山羊肉是海南四大名菜之一,采用东山的山羊,吃法多样,甚至有椰汁羊肉。东南沿海在唐代就有很多阿拉伯人、波斯人航海经商,落地生根,形成东南沿海的回族,这些地方也流行吃羊肉。西南有著名的四川简阳羊肉与遵义羊肉粉,山东有著名的单县羊肉汤,陕西有著名的羊肉泡馍,开封有著名的羊肉炕馍。在炎帝的家乡高平,还有传统面食羊馍。

炎帝部落的饮食文化使中华民族饮食丰富而有营养,使中华民族身强体壮,对中华民族有很大贡献。俗话说药补不如食补,在人们生活日益异化的现代社会,中华传统生态饮食仍然有重要意义。中华饮食已经走向世界,受到全世界各族人民的喜爱。

第四节 炎帝对中国宗教文化的影响

炎帝对中国宗教文化产生很大影响,炎帝神农氏集农神、火神、灶神、药神于一身。历代官府建立先农坛,祭祀农业的开创者神农氏,北京至今还有古代都城等级最高的先农坛。

湖北荆州周家台第30号秦墓出土秦代简牍说:

先农:以腊日,令女子市买牛胙、市酒。过街,即行拜。言曰:"人皆祠泰父,我独祠先农。"到囷下,为一席,东乡(向),三腏,以酒沃,祝曰:"某以壶露、牛胙,为先农除舍,先农笱(苟)令某禾多一邑,先农恒先泰父食,到明出种,即□邑最富者,与皆出种。"即已,禹步三,出种所。曰:

---

① (明)王士性撰、吕景琳点校:《广志绎》,北京:中华书局,1997年,第66页。

"臣非事也,农夫事也。"即名富者名,曰:"某不能肠(伤)其富,农夫使其徒来代之。"即以取腏来归,到囷下,先侍(持)豚,即言囷下曰:"某为农夫畜,农夫苟(苟)如□□,岁归其祷。"即斩豚耳,与腏以并涂囷膺下,恒以腊日塞祷如故。①

祭祀者说,他人皆在腊日祭祀祖先,但是他则独祀先农神。他说如果先农神能使他在邑中收获最多,则每年在祖先之前祭祀先农。还解释说农业是大事,所以必须重视。他在仓下祭祀先农神,用牛肉、酒、猪耳等,每年腊日都是如此。

近年湖南龙山县里耶遗址出土的秦朝简牍中,有很多记载祭祀先农神的名字,比如:

□盐四分升一以祠先农

卅二年三月丁丑朔丙申,仓是佐狗出羘以祠先农

卅二年三月丁丑朔丙申,仓是佐狗出黍米四斗以祠先农

卅二年三月丁丑朔丙申,仓是佐狗出祠先农,余彻酒一斗半斗卖于城旦赫所,取钱四。令史尚视平,狗手□②

还有很多简牍,文字大同小异,不再赘抄。湖南原是稻作区,但是南迁的北方人仍然用北方的黍米祭祀先农神,还用羘,也即母羊,这与神农炎帝姓姜崇羊或许有关。

中国古代本土起源的火神庙很多,源自炎帝文化。很多火神庙供奉火神祝融,也是源自山西的炎帝部落。《淮南子·氾论》说:"炎帝作火,死而为灶。"炎帝也是灶神,《礼记·礼器》说:"颛顼氏有子曰黎,为祝融,祀以为灶神。"祝融就是出自山西的烛龙,也是炎帝部族崇拜的神。现在山西人在春节时有社火,社火之名就是源自火神崇拜。邻近炎帝家乡的地方也多有火神庙,比如河南省西北部的博爱县紧邻山西晋城,阳庙镇沈鹿宿村保留有清代的火神庙,其东南的苏家作村原来也有火神庙,国家级非物质文化遗产苏

---

① 湖北省荆州市周亮玉桥博物馆编:《关沮秦汉墓简牍》,北京:中华书局,2001年,第132页。

② 张春龙:《里耶秦简祠先农、祠窖和祠堤校券》,《简帛》第二辑,上海:上海古籍出版社,2007年。

第七章 炎帝对中华文化的影响

家作龙凤灯舞就源自火神庙会。

炎帝与祝融也是灶神。《礼记·月令》说:"孟夏之月,其帝炎帝,其神祝融,其祀灶。"说明灶神的地位原来很高。《论语·八佾篇》记载王孙贾问孔子曰:"与其媚于奥,宁媚于灶,何谓也?"孔子曰:"不然。获罪于天,无所祷也。"民以食为天,所以灶神被看成是天意的代表。

中国各地还有很多炎帝庙、神农庙,或者供奉炎帝神农氏的三皇庙等庙宇,都是源自炎帝神农崇拜。《续汉书·礼仪志上》:"正月始耕,昼漏上水初纳,执事告祠先农,已享。耕时,有司请行事,就耕位,天子、三公、九卿、诸侯、百官以次耕。力田种各耰讫,有司告事毕。"注引《汉旧仪》曰:"春始东耕于藉田,官祠先农。先农即神农炎帝也。"同书《祭祀志下》:"县邑常以乙未日,祠先农于乙地。"元代规定各地普遍祭祀三皇,《元史》卷七十六《祭祀志五》:"郡县三皇庙。元贞元年(1295年),初命郡县通祀三皇,如宣圣释奠礼。太皞伏羲氏以勾芒氏之神配,炎帝神农氏以祝融氏之神配,轩辕黄帝氏以风后氏、力牧氏之神配。"

浙江衢州市神农殿,俗称药王殿,在今县西街宁绍巷11号,占地500平方米。据记载,元朝至元年间(1271—1294年),衢州路医学教授的刘光大,出资建造神农殿,祭祀神农,还在殿内创办惠民药局,救死扶伤。明清两朝的药业界人士多次修缮神农殿,在此建立衢州药业公会。元明清时期的衢州涌现出雷丰、杨继洲、江诚等30多位名医,留下许多医学著作。明代针灸大师杨继洲编成《针灸大全》十卷,列入《四库全书》,成为中华针灸学名著。每年农历正月初一、十五日,衢州神农殿香火旺盛。每年农历四月二十六日,衢州神农殿还举行神农华诞祭祀典礼。①

中国的清明节源自寒食节,其自对火的崇拜与禁忌,寒食节的源头就在山西。传说寒食节起源于介子推在绵山被焚,刘向《新序·节士》记载这个故事,说介子推追随重耳流亡,重耳回国,立为晋君,即晋文公。介子推反而隐居介山,晋文公反复使人搜寻介子推,但是始终找不到。最终晋文公想用烧山的方法逼介子推出山,不料介子推死在山火之中。汉代桓谭《新论》卷

---

① 王卫真:《关于神农殿开发与保护的几点思考》,《浙江省博物馆学会学术研讨会文集》,2007年。

下《新论》:"太原郡民,以隆冬不火食五日,虽有疾病缓急,犹不敢犯,为介子推故也。"《后汉书》卷六十一《周举传》:"太原一郡,旧俗以介子推焚骸,有龙忌之禁。至其亡月,咸言神灵不乐举火,由是士民每冬中辄一月寒食,莫敢烟爨,老小不堪,岁多死者。举既到州,乃作吊书以置子推之庙,言盛冬去火,残损民命,非贤者之意,以宣示愚民,使还温食。于是众惑稍解,风俗颇革。"后世把上古起源的寒食节,附会到晋国人介子推身上,其实是晋地的古老风俗。正如南方端午节是古老的风俗,但是附会到楚国人屈原身上一样。《周举传》说是龙忌,即指烛龙,证明寒食节源自烛龙崇拜,本来与介子推无关。

有趣的是,《山海经·北山经》首篇的最末叙述山神时说:"其山北人,皆生食不火之物。"《北次三经》最末说:"大凡四十四神,皆用稌糈米祠之。此皆不火食。"按照《山经》体例,每篇最末都是叙述山神和祭祀方法,所以《北山经》首篇最末应是指山神生食不火之物,而不是指凡人。《北山经》与《北次三经》诸山绝大多数在今山西,全书唯独此处山神生食不火之物,这是源自山西的火崇拜与火禁忌。

炎帝神农氏对中国的精神文化还产生了很多重要影响,传说神农还创造了琴与瑟,《世本》说:"神农作琴。"又说:"神农作瑟。"《淮南子·泰族》说:"神农之初作琴也,以归神。及其淫也,反其天心。"神农各种植物,所以能创造乐器。

第五节　炎帝对农家学术文化的影响

战国时期诸子百家之中有农家,农家自认为是神农氏开创,崇奉神农之学。农家的代表人物是楚国人许行,原来是许国人,许国被楚国吞并,所以称为楚国人。许国出自姜姓,姜是炎帝之姓,许行崇拜神农,证明炎帝就是神农氏。退一步说,最迟在战国时期已有这种看法。所谓汉代才有炎帝神农氏合一的说法,完全错误。

许行的事迹见于《孟子·滕文公下》记载:"有为神农之言者许行,自楚之滕……其徒数十人,皆衣褐,捆屦织席以为食。陈良之徒陈相与其弟辛,负耒耜而自宋之滕……陈相见许行而大悦,尽弃其学而学焉。"陈相是宋国人,陈姓原来出自陈地,陈、宋都靠近许国,社会环境近似,所以师从许行之说。

《汉书·艺文志》说:"农家者流,盖出于农稷之官。播百谷,劝耕桑,以足衣食,故八政一曰食,二曰货。孔子曰所重民食,此其所长也。及鄙者为之,以为无所事圣王,欲使君臣并耕,誖上下之序。"这里尚未点破农家的本源,其实农家不是源自农官,而是炎帝神农氏的文化,许行是炎帝神农氏之后。农家提倡君臣平等,生活俭朴,自给自足,是对战国时期社会分化、骄奢淫逸的一种反动。农家代表农民阶层的主张,对战国时期的动乱局面提出了独到的见解。此处对农家的批判还是站在儒家的立场,仅强调了农家对农业技术的贡献,未提及农家的社会主张也有一定价值。

农家的书,现在已经失传,《汉书·艺文志》列举如下:

《神农》二十篇。六国时,诸子疾时怠于农业,道耕农事,托之神农。

《野老》十七篇。六国时,在齐、楚间。

《宰氏》十七篇。不知何世。

《董安国》十六篇。汉代内史,不知何帝时。

《尹都尉》十四篇。不知何世。《赵氏》五篇。不知何世。

《氾胜之》十八篇。成帝时为议郎。

《王氏》六篇。不知何世。

《蔡癸》一篇。宣帝时,以言便宜,至弘农太守。

右农九家,百一十四篇。

农家的书不多,上古仅有三种。《神农》是最重要的著作,篇幅也最长,或许是许行等人所著。《野老》的作者在齐、楚之间,其实也就是许、宋、陈一带。作者姓名也已失传,或许是农家后学的杂说。《宰氏》情况不明,或许源自古代的宰官,宰官原来处理饮食,接近农业。汉代农家有五种作品,包括著名的《氾胜之书》。农家在后世也有很多伟大的作品,比如《齐民要术》、《陈敷农书》、《王祯农书》、《农桑辑要》、《农政全书》等。后世不少农家完全是农业技术学家,不是许行那样的社会活动家了。后世很多农民运动首领主张的思想接近农家学说,但是始终不能成为一家。

农业技术不应是农家学说的主流,因为农家诞生的陈、宋、楚一带农业相对不发达。《史记·货殖列传》:"夫自淮北沛、陈、汝南、南郡,此西楚也。

其俗剽轻,易发怒,地薄,寡于积聚……陈在楚、夏之交,通鱼盐之货,其民多贾。"又说:"楚越之地,地广人希,饭稻羹鱼,或火耕而水耨。果隋蠃蛤,不待贾而足,地埶饶食,无饥馑之患,以故呰窳偷生,无积聚而多贫。是故江淮以南,无冻饿之人,亦无千金之家。沂、泗水以北,宜五谷桑麻六畜,地小人众,数被水旱之害,民好畜藏,故秦、夏、梁、鲁好农而重民。三河、宛、陈亦然,加以商贾。齐、赵设智巧,仰机利。燕、代田畜而事蚕。"西楚地薄,陈地人多出外经商。下文先说楚、越之地,农业最不发达,又把陈列入好农与重商风俗兼有之地,但是陈列在亦好农之地的最末,说明陈地农业很不发达。既然陈、楚一带农业不发达,还诞生了农家,说明农家思想的主流不可能是农业技术,而应是社会学说。这就凸显了神农氏历史文化对农家形成的重要影响,而不是神农后代迁徙所到的南方历史传统。

农家类似英国的掘地派(The Diggers),1649 年 4 月,英国退役军人埃弗拉德带领 4 个农民到伦敦附近的圣乔治山冈垦荒,人数渐增至 20 多人。温斯坦莱加入,发表《真正的平等派举起的旗帜》。1650 年 3 月,公社被迫解散。但是各地出现很多支持者,出现贫民耕种村社公地的运动,有的地方多达千人。由于地主和军队的镇压,到 1651 年,掘地派运动失败。1652 年,温斯坦莱发表《自由法》,详细阐述了掘地派的主张,描绘了公有制共和国的蓝图。该著作被认为是早期空想社会主义的重要文献,与莫尔的《乌托邦》和康帕内拉的《太阳城》齐名。掘地派提倡人人耕地,土地公有,类似农家主张。掘地派也出现在英国资本主义迅速发展时期,是对社会兼并的一种反动。

农家的思想至今仍有一定价值,农业是人类社会的根本产业,农家积极探索农业科技,促进了科技发展,改善了人类生活。农家提倡生活俭朴,反对铺张浪费,减少环境污染,尤其值得现在人们重视。孟子等攻击农家的人,强调社会无法倒退到原始社会,但是孟子不可能看到今天严重的环境污染。现代在城市生活的人也要经常去乡间,返璞归真,人类不可能完全脱离乡野。可惜农家的著作未能完整保留,我们无法看到农家的系统学说。

农家有接近道教之处,产生的地域也邻近,道家的代表人物列御寇是郑国人,不知列御寇的列氏是否源自烈山氏。炎帝神农氏之后有厉(赖)国,地有烈山,则也可以称为列氏。郑地靠近嵩山,是祝融八姓南迁之地,所以又被称为祝融之墟,应有很多炎帝神农氏后裔。

有人提出《管子》中的《度地》、《地员》等篇目,讲述农业技术,所以可能是农家作品。但是我以为未必是农家作品,因为一般认为《管子》是法家作品,法家治国,会利用各种农业技术,所以不必解释为农家作品。从其中具体内容看,说到沿海河流,讲的是齐国农业技术。而农家多是楚地人,活动在滕国,地域也不同。《管子·揆度》:"管子曰:神农之数曰:一谷不登,减一谷,谷之法什倍。二谷不登,减二谷,谷之法再十倍。夷疏满之,无食者予之陈,无种者贷之新,故无什倍之贾,无倍称之民。"神农氏的时代不可能有这样的减免田租与谷种借贷,这是春秋战国齐国法家的伪托。但是山东原来就有很多炎帝神农氏的后代,所以山东的农业技术也应该受到炎帝神农氏文化的影响。

第八章

炎帝对海外华人的影响

炎帝后裔不仅扩展到了中国南方的长江流域,还远达东南沿海,又从东南沿海迁往海外各地。炎黄子孙把炎帝文化从中国东南沿海带到了海外,在港台与南洋等地不仅有祭祀炎帝神农氏的庙宇,不少庙宇还是当地华人移民社区的核心建筑,或者为当地公益事业做出巨大贡献。

第一节 炎帝与广州别名羊城的由来

众所周知,广州又名五羊、羊城。羊成为现在广州的重要标志之一,广州亚运会的会徽,广州地铁、羊城通的标志都是羊的形状,广州亚运会的吉祥物是羊,广州还有《羊城晚报》,越秀公园内有著名的广州标志雕塑五羊雕塑。现在广州还有五仙观,传说是五位仙人骑羊落脚之地。广州是如何获得羊城这一称号的呢?五羊故事的本源在何处呢?我们能否考证出五羊故事的历史真相呢?五羊故事与姜姓的炎帝神农氏有没有关系呢?

五羊传说,现在能查到的最早记载是魏晋时期的《郡国志》与晋代裴渊《广州记》,《太平御览》卷一百八十五引《郡国志》曰:"广州,吴孙皓时以滕修为刺史,未至州,有五仙人,骑五色羊,负五谷来,迎而去。今州厅事梁上,画五仙人骑五色羊为瑞。"又引裴渊《广州记》曰:"州厅事梁上画五羊像,又作五谷囊,随像悬之,云昔高固为楚相,五羊衔谷萃于楚庭,于是图其像。广州则楚分野,故因图像其瑞焉。"因为五羊衔来的是谷穗,所以广州又名穗城。

著名学者岑仲勉认为五羊传说来自周人南迁。① 但是周人虽然重农,并不崇拜神羊。周人是黄帝之后,不是炎帝之后,黄帝是轩辕氏,也即天鼋氏。而且周人在遥远的西北,不可能有很多周人南迁岭南。五羊故事未提到周人,所以此说于史无据,难以成立。还有不少学者从广东土著越人的角度来考察这个传说,提出五羊五谷来自土著越人。徐松石说五仙是来自五个寨子的壮族,②又有人提出五羊故事源自越人的黄狗取稻种故事,③或解释为盘瓠故事中的五色犬,④或者直接提出源自瑶族。⑤

广州越秀公园五羊雕塑

但是羊是在北方草原驯化的动物,很晚才传到南方,不是南方的重要牲畜。南方天气很热,对羊肉、羊毛的需求很小。而且越人种植水稻,不可能出现五谷传说,五谷绝大多数都是北方作物。而且广东原来遍地越人,既然越人极为普遍,在汉人政权中地位不高,不可能被神化为仙人。壮族、侗族、苗族等民族故事中取来稻种的是狗,不是羊,绝不可能混淆,所以这个传说的主体不可能是南方土著的越人或瑶族等民族。

还有人说五羊来自广西的骆越,骆越又来自湖南的罗国。⑥ 这种说法毫

---

① 岑仲勉:《五羊城故事与广东语系民族》,《广东文物·广东人物特辑》,1949年。
② 徐松石:《傣族与岭南的关系》,《徐松石民族学论集》,桂林:广西师范大学出版社,2005年,第1160页。
③ 刘付靖:《百越民族稻谷起源神话与五羊传说新解》,《中南民族大学学报(人文社会科学版)》2003年第2期。
④ 袁进:《试论五羊神话产生的历史背景及其原始含义》,《古今农业》2004年第1期。
⑤ 吴之邨:《"五羊"新诠》,《江西社会科学》1996年第3期。
⑥ 杨万翔:《谁牵五羊至广州》,《广州轶闻》,广州:广东人民出版社,2010年。

无史料依据,关于罗国,史书记载太少,情况不明。还有人说五羊故事来自芈姓罗人,罗即南海神庙的波罗树,南海神庙附近的祠堂的对联有羊石西来四个字。① 这段论证完全不能成立,罗与波罗毫无关系,罗与这个祠堂也毫无关系,羊石与五羊也毫无关系。

其实广州五羊五谷传说,就是源自中原的炎帝神农氏信仰。楚人自称是炎帝之后,楚国在战国时期扩展到五岭以南,接近现在广州。秦灭六国时,很多楚人南逃到岭南。秦始皇又南征岭南,在番禺(今广州)设南海郡,南征队伍中也有很多楚人。南征之后,也有很多楚人南迁。现在的粤语还受到古代的楚语很深影响,西汉扬雄《方言》卷二说:"䁻、睇、睎、䀩、䀹也。陈、楚之间,南楚之外曰睇。"现在粤语说看为睇,原来是楚语。其实睇就是视,上古音的睇是透母脂部[thyei],视是禅母脂部[ziei],叠韵,准旁纽,读音很近。粤语是汉语方言,粤语中源自百越语言的成分极少。

因为楚人聚集在番禺,所以广州又名楚庭,后世也把广州称为楚庭。唯有把五羊五谷传说解释为楚人的炎帝神农氏信仰,才能完好解释这个传说中羊、谷、楚三者结合的原因。这个故事不可能是秦汉才出现,因为秦汉时期占据岭南的汉人首领任嚣、赵佗等人都不是炎帝神农氏后裔,不必造出这个故事。

大量楚人来到番禺,带来了炎帝神农的信仰。炎帝姓姜,崇拜神羊。神农氏发明农业,农业技术发达,所以楚人把这两种神物混合,创造了五羊衔穗的传说,或许在长江流域就有。因为南方的炎帝神农信仰本来就很深厚,所以可能很早就有炎帝葬在长沙的说法。

番禺(广州)原来在热带海岸,渔业发达。虽然有农业,但是未有长足发展。中原移民来到此地,人口增加,需要发展农业,而且中原移民原来不熟悉热带农作技术,所以要祈求炎帝神农氏保佑。中原移民带来了中原技术与北方的五谷品种,又与岭南实际情况结合,开创了岭南历史的新时代,这是五羊传说出现的历史背景。

所以我们不能仅把五羊故事当成广州历史上的一个奇闻,而要看到这

---

① 杨棣森:《广州五羊神话渊源新解读》,《黑龙江史志》2013 年第 23 期。

个故事的背景对广州的发展至关重要。如果是一个简单的奇闻,不可能获得广州刺史的重视,不可能在历史上有如此重要的影响。

广州五仙观

裴渊《广州记》所记楚人的五羊传说为真,而《郡国志》说孙吴才有五羊传说则不合实际。因为《郡国志》的传说晚出,所以有五个仙人,又有五色之说,这是受到五行体系的影响。《广州记》的传说是原始传说,所以只有五羊,不见五仙。《郡国志》说五羊负谷,《广州记》说五羊衔谷,《广州记》所说更符合情理。《拾遗记》卷一《炎帝神农》说:"时有丹雀衔九穗禾,其坠地者,帝乃拾之,以植于田,食者老而不死。"动物口衔谷穗,更符合情理。而且《广州记》不仅说广州厅事梁上画五羊像,还说随像悬挂五谷囊,记载更加详细。《广州记》强调的是五谷,这才是五羊传说的核心。南方民众需要的是五谷,不是五羊。南方原有稻田,但是没有北方农作物,所以五谷传说更能打动南方民众。《太平寰宇记》卷一百五十七广州南海县五羊城条引《续南越志》云:"旧说有五仙人,骑五色羊,执六穗秬而至,至今呼五羊城是也。"此说又把谷穗夸大为六穗秬,更加突出了五谷的核心内容。

故事中的五羊本来是为了配五谷而出现。炎帝是姜姓,但是种植五谷的是神农,五羊五谷的结合说明上古人就认为炎帝出自神农氏,炎帝神农氏不可能是汉代才出现的说法。

羊本来是北方的动物,五羊传说竟出现在遥远的南海之滨,成为广州的文化源头之一,说明来自中原的炎帝神农氏文化对中国各地的地域文化影响很深。如果没有楚人南迁,带来华夏文化,带来发达的农耕技术与北方的农作品种,则广州的文化显然太过单一。现在的广州早已是国际大都会,我们发现五羊故事其实也是移民的故事,这对现在广州文化的发展仍有重要促进作用。五羊故事说明广州从两千多年前就深深融入了中华文化,说明现在中华民族形成多元一体格局,炎帝的贡献很大。

五羊崇拜又随广府人的外移而传播到海外,实质是炎帝神农文化的传播,这是炎帝神农文化扩散到海外的一条途径。

第二节　神农炎帝信仰南传海峡两岸

闽台俗语说:陈林半天下,指陈、林二姓在闽台最多。福建陈姓最著名的人物是唐代的陈元光,唐代张鷟的《朝野佥载》称陈元光为岭南首领。唐代武则天垂拱二年(686年),陈元光从潮州向东,出兵福建,平定土著起事,因而设立漳州。最初的州治在怀恩县,在今云霄县漳江岸边。开元四年(716年)移州治于漳浦县,在今漳浦县东。乾元二年(759年)因为漳浦县的州治有瘴气,因而北移漳州治所到龙溪县,即今漳州。因为唐代史料极少,所以唐代史书不记漳州得名由来。但是后世史书一说漳州之名源自漳江,而漳江之名源自山西的漳河。因为中原移民从山西南迁到此,所以出现了这一地名。此说恰好与陈元光籍贯河东之说吻合。传说陈元光之父陈政是河东人,也即今山西人。虽然有学者认为这是出自后世附会,但是此说即使出自后世附会,也说明漳州在唐宋时期迅速汉化。如果没有中原移民来到闽南,不可能出现汉化的局面,也就更不可能出现地名与籍贯的附会。

林是福建大姓,主要是九牧林一系,妈祖林默娘就是九牧林氏。九牧林的始祖是东晋的林禄,其十四世孙林玄泰,官瀛州刺史,十五世孙林万宠,官高平太守。他们的合葬墓在古代莆田县尊贤里紫霄岩鸡啼坪。林万宠生三子：韬、披、昌，次子林披又生有九子，即九牧林得名之源。林披第六子林蕴，即妈祖林默娘的五世祖。妈祖的祖先曾在山西高平为官，把山西的中原文化带到福建，炎帝的家乡与妈祖有不解之缘。林姓的发源地是殷都安阳，就在晋城之东。

复旦大学金力院士主持的分子人类学研究证明，福建、云南两省汉族的父系血缘，源自北方汉族的比例居然高达九成，但是母系血缘主要源自南方土著。① 这就与陈元光、王审知南征福建的记载完全吻合，因为南征的北方士兵娶福建土著越人女子为妻，所以父系主要源自北方，而母系主要源自土著。复旦大学李辉教授的研究表明，现在福建人Y染色体中源自百越的O1单倍体群比例很低，甚至比浙江人还低。② 复旦大学严实博士收集的陈姓汉族的Y染色体相互无关样本79例，其中D占1%，C占8%，N占6%，O1占19%，$O2^*$占6%，O2a占6%，$O3^*$占3%，$O3a1^*$占4%，O3a1c占13%，$O3a2^*$占8%，O3a2b占3%，$O3a2c1^*$占10%，O3a2c1a占10%，Q占4%。虽然陈姓的父系血统源自百越的成分O1高达近1/5，超过李、王、张、赵等大姓，但是源自华夏的成分O3有44%，仍然是最多。严实收集的林姓汉族的Y染色体相互无关样本17例，其中C－M130占12%，N－M231占12%，O1－M119占6%，O3a1c－002611占6%，$O3a2c1^*$－M134占12%，O3a2c1a－M117占53%，祖籍福建、海南的林姓有8人，其中7人是M117。说明东南地区林姓的父系血统源自百越成分O1极少，大多数源自中原华夏M117与M134，也即炎黄系统。Y染色体M117对应黄帝部族，M134对应炎帝部族，本书无法展开，我在另著有详细论证。

福建有很多神农庙，民国《南平县志》卷四记载："五谷岩，城东四十里，上有殿，祀神农，其中悬崖峭削。"卷二十记载："三皇宫，天河边协署前，紫云岭半。清康熙三十年(1691年)重建，祀伏羲、神农、黄帝。"民国《政和县志》

---

① 金力：《写在基因中的历史》，收入韩昇、李辉主编《我们是谁》，上海：复旦大学出版社，2011年，第95页。
② 李辉：《分子人类学所见历史上闽越人群的消失》，《广西民族大学学报(哲学社会科学版)》2009年第2期。

卷二十一记载："官湖社仓，在官湖神农祠，光绪二十五年（1899年）设立。"乾隆《宁德县志》卷二记载："炎帝庙在碧山尾，不知建于何时，乾隆二十二年（1757年）乡内民人合赀共修，四十二年（1777年）复修。"

民国《泰宁县志》卷二十五记载："三皇庙在炉峰山下，元时建，祀庖犧、神农、黄帝。"民国《建宁县志》卷六记载："神农庙在水南羊背花门楼，嘉庆二十三年（1818年）邑绅募建，光绪十四年（1888年）里人王绍文、吴德光、徐福馨、徐元贞等重建。"永安市小陶镇石峰村高漈坑有一座古老的神农炎帝庙，相传有1000年的历史，原名五谷仙庙。石峰村是北宋开基，村民传说有石峰村时，就有此庙。近年来，这座五谷仙庙也得到修复。民国《尤溪县志》卷八："云凤亭在十八都纲纪，天启间建，祀神农。"乾隆《永春州志》卷七记载大田县的钟峰有神农庙，光绪《长汀县志》卷二十七记载罗坊镇回龙庵："祀神农、镇武暨本坊罗公像，道光年间孝廉曾炳文倡众建复。"

民国《连城县志》卷十九记载，城东石门岩前有神农庙。民国《上杭县志》卷十九记载："神农庙在县东关外，清嘉庆间知县沈士煃倡建，左畔并建书舍，以课士人，规模弘大。民国十四年（1925年）开辟马路，将墙砖全行拆去，供建筑之用，只留神厅三间。十七年（1928年），邑人捐资重建，各乡多有五谷神庙，兹不备载。"卷二十又说："乡民于二三月间多迎神出游，其神无非五谷神，即神农。"

民国《龙岩县志》卷二十二记载东兴桥对面有神农亭，卷二十三记载同治年间在石牌前建神农宫，又有南阳的仙宫祭祀神农。光绪《漳浦县志》卷二十一记载雍正五年（1727年）奉敕建先农祠。漳州市长泰县与泉州市安溪县交界处，有神农大峡谷。

福建还有很多五谷仙人庙，民国《政和县志》卷七记载："五谷仙殿，在西里洞宫香炉山，民国四年张传学传庆等募建。"民国《建瓯县志》卷五记载有五谷仙亭陂，民国《霞浦县志》卷八记载："五谷仙人坪，在县南五十里四十二都棠源堡。棠源主山如屏矗立，其顶平旷，有五六丈许，为仙人坪，面对洪山，相传有五谷仙居此。"民国《尤溪县志》、《闽清县志》记载县内有多处地方祭祀五谷仙，民国《沙县志》卷三记载："南岩洞，在十五都月邦乡，附近颇宽广，可乘凉。洞前有庙，祀五谷仙。"嘉靖《安溪县志》卷二记载："宝云殿，在还集里，中祀五谷仙人。四方多从祈梦，亦甚有应者。"

厦门人也崇奉神农,民国《厦门市志》卷二十记载:"六月初六日曰天贶节,农家具角黍姓,礼祀神农,曰六六福。"厦门岛上的湖里区后浦村龙会宫供奉五谷仙帝,也即神农氏。龙会宫的神农像,头上有角,黑脸,肩披谷穗,手执禾苗。龙会宫内有两副对联:一副是:"教种植禾苗人民受惠,制耕耘耒耝农子受惠。"一副是:"五谷美食思神农大德,百草良药颂炎帝丰功。"

厦门同安区莲花镇澳溪村澳内社青云殿,供奉伏羲仙帝、神农仙帝,此处的神农仙帝浑身通红,左手持穗,右手持剑。据说因为炎

厦门湖里区后浦村龙会宫

帝崇拜火,所以此处的神农仙帝是红皮肤。民国《同安县志》卷四记载:"极巅有青云殿,中祀神农教主。每年八月,乡人多于此祈梦。"同安区祥平街道溪声社区的溪銮殿,供奉五谷仙帝。同安区汀溪镇莛畲村宝应殿,供奉五谷仙帝,这两处五谷仙帝都是左手作法指,右手持剑。黄绍坚先生认为,台湾新北市双溪区平林村的玉仙宫供奉的五帝仙帝,也是左手作法指,右手持剑,所以这些五谷仙帝形象有共同源头。

神农炎帝信仰传播到海外的另一条途径是从福建东传到台湾,据学者统计,台湾以神农为主神的宫庙就有250所左右,有供奉神农的宫庙则多达300所。

明末清初,大量汉人东渡台湾,开垦荒地,移民供奉神农,祈求保佑农业兴旺。台湾气候炎热,移民供奉神农,希望消灾免病。炎帝神农在台湾被尊

称为炎帝、开天炎帝、炎王、五谷先帝、五谷爷、神农大帝、神农仙帝、先农、先帝爷、五谷仙、药王大帝、粟母王、土神、田祖、田主等,以农神、谷神、药神面目出现,庙宇名称更多。①

台南市神农街有药王庙,据说建于南明隆武元年(1646年),祭祀神农。台南柳营乡果毅后镇东宫的神农信仰,据说是明代万历年间来自漳州平和县下寨乡神农庙。台南的这些神农庙是台湾最早的神农庙,具体建设时间虽不可考,但是大体上都在南明时期。高雄大社青云宫主祀神农,有300多年历史。苗栗县竹南镇的五谷仙帝宫是乾隆四年(1739年)泉州移民建立,据记载是:"为祈求地方安宁,民丰物阜,而兴建该宫。"台北士林区的最古庙宇是神农宫,建于康熙年间。屏东县潮州镇是客家人聚居地,也有神农宫。

第三节　台南最早的神农庙源自厦门

台南市区最早的神农庙是神农街尾的药王庙,神农街靠近台南城外的古海港码头。这一片街区俗称五条港,原来有五条运河,是清代台湾与大陆海上交通的门户。神农街在南势港北岸,又名北势街。现在神农街是五条港地区最有名的古街,成为重要观光景点。

台南市神农街的药王庙门楼

① 钟宗宪:《炎帝神农信仰》,北京:学苑出版社,1994年,第134～135页。

第八章 炎帝对海外华人的影响

神农街现在还有风神庙,因为渡海需要好风,所以祭拜风神。清政府规定台南与大陆的厦门港对渡,台南的风神庙其实就是源自厦门港的风神庙,道光《厦门志》记载风神庙在雍正时建立。厦门港风神庙旁还有朝宗宫,供奉圣母妈祖。现存重刻的咸丰元年(1851年)碑记,记载乾隆五十三年(1788年)福康安率军在台湾平定林爽文,因为从厦门港渡海,所以乾隆以为妈祖相助,御赐"恬澜贻贶"匾额。

乾隆帝还亲书《御制平定台湾告成热河文庙》、《御制平定台湾二十功臣像赞序》、《御制剿灭台湾逆贼生擒林爽文纪事语》、《御制福康安奏报生擒庄大田纪事语》,制成石碑,分为满汉文两组共八座,一组安放在台湾府城,一组安放在厦门港北侧的南普陀寺。

厦门港原有乾隆三十九年(1774年)厦门海防同知蒋元枢所建接官亭,前有牌坊,上书:"盛世梯航,天南都会。"蒋元枢后来升任台湾知府,乾隆四十二年(1777年)又在台湾府城的码头建立接官亭,就在今日台南市的神农街,现存石牌坊,他还重修了台湾府城的风神庙。① 乾隆《重修台湾县志》卷三《建置志》:"接官亭,在西门外风神庙前。"卷六《祠宇志》:"风神庙,在大西门外接官亭后。"②

1912年,因为兴建厦门电厂,征用朝宗宫土地,在靠海处新建朝宗宫,将相邻的风神庙、龙神庙、斗姆楼等并入,因此现在的朝宗宫有乾隆御赐的两块匾额,另一块是乾隆二年(1737年)赐给风神庙的"惠应波恬"匾。新的朝宗宫于1940年重修,但是1949年厦门电厂被炸毁,朝宗宫后殿倾颓。1959年,朝宗宫在特大台风中倒塌。近年朝宗宫以龙王宫之名恢复,2014年复名朝宗宫。2014年朝宗宫复名庆典上,有来自台湾的多位政要及台南道教会、台南市文献委员、台南文化协会、台南风神庙、台南海安宫的多位嘉宾。

台南的神农街还有水仙宫,也是源自厦门的水仙宫。厦门港与台南港有如此多同源的庙宇与碑刻,那么,台南市神农街的药王庙是不是也源自厦门呢?

---

① 郑道聪:《清代厦门与台湾府渡口史事探遗》,《台南文献》第5辑,第141~148页。
② (清)王必昌总辑、王志楣点校:《重修台湾县志》,台北:远流出版事业股份有限公司,2005年,第178、262页。

厦港朝宗宫的乾隆御赐匾额:"惠应波恬","恬澜贻贶"

其实台南神农街的药王庙也是源自厦门港。我有一次到厦门港北部不远的碧山岩寺,发现其中赫然有药王殿,还有清代与民国药王庙的四方碑刻,原来碧山岩原来还有一个药王庙。道光《厦门志》卷二《祠庙》:"药王祠,在碧山岩内,祀药王。"①何丙仲《厦门碑志汇编》是厦门碑志的权威著作,但是此书仅收光绪二十年(1894年)石刻《碧山岩新楼记》,②其实还有三方碑刻与药王庙直接相关。

厦门药王庙中的嘉庆二十年(1815年)的《歌功颂德》碑记载:

> 特授泉州府同安县石浔分司加三级又加一级陈,为乞示垂文事,据厦商药铺户钱启泰等禀称,碧山岩傍南有药王古庙,于乾隆五十九年(1794年)前司主刘捐廉修葺,增设孙、韦二真人神位,嗣蒙前司主斯添

---

① (清)周凯纂、厦门市地方志编纂委员会办公室整理:《厦门志》,厦门:鹭江出版社,1996年,第51页。

② 何丙仲编纂:《厦门碑志汇编》,北京:中国广播电视出版社,2004年,第368~369页。

设戏台,筑砌石路。嘉庆八年(1803年),又蒙分宪徐捐募鼎新。商等感激之余,无可图报,从旁设立徐、刘、斯三公长生禄位,朝夕顶礼,俎豆尸祝。迄今抽提规费,千有余缗,置产生息。伏念药皇、真人华诞,均已演剧庆祝,三公寿辰亦宜一体遵庆。除章程自行妥议外,合请给示,严禁地匪作践,以垂久远等情。据此查该商向奉药皇、孙、韦二真人神像及徐、刘、斯三公长生禄位,兹请一体庆颂千秋。既由该商感激乐输,出自至诚,殊堪嘉尚。除届期着令寺僧谨庆祝外,合行给示为此,示仰诸色人等知悉。毋许作践滋事,务各一体尊崇,咸登仁寿,毋违特示。药皇烈山圣帝,四月二十八日华诞。孙真人,正月初二日华诞。韦真人,六月初九日华诞。赐进士出身、诰授朝议大夫福建福州海防同知摄理同安县事前任台湾府知府徐公讳汝澜,五月初一日寿辰。前任石浔分司刘公讳天佑,六月初十日寿辰。前任石浔分司斯公讳芳,二月十八日寿辰。嘉庆二十年四月□日,厦岛药商诸铺户公立。

今碧山岩寺内的药王殿大门

清代药王庙《歌功颂德》、《疏通水道碑记》碑

第八章　炎帝对海外华人的影响

光绪甲午(左)与民国甲寅(右)的药王庙石刻

此碑说明厦门的这个药王庙在乾隆之前早已存在,或许能追溯到明代。清朝官府对药王庙多有资助,大概因为此庙所供的是华夏始祖,而且药商云集,有益民生。碑文又明确提到此庙供奉的主神是烈山圣帝,也即炎帝神农氏。此碑之旁,还有乾隆年间的《疏通水道碑记》,记载碧山岩下原有水道,应是通往厦门港,说明药王庙原来与厦门港交通便利。

厦门药王庙中还有光绪二十年(1894年)厦门药途公会所立的《碧山岩新楼记》石刻,记载:

> 岩背山面海,为鹭江胜景之一。树木葱茏,云霞变幻。仰观俯察,气象万千。庭有石,曰灵岩,雌虎产于中而穴焉。风日晴和,盘游石上,倏现倏隐,见者辄称瑞物,实山川灵秀所钟。东有药皇殿,我途原奉神农圣帝、纬真人神像。岁丁亥冬,忽遭炮局震动,各处倾塌,触目凄凉。我途捐资计千员,交值年炉主郑贻模,福首胡浩然、洪向荣等重修药皇殿。甫竣,岩董叶、张、林、杨诸君佥举我途复建公所,时捐资不供,因循不举。迨癸巳夏,炉主詹应贤、福首陈心澄、张光耀、傅耀善、郭雨辰倡

邀同人极力募捐,召匠兴工,就岩西义娘庙添盖层楼,连桥石洞。每逢神诞,可于斯楼宴会议叙,另于洞后筑舍一间,以治庖厨。又葺山门并财神庙一厅一房,收贮仪器,各得所宜。楼成,仍祀义娘,重故址也。来者盍日新楼……光绪二十年(1894年)岁次甲午季夏,药途金泰和等勒石。吴荫棠、郭静轩仝记,郭鸿飞敬书。

药途公会即厦门的药业公会,嘉庆年间似乎仍然没有建立。清代晚期已有药业公会,这是诸药铺在药王庙集会的产物。山门大致在今碧山岩寺门口,财神庙现在不存,或许与药王庙有关。石洞即今石洞,义娘庙在洞西,大致即今药王殿位置。建楼是炉主、福首、岩董三方商议,炉主每年轮班,应是药途公会领袖。炉主本指庙宇领袖,说明药途公会确实源自药王庙的药商聚会。

厦门药王庙还有民国甲寅(1914年)记载重建棋南楼历史的石刻,现在多被青苔覆盖,多数文字已经难以辨认,多是捐资记录。其下方有民国十六年(1927年)厦门药途公会刻石的《碧山岩棋南楼重修记》,记载:"楼建于晚清光绪甲午年(1894年),风剥雨侵,侧殿坍塌。民国乙丑(1925年)夏,同人□于此谋□□而塞于资。爰举选于峰、叶如松、刘西浦、余象三诸君董其事。仍其故址,扬工□材,所需胥□诸陈美□、童梅峰二君。而以会产岁收,赓续置之。是役也,□金三千二百一十六圆,凡五阅月迄工。□殿巅末,昭

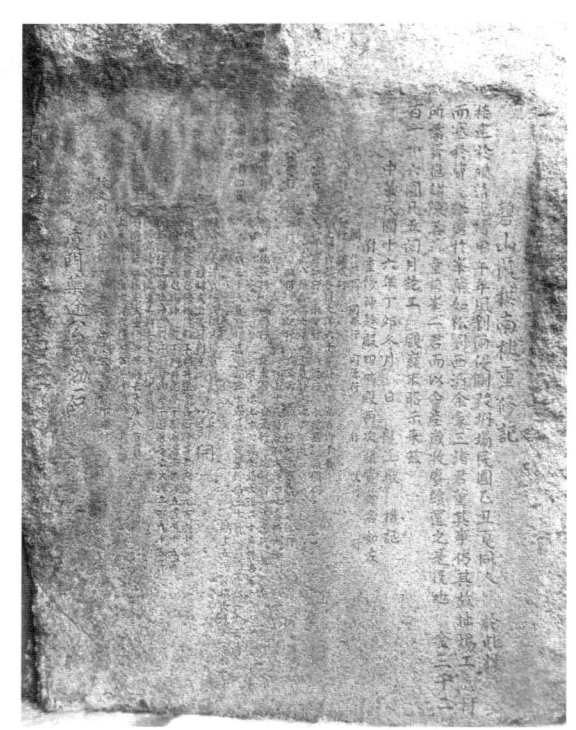

1927年厦门药途公会刻《碧山岩棋南楼重修记》

示来兹。民国十六年(1927年)丁卯冬月日,龙江殿楼记。附重修神农殿、四佛殿两次捐资芳名如左。"下文是各药铺商行捐资记录。

清末与民国时期这三方石刻所在的岩石之中有石洞。洞口与上方有炎帝家乡山西静乐县人李暲的题刻,洞口内左侧有"石屋"二字,署名静乐李暲题,上方刻有"海不扬波"四字,署名三晋李暲。李暲曾任厦门海防同知,驻地就在厦门港,靠近碧山岩。李暲还在厦门万石山题刻万笏朝天、象鼻峰、水鸣韶等字,又出资修建厦门虎溪岩的准提阁、弥勒殿、供佛泉、飞鲸石、渡虎桥等。又在厦门港复兴紫阳书院、衡文书院,又在其旁创建育婴堂,可谓积善一方。

李暲题石屋、海不扬波

现在碧山岩寺大殿前方有一块大石,上有"灵岩"二字,原来是山路所经,旁有泉水,名为碧山泉。石上碧泉二字,是药酒商号万全堂在道光九年(1829年)所刻。万全堂、春生堂、松筠堂是厦门三大著名药酒,生产万全堂国公药酒、春生堂祛风伤补筋骨药酒、松筠堂风伤药酒。

松筠堂就在厦门港,创始人翁朝言是泉州南少林五祖拳创始人蔡玉明的侄子,为了纪念母亲郭松筠,为商号起名松筠堂。翁朝言加入同盟会,孙中山亲自品尝松筠堂药酒，并为之题写"松筠堂"三字，匾额至今仍然保留在厦门港料船头街16号的翁朝言故居。厦门港的渔民长年在海上劳作，疾病难免，需要各种医药，药酒商人用碧山岩的清泉酿酒，保证了药酒的质量。1956年，厦门十多家酿酒厂组建为厦门酿酒厂，即今亚洲酿酒厦门有限公司。

碧山岩石洞（左）与碧山泉（右）

碧山岩的药王庙供奉神农炎帝、孙真人与韦真人，属于厦门港社区。台南的神农街药王庙也供奉神农炎帝、孙真人与韦真人，《重修台湾县志》卷六《祠宇志》载："药王庙，在西定坊。祀药王韦慈藏……康熙五十七年（1718年），道标千总姚广建。"所以台南神农街最早的药王庙无疑源自厦门港碧山岩的药王庙。孙真人即孙思邈，韦真人在光绪二十年（1894年）的《碧山岩新楼记》中误为纬真人，①源自唐代的韦善俊、韦慈藏，或许是一人。

现在厦门碧山岩寺中虽然仍有药王殿，但是供奉的已经不是神农炎帝、孙真人、韦真人，而是闽南常见的另一位药神保生大帝。说明民国以来药王庙衰败之后，当地人已经忘记药王庙的原貌。清代与民国时期的药王庙碑刻从来不提保生大帝，考虑到厦门药王庙是台南最早的药王庙之源，我们应

---

① 何丙仲录文误为绣真人，误以为是绣出神像。我到实地查看原石，应是纬真人。

该根据现存的碑刻适当恢复明清时期药王庙的原貌,至少要对药王庙的历史有所介绍。

碧山岩药王庙的碑刻不仅对厦门史、台湾史的研究有重要价值,对炎帝文化史、中国宗教史的研究也有很高价值。厦门港药王庙的重新发现,为厦门港与台南港同源的神庙群中增添了一个新的成员,更加证明台湾文化的根在大陆。而且这个药王庙供奉的不是普通的自然神或晚出的地方神,而是中华民族的始祖炎帝,所以对于我们现在加强两岸联系、凝聚中华民族有重要意义。

第四节 炎帝与港澳台公益事业发展

香港历史最久也是最大的慈善机构东华三院,一直崇奉神农氏。香港开埠后,很多华人来到香港谋生。因为大量贫困华人在临终之前无人照料,聚集在太平山街的广福义祠。港英政府认为这是严重的社会问题,关闭了广福义祠。华人领袖提出建立华人医院,于是港英政府在1872年建立东华医院,1911年建立广华医院,1929年建立东华东院。1931年合并三家医院,

香港东华三院文物馆

澳门同善堂文物馆

称为东华三院。东华医院建立典礼就祭祀药王神农，1932年改建的医院大堂挂有神农画像。①

东华三院是在中国土壤上出现的第一间西式中用、以现代医院形式提供中医中药诊病治疗的医院。其后东华医院渐次取代文武庙，作为华人议事和仲裁机构的地位。东华三院共有32个医疗卫生服务单位，包括5间医院，即东华医院、广华医院、东华东院、东华三院黄大仙医院及东华三院冯尧敬医院，共设2668张病床。东华三院从1880年开始兴办义学，现有52间教育服务单位，包括1间东华学院、18间中学、13间小学、15间幼儿园、2间特殊学校、1间教育心理服务中心、1所才艺教育中心及1所音乐学院。东华三院共有194个社会服务单位，包括57个安老服务单位、65个儿童及青少年服务单位、40个复康服务单位、14个社会企业单位及18个公共服务单位。东华三院为香港的社会发展做出了重要贡献。神农氏舍身试药的精神感召着东华三院，行善积德，救世济民。

澳门同善堂由澳门绅商创建于光绪十八年（1892年），是澳门著名慈善机构，为百姓发放药品，接生收殓，派米送茶，救灾恤贫。孙中山在澳门行医

---

① 宫长为、郑剑英主编：《炎帝神农氏》，北京：中国文史出版社，2005年，第426～427页。

时,医馆紧邻同善堂。同善堂在1924年设立义学,1968年建立小学,1987年开设夜间成人班,1991年建成中学。还设立奖学金、助学金、贷学金,免收学费。同善堂的神龛一直供奉神农、孔子、关公等,现在的神龛在同善堂二楼文物馆,另外澳门镜湖医院慈善会神庙与医灵庙供奉医灵神。

台湾嘉义县民雄乡谷丰宫原名五谷王庙,创建于清代康熙年间,开基五谷圣帝是唯一泥塑金身且历史最久。台湾中部的云林、嘉义、台南三县,拥有台湾最大的平原,物产丰饶,是台湾最大的粮仓。但是云嘉南平原所在的台湾南部缺乏高等学校,1986年政府决定设立中正大学,但是云林县斗六市、嘉义县民雄乡、台南县六甲乡都想争夺,最终因为嘉义县民雄乡谷丰宫地产清晰、取得容易,而设在嘉义县民雄乡,1989年正式成立。中正大学131公顷校地中,有110公顷是谷丰宫提供的庙产农地,其中60公顷是无偿提供。

中正大学校庆时的神农像巡游

所以台湾中部高等教育的发展,也要感谢炎帝神农庙宇的贡献。中正大学在2014年10月25日,庆贺建校25年,为感谢谷丰宫捐地兴学的义举,邀请谷丰宫神农大帝神像乘坐神舆绕场。2016年1月5日,中正大学校长吴志扬到谷丰宫,授予嘉义县民雄乡谷丰宫炎帝神农氏荣誉博士学位。

第五节　炎帝对南洋华人文化的影响

前秦王嘉的《拾遗记》是一部奇书,不仅记载历代海外各国向中国进贡的历史,还记载了诸多海外神山的地理。前人多以为此书是小说,但是根据我的研究,此书的很多说法有历史依据。①《拾遗记》卷四的秦始皇条说:"始皇好神仙之事,有宛渠之民,乘螺舟而至。"又说宛渠国:"及夜,燃石以继日光。此石出燃山,其土石皆自光澈,扣之则碎,状如粟,一粒辉映一堂。昔炎帝始变生食,用此火也。国人今献此石。或有投其石于溪涧中,则沸沫流于数十里,名其水为焦渊。"宛渠国在南洋的海岛,而东南亚正是有很多火山,燃山就是火山,中国古书称这些有火山的海岛为燃火洲。唐代杜佑《通典》卷一百八十八引《扶南土俗传》:"又传扶南东界即涨海,海中有大洲,洲上有诸薄国,国东有马五洲。复东行涨海千余里,有燃火洲。其上有树生火中,洲左近人,剥取其皮,纺绩作布,极得数尺,以为手巾,与蕉麻无异,而色微青黑。若小有垢污,则投火,复更精洁。"火中所出的布,其实是石棉。《梁书》卷五十四《海南诸国传》说:"又传扶南东界即大涨海,海中有大洲,洲上有诸薄国,国东有马五洲。复东行涨海千余里,至自然大洲。其上有树生火中,洲左近人剥取其皮,纺绩作布,极得数尺以为手巾,与焦麻无异而色微青黑。若小垢洿,则投火中,复更精洁。或作灯炷,用之不知尽。"自然是自燃,然是燃的古字。《太平御览》卷七百八十六引《外国传》曰:"扶南之东涨海中有大火洲,洲上有树,得春雨时皮正黑,得火燃树皮,正白。纺绩以作手巾,或作灯注,用不知尽。"燃火洲在诸薄(在今苏门答腊岛占卑),即今爪哇岛,岛上有很多火山。② 此书说宛渠国的燃山之火是炎帝之火,说明神农炎帝的文化很早就与东南亚的文化联系在一起。

炎帝神农氏信仰还伴随华人移民走向海外,现在东南亚有一些神农庙,多来自闽南等地。

现在厦门湖里区坂上村有惠济宫,供奉神农炎帝。门外对联是:"惠我

---

① 周运中:《上古东南海外五大神山考实》,《海交史研究》2016年第1期。
② 周运中:《中国南洋古代交通史》,厦门:厦门大学出版社,2015年,第143~145页。

第八章　炎帝对海外华人的影响

厦门坂上惠济宫

数千家黍稷永歆先穑祀,济人累万世桑麻长话太平春。"宫内对联是:"惠群生以和风甘雨,济天下于帝夏王秋。"宫内有光绪三十二年(1906年)碑,碑文为《重修惠济宫记》,记载:

> 惠济宫崇祀五谷仙帝也,自咸丰年初,乡人推善者每食必祭之义,妥先啬而飨祀,已百余年来。桑麻铺苍,五谷重颖,皆受神农赐也。特是多历年所,藤鼠穴之,瓦雀窠之,雨露剥蚀之。寥寥一殿,遂如鲁灵公岿然独存。祝山之父庆亨,慷慨有修葺意,然计善欤浩繁,非一人能胜其任。春二月,驾抵叨,乡中素封之侨大小坡者,谭及斯宫,众皆踊跃乐输。爰与东岭、神位,倡首捐缘,共募白金壹仟余元,嘱辉鸠工庀才。踵故制而增华之,佥议拓地,以恢院之规,凿井以象龙虎之势,俾嘉时令节,神巫士女,昏见而晨趋也。噫劝捐者功不可没而乐捐者名尤当扬也。辉忝肩斯任,爰泐石碑,后之君子,众力共勷,世世重新,不坠于愿足矣。谨拜手记曰:功兴乙巳秋,告竣丙午夏。

其下是捐款记录,此碑记载坂上惠济宫在光绪年间的重修依靠叨埠华侨的资金,叨埠即新加坡,叨是马来语海峡 selat 音译石叨的简称。大小坡是华人对新加坡街区的俗称,大坡指新加坡河南岸一带,小坡指新加坡河北

厦门坂上惠济宫《重修惠济宫记》碑

岸一带。说明新加坡华侨虽然久居海外,但是心怀桑梓,仍然崇祀神农炎帝。

厦门市翔安区新圩镇金柄村有炎帝殿,又名介谷殿,传说始于宋代,现存明代万历十年(1582年)的《重兴介谷殿记》碑文说:

金山介谷殿,始兴宋乾亨三年,原址今殿南百步之遥,奉五谷仙帝。

至灵至圣,八方崇仰。隆庆三年(1569年),毁于洪暴,金身漂失,仅存其一。万历九年(1581年),善信踊跃发起,集腋成裘,择地构筑,旱年告竣,谨为记。大明万历十年(1582年)岁次壬午年冬月吉日,本里毓源敬撰并书。

宋代无乾亨,应是乾德之误。炎帝庙内有古代匾额"开天稼穑",应是明清时期所立。

据金柄村所编的《炎帝文化纵览》介绍,闽南很多地方信奉炎帝,金柄村黄姓又把炎帝信仰带到台湾,台湾至少有27个黄姓村落供奉炎帝,并多次到金柄村进香朝圣。现在金柄村炎帝庙内有碑刻记载台湾彰化同安村黄氏捐资两万元,帮助金柄村整修炎帝庙。

厦门金柄村炎帝庙

金柄村黄姓还移入新加坡,所以新加坡也有多个庙宇供奉炎帝。新加坡族人多次到金柄村进香朝圣,有时组团前来,多达数百人。金柄村的炎帝庙于1999年重修,现在每年举办盛大的庙会。①

我在金柄村炎帝庙实地考察,不仅看到庙内碑刻有新加坡大芭窑聚天宫捐资的记载,还看到马来西亚丹斯里拿督（Tan Sri Dato）黄琢斋（Wong Tok Chai）先生在共和己卯年（1999年）题写的神农殿匾额,还有2013年新加坡进香团赠送的匾额。丹斯里拿督是马来西亚国家元首给对国家有极大贡献的人册封的高级荣誉,获得这种头衔的华侨华人一般是重要的华社领袖。

黄琢斋出自金柄村黄氏,其父黄廷元咸丰十一年（1860年）生于马巷西炉,同治元年（1862年）随家人迁居鼓浪屿。黄廷元念了两年私塾,出为店员,娶厦门港洪姓为妻。又渡海到台湾学医,回厦门开办诊所。创办《博文日报》、《厦门日报》、《福建日日新闻报》、《鹭江日报》等,光绪二十六年（1900年）经福州人黄乃裳介绍加入同盟会,捐资7000两白银支援福建学生军炸弹队,帮助黄乃裳印刷邹容的《革命军》。光绪三十一年（1905年）,主持厦门总商会,响应上海总商会会长、同安县人曾铸,抵制美货,执行上海漳泉会馆拟订的抵制美货五项办法。民国建立,获福建省政府颁发的光复一等勋章,出任厦门统制府民团部长、福建省交通司路政科长、省政府高等顾问、省议会议员、厦门总商会董事等职。他还创办了厦门民立学校、公立小学、大同中学、马巷西炉海滨学校等学校,建立大同淘化罐头有限公司,厦门、鼓浪屿、漳州、嵩屿自来水公司、电灯公司、福建药房、江东制冰公司等,促进了社会发展。民国七年（1918年）,厦门57个群众团体联合组成保全海后滩公民会,反对英国殖民者在海后滩强筑围墙、扩大租界。黄廷元与卢心启被公民会推举为代表赴北京请愿,英国最终交出海后滩的警权,维护了祖国的尊严。民国二十五年（1936年）,逝世于鼓浪屿。

黄琢斋于民国七年（1918年）生于厦门,年少时就读于杭州清波中学附小,后到香港求学,圣约瑟书院肄业。民国三十年（1941年）毕业于广州岭南大学,获得农学学士学位。抗战时期,任福建省政府外事科科长、福建省盟军联络处处长。1952年,随兄长到马来西亚吉隆坡,创立淘化大同公司分

---

① 黄奕管、林光文编著：《炎帝文化纵览》,金炳炎帝殿管理委员会,2007年,第1~4页。

厂。1959年,淘化大同公司购进吧生黄梨厂和850亩黄梨园,制造黄梨罐头,促进了地方经济发展,被马来西亚政府委任为黄梨管理局委员。后来马来西亚政府计划在柔佛州设立黄梨加工厂,特派黄琢斋为筹备委员。黄琢斋又任吉隆坡淘化大同公司董事长、佐藤淘大工程马来西亚有限公司总经理、大荣制钢马来西亚有限公司董事长、渣打银行马来西亚高级营业顾问等职,还曾任马来西亚政府劳工部店员工资评议会委员、马来西亚标准局常务委员、工商部物价控制委

厦门金柄村炎帝殿内景

员、吧生港口局咨询委员会委员。他还是华人领袖,任马来西亚联邦厂商公会副主席、雪兰莪州中华大会堂副主席、吧生光华中学董事长、光华独立中学董事长、吉隆坡暨雪兰莪州中华工商总会会长、马来西亚中华工商联合会署理会长等职。1997年来,为家乡宗祠祖墓捐资40万元,2002年捐资在同安博物馆塑造孔子像。

根据马来西亚马华公会王琛发先生的研究,马来西亚华人最著名聚居地之一槟榔屿州槟城(Penang)也有炎帝神农信仰。现存光绪五年(1879年)的《重建城隍庙碑记》载:"夫槟城据西南之障,峥嵘数仞,蜿蜒千里,枕列岛而带长江,室壁分野,华夷交冲,为西洋之上流,作海邦之砥柱。而蓝缕启宇,王化不及,官礼未颁,不无山精水怪之为害矣。厥后英夷更张,楼阁虽新,而妖魂未除,常出以为民害者,蒙神农大帝降乩指示,筑聚魂室以安之,而妖魂之祟遂绝。越数年而风雨飘摇,梁栋倾颓……大帝择日经始,将聚魂

马来西亚丹斯里拿督黄琢斋题写神农殿匾额

室,增其旧制……故改额曰城隍庙。"1860—1874年,槟城及其周围华人与马来土著各自联盟,发生三次拉律内战。1874年,交战各方在英国人威逼利诱下签订《邦咯条约》。《重建城隍庙碑记》上捐资最多的经理邱天德是闽南人组织建德会的首领,另有陈、杨、谢三个宗族捐资。邱、林、陈、杨、谢五姓后来联合组成福建公司,这些移民多来自闽南的漳州府。邱姓来自新江,谢氏来自石塘,林氏来自后村,杨姓来自霞阳,陈姓多来自丙洲。① 1867年,华人发起槟城大暴动,英国人想抓捕华人首领邱天德,但是慑于华人势力而未果。

1886年,敌对的华人组织义兴会党从海上进攻日落洞(Jelutong),烧毁

---

① 新江、霞阳在今厦门海沧区新阳街道,锦里、石塘在海沧区海沧街道,丙洲在厦门同安区西柯镇。海沧、新阳两街道原属漳州府海澄县,1958年划入厦门。1958年,海澄、龙溪合并为今龙海市,原文误以为这五姓来自龙溪县。

原来的神农庙。所以光绪十七年(1891年),重建清龙宫,祭祀原来神农庙中的神农。《重建清宝殿清龙宫碑记》说:"本坡日落洞崇祀清水祖师、神农圣帝、保生大帝,历有年所。"

槟城暴动后,建德堂大伯公会被查禁,被华人改为宝福社,在今槟城福德正神庙的一楼。二楼是清和社与同庆社,清和社供奉安溪县的清水祖师,同庆社供奉神农大帝。据已故的槟城城隍庙林长衫道长口述,他过去也到宝福社的楼上为神农神像主持仪式。一旦遇到大事,仅有少数华人领袖在二楼的神农大帝像前占卜祈求。

槟城福德正神庙

资料来源:陈剑虹:《槟榔屿华人史图录》,槟榔屿华人大会堂,2007年。

现在槟城唯一的神农庙在姓林桥,据说来自中国林姓祖居地后村社,神像全身黑色,纪念神农尝百草中毒,神像腰间披围树叶。神像头顶挂着从家乡带来的香灰和泥土,象征是从祖庙分香。神像原来在海上渡头尾端的桥尾,建有小棚,1982年,族人为感谢神灵保佑大家出海平安,建设庙宇。

槟城的神农庙既保留了中华文化数千年神农信仰的本色,又出现保佑

供奉神农大帝的槟城清龙宫

出海平安的新功能,还是华人社团的精神支柱。① 可见炎帝子孙虽然走向海外,仍然未曾忘记中华文化传统,又把中华文化发扬光大。炎黄始祖仍然是海外华人的神圣信仰,仍然是海外华人团结奋斗的精神源泉。

综上所述,虽然炎帝神农氏的时代虽然已经过去了五六千年,但是炎帝神农氏作为中华民族最重要的祖先之一,不仅为中华民族留下了众多子孙,使得中华民族成为全世界人口第一大族,使得中华文明源远流长,长盛不衰,还对整个中华民族的文化产生了深远的影响。

炎帝神农氏从山西扩展到华北平原,开创了中国历史上第一个地跨海陆的原始政权。炎帝神农氏的后代颛顼建都濮阳,联合华夏与少皞部族,真正开创了五帝五德部落联盟,拉开了中华民族大融合的序幕,这个部落联盟是中国的直接源头。炎帝部落崇拜山岳,对中国后世的岳镇海渎文化产生了深远影响,还对边疆与域外的五岳、山镇文化产生了很大影响。神农氏舍身尝药的精神促进了中国慈善事业的发展,远及香港与台湾等地。神农氏开创了中国的农业、畜牧业、医药业的发展,对现代中国人乃至全世界人的

---

① 王琛发:《19世纪槟城闽南社群神农信仰的一时盛衰——探讨民族意象在异地演化成帮权守护神的困境》,于2006年7月30日湖北省人民政府主办"炎帝神农文化与道家道教暨海峡两岸唯道论研讨会"发表,见马来西亚孝恩文化网站,http://www.xiao-en.org.

生活产生了不可替代的伟大作用。炎帝神农氏还对中国农家学术产生有重大贡献,繁荣了诸子百家的学说。炎帝神农氏还对中国的地方文化有深远影响,广州起源的五羊五谷传说即源自南迁的炎帝神农氏后裔。说明炎帝神农氏的影响绝不限于中国北方,而是直达遥远的南海之滨。炎帝神农氏的信仰还从华南走向海外的东南亚等地,成为海外华人团结凝聚的精神源泉。

我们相信,伟大的中华民族还将继续发展壮大,神农炎帝将永远为天下华人景仰崇拜。神农炎帝将继续激励全世界的炎黄子孙们,团结奋斗,再创辉煌,并将对世界文化产生重要影响。